대담

대담 : 1972~1990
Pourparlers : 1972~1990

지은이	질 들뢰즈
옮긴이	신지영
펴낸이	조정환
책임운영	신은주
편집	김정연
디자인	조문영
홍보	김하은
프리뷰	박서연 · 배혜정 · 이수영 · 이윤하
초판 1쇄	2023년 11월 30일
초판 2쇄	2025년 2월 5일
종이	타라유통
인쇄	예원프린팅
라미네이팅	금성산업
제본	바다제책
ISBN	978-89-6195-335-1 93100
도서분류	1. 현대철학 2. 프랑스철학 3. 인문학 4. 정치철학
값	21,000원
펴낸곳	도서출판 갈무리
등록일	1994. 3. 3.
등록번호	제17-0161호
주소	서울 마포구 동교로18길 9-13 2층
전화	02-325-1485
팩스	070-4275-0674
웹사이트	www.galmuri.co.kr
이메일	galmuri94@gmail.com

Pourparlers by Gilles Deleuze
ⓒ 1972-1990 by Les Editions de Minuit
Korean Translation Copyright ⓒ 2023 by Galmuri Publishing House
All rights reserved.
Korean edition is published by arrangement with
Les Editions de Minuit through Guy Hong Agency.

이 책의 한국어판 저작권은 기홍에이전시를 통해 프랑스 미뉘 출판사와의
독점 계약으로 갈무리에 있습니다. 저작권법에 의해 한국 내에서 보호를 받는
저작물이므로 무단전재와 무단복제를 금합니다.

일러두기

1. 이 책은 Gilles Deleuze, *Pourparlers : 1972~1990*, Paris : Éd. de Minuit, 1990/2003/2009을 완역한 것이다.
2. 외래어로 굳어진 외국어는 표준 표기대로 하고, 기타 고유명사나 음역하는 외국어는 발음에 가장 가깝게 표기하였다.
3. 단행본, 전집, 정기간행물에는 겹낫표(『 』)를, 논문, 에세이, 아티클에는 홑낫표(「 」)를 사용하였고 학회, 협회, 연구소, 재단, 단체에는 홑화살괄호(< >)를 사용하였다.
4. 프랑스어 원서에서는 직접 인용, 간접 인용, 강조, 책 제목, 논문 제목, 단체명 등 다양한 경우에 겹화살괄호《 》가 두루 사용되었다. 국립국어원 한국어 어문 규범과 한글 부호 사용 관행을 존중하여 한국어판에서는 인용과 강조의 의미로 보이는 겹화살괄호를 작은따옴표로 대체하였으며, 책 제목, 논문 제목, 단체명 등은 위 일러두기 3번에 준하여 부호를 선택했다.
5. 지은이 주석과 옮긴이 주석은 같은 일련번호를 가지며, 옮긴이 주석에는 * 라고 표시하였다.
6. 옮긴이가 덧붙인 내용은 [ ] 속에 넣었다.
7. 프랑스어 원서에서 이탤릭체로 강조된 것은 고딕체로 표기하였다.

차례

6 옮긴이 서문

1부 『안티-오이디푸스』에서 『천 개의 고원』까지
16 신랄한 비평가에게 보내는 편지
34 『안티-오이디푸스』에 대한 대담 :
펠릭스 가타리와 함께
55 『천 개의 고원』에 대한 대담

2부 영화
74 <6 곱하기 2>에 대한 세 가지 질문 : 고다르
92 『운동-이미지』에 대하여
112 『시간-이미지』에 대하여
120 상상적인 것에 대한 의심들
132 세르주 다네에게 보내는 편지 :
낙관주의, 비관주의 그리고 여행

대담

3부 미셸 푸코
- 156 사물들을 쪼개기, 단어들을 금가게 하기
- 175 작품으로서의 삶
- 189 푸코의 초상

4부 철학
- 222 중재자들
- 249 철학에 대하여
- 287 라이프니츠에 대하여
- 301 스피노자에 대하여,
  레다 벤스마이아에게 보내는 편지

5부 정치
- 306 통제와 되기
- 320 통제사회에 대한 후기

- 330 인명 찾아보기
- 333 용어 찾아보기

:: 옮긴이 서문

들뢰즈의 원저 번역은 이 책을 마지막으로 완료된 것 같다. 1972년부터 1990년까지 이루어진 인터뷰와 기타 글들로 구성된 『대담』은 사실 우리말로는 1993년에 최초 번역되었다. 원저가 출간된 지 얼마 안 되어 바로 번역된 것인데 우리말로 된 최초의 들뢰즈 번역서로서, 들뢰즈를 한국사회에 소개하기 위해 가장 좋은 책이라는 판단으로 선택되었던 것 같다. 처음 번역되고 올해로 30년이 되었으니, 새로운 번역에는 그간 축적된 국내 연구가 반영되어 있으리라 말할 수 있겠다. 또한, 한국어 초판에서는 제외되었던 영화에 관한 세 편의 인터뷰가 추가되어, 들뢰즈를 우리말 번역으로 접하는 독자들에게는 완전히 새로운 텍스트가 제공되는 셈이다. 단독 인터뷰 12편(서면 인터뷰 포함), 가타리와의 공동 인터뷰 1편, '편지'라는 이름이 붙은 책의 서문이나 부록 등 3편, 미발표 원고 1편 등 총 17편의 글이 다섯 개의 부로 분류되어 있다. 1990년에 모은 글인 만큼 그즈음에 출판되었던 주저들, 『안티-오이디푸스』와 『천 개의 고원』, 『시네마 1, 2』, 『푸코』에 대한 인터뷰들이 주를 이룬다. 그리고 철학과 정치로 분류되어 있는 여섯 편의 인터뷰와 글에서는 다른 저서에서 찾아보기 어려운 새롭고 흥미로운 들뢰즈의 개념과 아이디어들을 확인할 수 있다. 각 부의 내용은 다음과 같다.

1990년이면 들뢰즈가 본인의 주저로 평가되는 중요한 저서들을 대부분 출판한 이후이지만, 1984년에는 푸코가, 1985년에는 프랑수아 샤틀레가 사망하면서 샤틀레의 말처럼 같은 '입장'이었기 때문에 많은 말이 필요 없었던 친구들을 잃은 들뢰즈는 그들의 죽음 이후 1986년에는 『푸코』를, 1988년에는 『페리클레스와 베르디』라는 샤틀레에 관한 책을 발표했다. 인터뷰어들은 이 점을 놓치지 않고 질문하는데, 삶과 사유를 마무리해가는 길에 서 있는 들뢰즈가 지적인 동반자들을 하나둘 보내면서 그들에 대한 책을 썼던 마음이 무엇이었는지 가늠해볼 수 있는 좋은 지면들이다. 3부에서는 이렇게 들뢰즈가 푸코에 대한 책을 쓴 이유, 둘 사이의 관계, 특히 '인간의 죽음'을 둘러싼 논란이나 말년에 '주체'로 회귀한 것이 아니냐는 의혹 등에 대한 들뢰즈의 입장을 들어볼 수 있다.

『시네마』 1권과 2권을 출판하고 나서, 운동-이미지와 시간-이미지, 그리고 이미지에 대해 진행한 인터뷰로 구성되어 있는 2부에서는 들뢰즈가 저서에서 다루지 않았던 영화인들에 대한 언급을 찾아볼 수 있다. 인터뷰어는 들뢰즈에게 그가 책에서 언급하거나 언급하지 않는다는 것이 불가피하게 평가의 의미를 갖지 않느냐고 묻는데, 아마도 이는 많은 독자가 궁금해하는 부분이리라 생각한다. 책을 출판한 저자의 인터뷰가 갖는 의미는 그러한 것이다. 그래서 우리는 이 인터뷰들에서 들뢰즈가 말하지는 않았지만 우리가 궁금한 것들을 상당 부분 해소할 수 있다. 왜 『시네마』에는 웰스와 르누아르가 등장하지 않는지, 시네마 이미지에 대한 분류학을 시도한 들뢰즈에게서 왜 상상적인 것에 대한 중요성을 찾을 수 없는지와 같은 질문들 말이다. 그러나 무엇보다 눈에 띄는 인터뷰는 들뢰즈뿐만 아니라 다른 많은 이들의 사랑을 받는 고다르에 대한 인터뷰이다. 2022년 9월에 사망 소식을 전한 고다르에 대한 이야기를 들뢰즈를 통해 전해 듣는 즐거움이 남다르리라 생각한다. 고다르는 1974년을 기점으로 비디오 촬영 실험, 텔레비전 매체를 통한 작업에 몰두하며 영화와 거리를 두기 시작했다고 알려져 있는데, 그 실험의 일환으로 보이는 텔레비전 시리즈물 〈6 곱하기 2〉에 대한 들뢰즈의 인터뷰가 이 책에 수록되어 있다. 들뢰즈는 고다르가 이 시리즈에서 '노동력'force de travail과 '정보'에 대한 두 가지 생각을 펼쳐 보이고 있는데, 고다르는 두 개념에 대한 자신의 정확한 생각을 말하려 한다기보다는 아무도 문제 삼지 않는 두 개념의 모호함을 보여주려 한다고 본다. '우리가 사고파는 것은 무엇인가?' '정보는 측정의 대상인가?' 등의 질문이 그것이다. '누군가를 생각하면서 정성스럽게 만든 물건을 어떤 이가 사고 싶어 하는데 나는 그것을 팔기 싫다면, 나는 왜 나의 어떤 노동은 팔고 어떤 노동은 팔지 않는가?' 같은 대답하기 어려운 부분들 말이다.

    1부과 4부 그리고 5부는 어쩌면 들뢰즈의 그리고 들뢰즈·

가타리의 저서들에서 친근하게 발견되는 주제들을 다룬다. 『안티-오이디푸스』, 『천 개의 고원』이라는 두 정치철학 저서들, 그리고 라이프니츠와 관련된 저서 『주름』과 스피노자에 대한 생각들을 확인할 수 있다. 가타리와 함께한 흔치 않은 인터뷰가 있고, 자본주의에 대한 두 권의 공저를 쓸 때 가타리와 자신은 각자 다른 의미에서 어떻든 '맑스주의자'였다고 말하는 유명한 인터뷰가 실려 있다. 많은 기록들 가운데 나는 5부를 구성하는 네그리와의 인터뷰와 「통제사회에 대한 후기」라는 짧은 글을 특히 관심 있게 읽기를 추천한다. 책이 출판된 것은 33년 전이지만 이 부분은 우리의 현재 상황에 대한 아주 적확하고 신랄한 묘사와 개념으로 가득 차 있어서, 2020년 이후의 미래를 위해서 쓴 것만 같은 느낌을 주기 때문이다. 무한한 경쟁과 순위 매기기, 성과급의 차등 지급만이 우리에게 남은 유일한 정의인 것처럼 간주되는 지금 우리 사회의 모습은, 33년 전 들뢰즈가 말한 '통제사회'의 전형적인 모습이다. 그것은 기업의 영혼으로서, 학교·병원·감옥·공장을 막론하고 모든 시공간에 스며들었다. 우리는 폐쇄적인 공간에서 기능했던 규율과 관리의 사회를 지나, SNS와 AI, 알고리즘 등에 의해 무한히 열려 있고 무한히 관계 맺는 현재를 살고 있다. 현재를 되돌아보게 하는 신랄한 글이다.

번역의 어려움에 대해서는 다음과 같은 한마디를 덧붙이고 싶다. 프랑스에는 다른 전통적인 철학의 나라인 독일이나 영미권과는 달리 말을 생각에 가능한 한 접근시키려는 글쓰기 스타일, 즉 글쓰기에서 보통 기대하는 질서를 지키지 않는 스타일이 있고, 이에 대해서 그렇지 않아도 독자들의 불만이 비등하기 때문에 그러한 글을 우리말로 옮긴다는 것은 여간한 모험이 아니었다. 대담이기 때문에 번역이 쉬웠던 부분이 있었던 만큼, 수많은 맥락과 배경이 생략되어 번역이 뼈를 깎는 듯이 어려웠던 부분도 있었다. 나는 들뢰즈의 저서들과 그가 살았던 1990년대 프랑스의 지적인 상황, 들뢰즈라면 했을 법한 생각 등에 대해 나의 가능한 모든 정신력을 동원하여, 그에 합당한 번역을 하려고 애썼다.

그 가운데 두 가지 번역어만 언급해 두고자 한다. 칸트, 현상학, 그리고 들뢰즈와 관련된 'transcendantal'이라는 단어에 대한 번역어가 아직 자리 잡지 못하고 있다. 하나의 철학은 서로 정합적인 혹은 밀접한 관련이 있는 다수의 개념들로 이루어지는데, 'transcendantal'은 'a priori'와 'transcendant'과 관련된다. 30여 년 전까지는 a priori, transcendant, transcendantal을 각각 '선천적', '초월적', '선험적'이라고 번역했었는데, 그 이후 몇몇 학자들의 문제제기로 이 개념들이 각기 '선험적', '초험적/초재적', '초월적/초월론적' 등으로 재번역되었다. '선천적'이라는 단어는 아예 사라져서 혼란이 없지만, '선험적'으로 번역되었던 transcendantal이 이미 transcendant의 번역어로 오랫동안 사용되던 '초월적'으로 재번역되는 바람에 이 개념에 대한 우리말 번역이 대혼란 상태이다. 이 개념에 대한 전문적인 연구자가 아닌 한, 독자들은 번역되고 나면 그 개념을 우리말로부터 이해하려고 노력하기 때문이다. 연구자인 나도 '선험적', '초월적'이라는 번역어가 나오면 원서를 대조해 확인하지 않고서는 그 단어를 쉽사리 받아들이지 못하는 어려움을 겪고 있다. 최근 〈칸트학회〉에서는 칸트 전집을 번역하면서 위 개념에 대한 번역어를 확정하였다고 한다. 학회에 따르면 a priori는 외래어를 그대로 읽는 것으로 번역어를 대신하고, transcendant은 '초월적', transcendantal은 '선험적'으로 번역하기로 하였다는 것이다. 학회 차원에서 혼란을 바로잡기 위한 합의를 하였다는 것은 다행이지만, 다른 번역어들을 선택한 기존의 번역서들이 있기에 독자들로서는 당분간의 혼란은 피할 수 없을 것 같다. 들뢰즈에 대한 2차 문헌들을 보면서 칸트의 transcendantal 개념에 대한 이해가 없는 몇몇 영어권 연구자들이 프랑스어 transcendant을 transcendance의 형용사형으로 보면서 프랑스어 transcendant을 영어로 transcendantal이라고 번역하는 일이 종종 있다는 사실을 알게 되었다. 칸트가 '초월'이라는 고전적인 철학 개념에 -al을 붙여 새로운 개념을 만든 일이 아직까지도, 국내뿐 아니라 서양어권에서조차도 혼란을 초래하고 있다니 안타깝다. 이 책에서는 〈칸트학회〉의 결정을 존중하여, a priori는 '아프리오리'로 transcendant은 '초월적'으로 번역했다.

두 번째로 언급하고 싶은 번역어는 *Pourparlers*라는 이 책의 제목에 대한 것이다. 나는 한국어 초판의 번역어를 그대로 채택하여 '대담'으로 번역하기로 결정했다. 이 단어를 프랑스어 사전에서 찾으면 '협상, 흥정, 협의, 의논' 등의 뜻이 있고, 영어로 찾으면 영어권에서 외래어로서 자리 잡은 듯한 이 단어의 의미는 '비공식예비회담, 사전의논, 예비교섭' 등으로 조회된다. 영미권에서는 아마도 pour를 for, 즉 '~을 위한, ~을 대비한'의 뜻으로 새겨 받아들인 것 같다. 하지만 이 책에 실린 녹취록들은 대부분 entretien으로서 우선은 인터뷰이다. 인터뷰들의 모음집인 이 책이 '협상'의 뉘앙스를 갖는다고 보기는 무척 어렵다. 들뢰즈가 이 책의 제목을 *Pourparlers*로 정한 이유는 이 책의 뒤표지에 수록된 그의 짧은 글에 나타나 있다. 여기에서 들뢰즈는 철학이란 언제나 권력과의 전투 없는 전쟁, 게릴라전을 벌이는 중이며, 권력은 우리 각자의 내부로 침투하기 때문에 우리는 우리 자신과도 끊임없는 게릴라전을 벌여야 한다고 말한다. 그 게릴라전의 방법이 바로 pourparler라는 것이다. 들뢰즈는 권력과는 대화하지 않는다고 하면서 그 이유는 권력에 대해서는 할 말이 없고 권력과는 소통할 수도 없기 때문이라고 덧붙인다. 그러므로 pourparlers는 협상이 아니다. 그것은 어떤 끊임없는 주장, 말, 항의 등이다. pour는 '~로서', '~에 대해 적극적으로' 등의 의미를 담고 있는 것으로 새기면 좋을 것 같다. 들뢰즈는 19년간 이루어진 인터뷰와 글을 모으면서 이 책에 '나는, 나로서는, ~에 대해, 끊임없이 말함'이라는 의미를 담기 위해 마지막으로 *Pourparlers*라는 제목을 단 것 같다. 이런 모든 고민과 의미를 담기 어려워서 책 제목을 '대담'으로 정하고 번역어에 대한 다소 긴 후기를 이 서문에 덧붙였다. 들뢰즈 연구자들과 애호가들에게 이 책이 입문서로서뿐만 아니라 들뢰즈를 공부하다가도 되돌아와 다시 읽는 책으로 오랫동안 사랑받기를 바란다.

2023년 11월
신지영

1부

— 신랄한 비평가에게 보내는 편지
— 『안티-오이디푸스』에 대한 대담 : 펠릭스 가타리와 함께
— 『천 개의 고원』에 대한 대담

『안티-오이디푸스』에서 『천 개의 고원』까지

신랄한 비평가에게 보내는 편지[1]

자네는 매력적이고 지적인 데다 심술궂어 심지어 악의까지 느끼게 하지. 계속해 보게나…. 결국 자네가 나에게 보낸 편지는 때로는 사람들이 말하는 것을, 때로는 자네가 생각한 것을, 그리고 그 둘을 뒤섞으면서, 나의 불행을 가정하고 일종의 환희를 느끼는 것에 불과했지. 한편으로 자네는 내가 강의에서, 정치에서, 내 삶에서 궁지에 몰렸다고, 여하튼 궁지에 몰렸다고 말하네. 내가 더러운 스타가 되었다고, 그것은 어쨌든 오래가지 못할 거라고, 내가 거기에서 빠져나오지 못할 거라고 말이야. 다른 한편, 자네는 내가 항상 뒤처져 있다고, 자네들의 피를 빤다고, 내가 자네들의 독을 맛본다고, 진정한 실험가들 혹은 영웅들인 자네들을 말이야, 그러면서 또 내가 자네들로부터 이익을 취하면서 뒷전에 앉아 자네들을 바라만 보고 있다고 말하지. 나는 그 모든 것에 대해 아무 느낌도 없는데 말이지. 분열증자들은 진짜든 가짜든 진절머리가 나서 나는 즐겁게도 편집증으로

---

1. Michel Cressole, *Deleuze* (Paris : Éd. Universitaires), 1973에 수록됨.

개종했다네. 편집증 만세. 자네가 그 편지로 나에게 주입하려는 것이 무엇인가? 약간의 원한(너는 궁지에 몰렸어, 궁지에 몰렸어, '고백해'…)과 약간의 가책(부끄럽지도 않나, 너는 뒤처져 있잖아…)이 아니라면 말이야. 만약 자네가 할 말이 그것밖에 없다면, 그럴 필요도 없는 일이었어. 자네는 나에 대한 책을 쓴 데 대해 복수하고 있는 거야. 자네의 편지는 가짜 동정과 복수에 대한 진정한 욕구로 가득 차 있네.

우선 나는 어쨌든 그 책을 원했던 것은 내가 아니라는 것을 환기하고 싶네. 자네는 그 책을 만들고 싶어 했던 자네의 이유들을 말했어. '그런 기분에, 우연히, 돈 때문에, 사회적 상승에 대한 욕구로' 말이야. 나는 어떻게 이 모든 것들이 이런 식으로 만족될 수 있을지 잘 모르겠네. 다시 한번 더 말해 두지만, 그건 자네 일이야. 그리고 나는 자네에게 처음부터 자네의 책은 나와 관련이 없다고, 나는 그것을 읽지 않으리라고 혹은 나는 그것을 나중에 자네와 관련된 것으로서 읽어 보겠다고 말하지 않았는가. 자네는 나를 보러 와서는 뭔가 새로운 것이 있는지 궁금해했지. 그리고 나는 진정 자네를 기쁘게 할 마음에 편지 교환을 제안했어. 그것이 녹음기로 인터뷰하는 것보다 훨씬 더 쉽고 덜 피곤하거든. 다만 이 편지들이 자네의 책과 잘 구분되어 일종의 부록으로 출판되기를 바랐어. 하지만 자네는 그것을 이용해서 이미 우리가 합의했던 것을 왜곡하고, 내가 자네에게 마치 '편지할게요'라고 말하는 나이 든 게르망트의 여인처럼 처신했다고 비난하는 데 이용했지. 내가 자네를 P와 T에게 보낸 권위자처럼, 혹은 젊은 시인에게 충고하기를 거절하는 릴케처럼 처신했다고 말이야.

    호의가 자네들 몫은 아니지. 사람들을 더 이상 (그렇게 많이) 사랑하지 못하거나 혹은 사물들에 더 이상 경탄하지 못하게 되면 나는 저주받은 것처럼, 죽은 것처럼 느낄 걸세. 그러나 자네들, 자네들은 신랄하고, 자네들의 기술은 눈 깜짝하는 것이지. '사람들이 나에 대해서는 그런 것을 해 주지 않으니…. 내가 너에 대한 책을 쓰긴 하지만, 너에게 보여주겠어…'라고. 가능한 모든 해석들 중에, 자네들은 보통 가장 악의적이거나 가장 천박한 것을 고르지. 첫 번째 예를 들어보겠네. 나는 푸코를 사랑하고 그에 대해 경탄하네. 나는 그에 대해 한 편의 글을 썼지. 그도 나에 대한 글을 썼고, 거기에는 자네가 인용한 문장이 있다네. '아마도 언젠가 이번 세기는 들뢰즈의 세기가 될 것이다.' 자네는 이렇게 코멘트했지. 그들은 서로에게 꽃다발을 보냈다고. 푸코에 대한 나의 경탄이 사실이라는 것이 자네에게는 전혀 와닿지 않은 모양이야. 푸코의 그 짧은 문장이 우리를 좋아하는 사람들을 웃기고 다른 사람들은 화나게 할 요량으로 쓴 코믹한 문장이라는 것은 더더욱 이해되지 않은 것 같아. 자네가 알고 있는 이 텍스트는 극좌파의 후예들에게 천성이 된 악의를 설명해 주지. '만약 당신에게 배짱이 있다면, 좌파들이 모여있는 곳에서 우애나 호의 같은 단어를 말해 보라. 그들은 친구든 적이든, 자리에 있는 사람이든 없는 사람이든, 모든 사람의 모든 말에 대해 극도로 학구적인 적의, 공격성 그리고 조롱을 퍼부어 대느라 정신없을 것이다. 그들은 타자를 이해하려 하는 것이 아니라 그를 감시하려 한다.'[2] 자네의 편지는 고도의 감시야. 어떤 모임에서 이렇게 선언하던 〈혁명적 동성애 전위〉Front homosexuel d'action révolutionnaire(이하 〈Fhar〉)의 한 작자가 기억나네. "우리는 당신의 가책을 대신해 거기에 있었다…." 어떤 이의 가책이 되어주다니 이상한 생각 아닌가. 자네 역시 마찬가지야. 나에 대한(또는 나에게 대항하는) 책을 쓴다는 것이 자네에게 나에 대한 권력이라도 주는 줄 아는 모양이지. 전혀 그렇지 않다네. 타자들의 가책이 된다는 것만큼이나 [다른 사람이] 나를 대신해 가책을 갖는다는 것도 역겨운 일이라네.

두 번째 예를 들어보지. 길고 다듬지 않은 내 손톱들 말이야. 편지 말미에 자네는 나의 노동자 복장이(그건 사실이 아니지, 내 복장은 농부의 복장이라네) 매릴린 먼로의 주름 잡힌 코사지 같고, 내 손톱은 그레타 가르보의 선글라스 같다고 했지. 자네는 반어적이고 악의적인 조언을 나에게 퍼부었어. 자네가 내 손톱에 대해 몇 번이나 되짚어 말했으니 그에 대해 설명하겠네. 내 어머니가 내 손톱을 깎아주었고, 그건 오이디푸스와 거세와 관련이 있다고(그로테스크하지만 정신분석적인 해석이지)

---

2. *Recherches*, 1973년 3월호, "동성애에 관한 대백과."

말할 수도 있을 거야. 내 손가락 끝을 보면서, 거기에 일반적으로 보호 기능을 하는 지문이 없어서 손가락 끝으로 대상을, 특히 옷감을 만지면 신경통이 느껴지기 때문에 긴 손톱으로 보호할 필요가 있었을 거라고 지적할 수도 있을 것이네(기형학적이고 선택적인 해석이지). 그리고 이건 사실인데, 내 꿈이 비가시적으로 되는 것이 아니라 지각불가능하게 되는 것이라서, 내가 이 꿈을 내 주머니 속에 넣을 수 있는 손톱을 가지는 것으로 대신했고, 나에게는 누군가 내 손톱을 보는 것만큼 충격적인 것은 아무것도 없는 지경이 되었다고 말할 수도 있을 거야(이건 심리-사회적인 해석이지). 마지막으로 이렇게 말할 수 있겠네. '네 손톱을 먹지 마라. 그건 네 거니까. 만약 손톱을 좋아한다면 다른 사람들의 손톱을 먹어라. 만약 원한다면 그리고 할 수 있다면'(정치적 해석, 다리앙Darien식의 해석이지). 그러나 자네 말이야, 자네는 가장 흉측한, 비열한 해석을 선택했네. '그는 특이화하길se singulariser 바랐다, 그의 그레타 가르보를 만든 것이다.' 어쨌든, 내 친구들은 아무도 내 손톱을 지적하지 않았다는 것이 참 흥미로운 일이야. 거기 우연히 박혀 있는 완벽히 자연스러운 것으로 그들은 받아들였지. 먼지를 일으키는 바람에 의한 것처럼, 아무도 말할 필요를 느끼지 않은 거지.

    이제 자네의 첫 번째 비평으로 가보지. 자네는 말하고 또 말했네. 너는 막혔어, 너는 궁지에 몰렸어, 자백해. 검사장님, 저는 아무것도 자백할 것이 없습니다. 이것은 자네의 잘못으로 쓰게

된 나에 대한 책이 문제이기 때문에, 내가 쓴 것에 대해 내가 어떻게 이해하고 있는지 설명하고 싶네. 나는 철학사에 의해 어느 정도 유린당한 마지막 세대들 중 한 세대에 속해 있지. 철학사는 철학에 분명히 억압적인 기능을 행사하네. 그건 철학에 고유한 오이디푸스지. '네가 이것과 저것, 이것에 대한 저것, 그리고 저것에 대한 이것을 읽지 않은 한, 이것에 대한 저것을 감히 네 이름으로 말하려 하지 말아라.' 나의 세대에 많은 사람이 이 난관을 벗어나지 못했지만 다른 사람들은 그들 고유의 방법과 규칙 그리고 톤을 발명했지. 나는 오랫동안 철학사를 '했고', 이런저런 저자에 대한 책들을 읽었다네. 나는 몇 가지 방식으로 보상책을 강구했지. 우선 이 역사의 합리적 전통에 대립하는 저자들을 좋아했다네(그리고 내가 보기에 루크레티우스, 흄, 스피노자, 니체 사이에는 부정적인 것에 대한 비판, 즐거움에 대한 소양, 내면에 대한 증오, 힘과 관계들의 외부성, 권력에 대한 고발…등으로 구성된 비밀스러운 연결이 있지). 내가 무엇보다 증오했던 것은 헤겔주의와 변증법이었어. 칸트에 대한 내 책, 그건 달라. 나는 그 책이 마음에 든다네. 그 책은 나의 적이 어떻게 기능하는지, 그 톱니바퀴들이 무엇인지를 보여주려는 듯이 썼거든. 이성의 법정, 능력들의 규칙적인 사용, 입법자라는 자격을 부여받은 만큼 더욱더 위선적인 복종 같은 것들 말이야. 그러나 특히 내가 이 시대의 난관으로부터 빠져나온 방식은, 내가 생각하기에는, 철학사를 일종의 동성애처럼, 혹은 같은 이야기지만, 동정녀가 잉태하는 것처럼 고안하는 것이었지. 나는 저자의 등 뒤로 가서 그의 아이를 낳는 상상을 했다네. 아이는 그의 아이일 수 있지만 괴물 같은 것이기도 할 거야. 그의 아이라는 것은 매우 중요하네. 왜냐하면 저자는 내가 그에게 말하도록 한 모든 것을 실제로 말했어야 하기 때문이지. 그렇지만 그 아이는 괴물이고, 그것 역시 필요했어. 그건 모든 종류의 탈중심, 미끄러짐, 깨뜨림, 내가 즐긴 비밀스러운 유출을 거쳐야 했으니까. 베르그손에 대한 내 책은 이런 종류의 교본이지. 요즘에는 나보고 심지어 베르그손에 대한 책까지 썼다고 비웃는 사람들이 있는데, 역사에 대해 충분히 알지 못해서 그런 거야. 그들은 베르그손이 처음에 프랑스 대학에 증오하는 마음으로 집중시킨 것이 무엇인지, 그리고 어떻게 그가 세속적이든 아니든 모든 종류의 광인들과 주변인들에게 집결지의 역할을 했는지 모르지. 그가 원했든 아니든 그건 중요하지 않아.

나는 나중에 니체를 읽었고, 그것은 나를 이 모든 것으로부터 빼내 주었지. 니체를 이렇게 다루는 건 불가능했기 때문이야. 등 뒤에서 낳은 아이, 자네들에게 그걸 만드는 것이 바로 그라네. 그가 자네들에게 도착적인 취향을 제공했지(맑스도 프로이트도 하지 못했던 일이네). 각자 자기 이름으로 단순한 것들에 대해 말하는 취향, 정서, 강도, 경험, 실험을 통해 말하는 취향을 말이야. 어떤 것을 자기 이름으로 말한다는 건 아주 기묘한 거라네. 왜냐하면 그건 자기를 하나의 자아, 인격 혹은 주체로 생각하는 순간에, 자기 이름으로 말하는 순간에 일어나는 일이 전혀 아니기 때문이지. 반대로 한 개인은 그를 이리저리 가로지르는 다양체들, 그를 편력하는 강도들에 개방될 때, 가장 혹독한 탈인격화의 끝에서 진정한 고유명사를 획득한단 말이야. 그런 강렬한 다양체의 순간적인 포착으로서의 이름은 철학사로 작동되는 탈인격화와는 반대되는 것이네. 그것은 복종이 아니라 사랑의 탈인격화지. 사람들은 자기가 모르는 것의 바탕에 대해 말하지. 자기에게 속한 고유한, 전개되지 않은 바탕에 대해 말이야. 우리는 느슨한 특이성들, 이름들, 손톱들, 사물들, 동물들, 작은 사건들의 집합이 되지. 스타와는 정반대야. 그래서 나는 이런 방랑의 의미에서 두 권의 책을 쓰기 시작했지. 『차이와 반복』과 『의미의 논리』가 그것이야. 나는 스스로를 속이지 않아. 그건 여전히 대학의 장치들로 가득 차 있었고 무거웠지. 그러나 내가 흔들고자 했던 것, 내 안에서 움직이게 하려 했던 무엇이 있었어. 글쓰기를 코드가 아니라 흐름으로 다루는 것이지. 『차이와 반복』에는 내가 좋아하는 부분이 있는데, 예를 들어 피로와 관조에 대한 곳이 그래. 그건 외관과는 달리 생생한 체험에 속하기 때문이야. 멀리 가지는 못했지만 시작은 했다네.

그리고 펠릭스 가타리와 만났지. 우리는 서로 이해하고 보완하고 서로 탈인격화하고 특이화하는, 간단히 말해 서로 사랑하는 방식[으로 작업했네]. 그로부터 『안티-오이디푸스』가 나왔고 그건 새로운 진보였어. 나는 이 책에 대한 적의를 표하는 사람들의 형식적인 이유들 중 하나가 단지 이 책을 두 사람이 썼다는 것에 있는 것은 아닌가 생각한다네. 사람들은 불화와 할당을 좋아하니까. 그래서 그들은 식별불가능한 것을 풀어놓거나 우리 각자에 속하는 것을 정하려고 노력해. 그러나 우리 각자는 모든 사람처럼 이미 다수이기 때문에, [둘이 하는 작업은] 정말 많은 사람을 만들어 냈다네. 물론 『안티-오이디푸스』가 지식의 모든 장치로부터 벗어나 있다고 말할 수는 없을 거야. 그건 여전히 대학의 틀을 갖추고 있고, 상당히 정숙해서, 우리가 꿈꾸던 대중철학pop'philosophie 혹은 대중분석은 아니네. 그러나 나는 다음과 같은 점에 사로잡혔지. 무엇보다 이 책이 어렵다고 생각하는 사람들은 가장 높은 소양을 가진 사람들, 특히 정신분석적 소양을 가진 사람들이었어. 그들은 말하지. 기관 없는 신체가 무엇인지, 욕망하는 기계들은 무엇을 의미하는지 말이야. 반대로 아는 것이 별로 없는 사람들, 정신분석에 물들어 있지 않은 사람들은 문제를 덜 느끼고, 별다른 고민 없이 그가 이해하지 못하는 것을 내버려 둔다네. 그래서 우리는 이 책이 적어도 이론적으로는 15에서 20세 사이의 친구들을 위한 책이라고 말했던 거야. 책을 읽는 데는 두 가지 방식이 있지. 하나는 책을 내부를 보여주는 상자로 생각하고 그 기의를 찾으러 가는 거야. 그리고 만약 그가 한층 더 도착적이거나 썩어 있으면 기표를 찾아 떠나는 거지. 그리고 이어지는 책을 앞선 상자 안에 있던 상자 취급하는 거야. 아니면 앞선 상자를 가지고 있던 상자처럼 다루는 거지. 그리고 주해하고, 해석하고, 설명을 요구하고, 책에 대한 책을 쓰고, 이런 식으로 무한히 하는 거지. 두 번째 방식은 책을 비-기표적인 작은 기계처럼 생각하는 거야. 유일한 문제는 '이것이 작동하는가, 어떻게 작동하는가'이지. 그것이 당신에게 어떻게 작동하는가? 만약 그것이 작동하지 않는다면, 아무 일도 일어나지 않는다면, 그러면 다른 책을 읽어야 하는 거야. 이 독서 방식은 강도적 독서야. 어떤 것이 지나가거나 지나가지 않거나. 설명할 것은 아무것도 없다네. 이해할 것도 해석할 것도 없지. 이것은 전원을 연결하는 것과 같은 것이네. 기관 없는 신체에 대해서는, 높은 교양이 없어도 그들의 기관 없는 신체의 '습관' 덕분에, 기관 없는 신체를 스스로 만들어내는 그들의 방식 덕분에 그것을 즉시 이해하는 사람들이 있다네. 책을 읽는 이 다른 방식은 앞선 방식에 대립하지. 이 방식은 즉시 바깥의 책과 관련되기 때문이야. 책은 외부적으로 훨씬 더 복잡한 기계장치를 구성하는 작은 톱니바퀴지. 글을 쓴다는 것은 다른 흐름들 중 하나의 흐름이고, 다른 것들과의 관계 속에서 어떠한 특권도 가지지 않은 채 흐르거나 역류하거나 다른 흐름들과 뒤섞이는 관계들 속으로 들어가지. 똥, 정액, 말, 행동, 에로티즘, 돈, 정치의 흐름 등. 블룸Bloom처럼, 한 손으로는 자위하면서 다른 손으로는 모래 위에 글을 쓸 때, 두 흐름은 어떤 관계가 있을까? 우리, 우리의 바깥, 적어도 우리의 바깥들 중 하나, 그것은 정신분석에 질려버린 한 무리의 사람들(특히 젊은이들)

이었어. 자네처럼 말하자면, 그들은 '궁지에 몰렸지.' 왜냐하면 그들은 계속 자기분석을 하고 있었고 이미 정신분석에 대항하고 있었지만, 그것을 정신분석의 용어로 사유하고 있었기 때문이야(예를 들어, 은밀한 우스개의 주제들로 이런 게 있어, 어떻게 〈Fhar〉의 소년들과 〈여성해방운동〉Mouvement de libération des femmes(이하 〈M.L.F.〉)의 소녀들, 그리고 다른 많은 사람들이 자기 분석을 할 수 있을까? 그 분석이 불편하지 않을까? 그들은 그 분석을 믿을까? 분석 카우치에서 그들이 할 수 있는 것은 무엇인가?) 『안티-오이디푸스』를 가능하게 한 것은 바로 이런 흐름이었지. 그리고 만약 정신분석가들이 가장 바보 같은 이들부터 가장 지적인 이들에 이르기까지, 이 책에 적대적인 반응을 보인다면, 다만 그 반응이 공격적이라기보다는 방어적이라면, 그건 분명히 그 내용 때문만은 아닐 것이고, 점점 더 커져가는 이런 흐름 때문일 거야. 사람들은 점점 더 '아빠, 엄마, 오이디푸스, 거세, 퇴행'이라는 말을 듣는 것을, 그리고 성욕 일반, 특히 그들의 성욕에 대한 무기력한 이미지를 지겨워하고 있는 거야. 사람들이 말하듯이, 정신분석가들은 '대중들'을, 하찮은 대중들을 고려해야 할 거야. 이런 의미에서 우리는 룸펜 프롤레타리아트로부터 온 아름다운 편지들을 받았네. 비평 글보다 훨씬 더 아름다운 것들이었지.

강도적으로 읽는 이런 방식은 바깥과 관련을 맺으면서, 흐름에 대한 흐름으로서, 기계와 함께하는 기계로서, 책과 전혀 관계가 없는 각자에게 실험이자 사건이지. 책을 조각내고, 그것이 무엇이든 다른 것들과 같이 작동하도록 하는 등…, 이것은 사랑의 방식이야. 그런데 자네 또한 그것을 정확히 이렇게 읽었어. 자네 편지의 한 대목에서 자네가 그것을 어떻게 읽었는지, 자네를 위해 그것을 어떻게 사용했는지 말했는데, 그 부분은 아름다울 뿐 아니라 심지어 상당히 경이롭기까지 했네. 그러나 유감천만이지! 왜 그렇게 급히 비난으로 되돌아섰나ㅡ. 너는 난관을 벗어나지 못할 거야, 사람들이 당신들의 두 번째 책을 기다리지만, 곧바로 당신들을 알아보겠지…? 아니야, 그건 사실이 아니지, 사람들은 이미 우리가 하는 생각을 하고 있다네. 우리는 함께 작업하는 것을 좋아하기 때문에 계속 함께하겠지만, 그건 절대로 속편이 될 수 없을 거야. 외부가 도울 것이고 언어나 사유에 있어서 완전히 다른 것이 될 거야, 우리를 '기다린' 사람들은 이렇게 말할 수밖에 없을 거야. 그들은 완전히 미쳤다고, 혹은 나쁜 자식들이라고, 혹은 그들은 계속할 수 없게 됐다고. 실망시키는 것은 즐거운 일이지. 미친 척하고 싶은 것은 전혀 아니지만 언젠가 우리 방식으로 우리의 시간에 그렇게 되겠지. 그러니 우리를 재촉하지 말게나. 우리는 『안티-오이디푸스』 1권이 여전히 타협으로 가득 차 있다는 것을, 여전히 현학적이고 개념을 닮은 것들로 지나치게 가득 차 있다는 것을 잘 알고 있네. 하지만 달라질 거야. 이미 그렇게 되고 있고, 모든 것이 잘 될 거라네. 어떤 이들은 우리가 같은 궤도에서 계속할 거라고 생각하고, 어떤 이들은 심지어 우리가 제5의 정신분석 그룹을 만들게 될 거라고 믿기까지 하지. 이럴 수가. 하지만 우리는 좀 더 은밀하고 좀 더 즐거운 다른 것들을 꿈꾸고 있다네. 타협은 이제 필요하지 않기 때문에 더 이상 결코 하지 않을 거라네. 그리고 우리는 항상 우리가 원하는, 혹은 우리를 원하는 동맹들을 발견하게 될 거야.

자네는 내가 궁지에 몰리기를 바라지. 그래도 이건 사실이 아니야[우리는 어떤 학파의 수장이 되는 것 따위에는 관심이 없어]. 펠릭스도 나도 어떤 하위-학파의 부-리더가 되지 않을 거야. 그리고 만약 누군가 『안티-오이디푸스』를 이용한다면, 뭐 그러든지 말든지. 우리는 이미 다른 곳에 있을 테니까 말이야. 자네는 내가 정치적으로 궁지에 몰리기를, 시위와 청원에 서명이나 하는 '사회적으로 몹시 하찮은' 처지로 전락하기를 바라지. 그러나 그것도 사실이 아니야. 푸코에게 바쳐진 모든 헌사들 중에는 그가 지식인을 지식인의 고전적인 정치적 상황으로부터 빼내고, 자신을 위해 회유 기계machines de récupération를 부순 최초의 인물이라는 것이 있다는 것을 모르지. 자네들은 아직도 선동, 출판, 질문서, 공개적인 자백에 매달리고 있지 않은가('자백해, 자백해…'). 나는 반대로, 반은 의지적이고 반은 강제적으로, 레지스탕스에 가까운 시대가 오고 있다는 것을 느끼네. 그것은 정치적인 것을 포함한 가장 젊은 욕망일 거야. 자네는 내가 직업적으로 궁지에 몰리기를 바라지.[궁지에 몰리기를 바라는 이유가] 내가 뱅센느에서 2년 동안 강의하고 나서 거기서 더 이상 아무것도 하지 않았기 때문이라는 거야. 사람들도 그렇게 말하고 자네도 그렇게 말하지. 자네는 내가 강의하는 동안에 '교수 지위를 거부하면서도 강의하도록 강제되었고, 모두가 떨어지도록 놔둔 마구를 다시 주워들었다'면서 내가 모순에 빠져 있었다고 생각하지. 나는 모순에 민감하지도 않을뿐더러, 내 조건을 비극적으로 살아내는 선한 영혼도 아니네. 내가 강의하는 것은 내가 많이 원하기 때문이야. 활동가들, 가짜로 미친 사람들, 진짜 미친 자들, 바보들, 아주 지적인 유들이 나를 지지하고, 모욕하고, 방해하지. 뱅센느에는 어떤 장난기가 살아있다네. 그게 2년간 지속되었고, 그것으로 충분했지. 변화가 필요해. 그래서 지금 나는 같은 조건에서는 더 이상 강의하지 않네. 자네는 내가 더 이상 아무것도 하지 않으며, 무능력하고, 무기력한 살찐 왕비라고 말하지. 또는 사람들이 그러더라고 보고하지. 뭐, 틀린 말도 아니야. 나는 숨어서 가능한 적은 수의 사람들과 계속해서 뭔가를 하고 있네. 그런데 자네는 내가 스타가 되지 않도록 돕기는커녕, 나에게 명세서를 요구하면서 나보고 무능력과 모순 중에 하나를 선택하라고 하는구먼. 마지막으로 자네는 내가 개인적으로나 가족적인 면에서도 궁지에 처하기를 바라지. 여기서 자네는 높이 날지 못해. 자네는 나에게 아내가 있으며, 인형 놀이를 하고 구석에서 삼각형을 그리는 딸이 있다고 설명하지. 그리고 그것이 『안티-오이디푸스』와 관련이 있다면서 재미있어하는 모양이야. 자네는 또 나에게 곧 자기분석할 나이에 도달하는 아들이 있다고도 말할 수 있을 거야. 오이디푸스를 만드는 것이 인형들이라고 생각한다면, 혹은 단지 결혼 그 하나라고 생각한다면, 그건 참 이상한 일이네. 오이디푸스는 인형이 아니야. 그건 내적인 분비, 림프 기관이지. 자기 자신에 대항해 싸우지 않고서는 오이디푸스적인 분비들에 대항해서 결코 싸우지 못한다네. 자기 자신에 대항해 실험하지 않고, 사랑하고 욕망하게 될 수 없다면 말이야(우리 모두를 정신분석가에게 인도하는, 사랑받고 싶은 찌질한 의지 대신에). 비-오이디푸스적 사랑은 사소한 문제가 아니라네. 그리고 자네는 이걸 알아야 해. 독신에 아이가 없고 동성애자이면서 이런저런 그룹의 일원이라고 해서 오이디푸스를 피할 수 있는 것은 아니라는 걸 말이야. 그룹에도 오이디푸스가 있고, 오이디푸스적인 동성애도 있으며, 오이디푸스화된 〈M.L.F〉…등도 있는 한 말이야. 「아랍인들과 우리」라는 글을 보게. 그것은 내 딸보다도 훨씬 더 오이디푸스적이라네.

그러니 나는 '자백'할 것이라고는 전혀 없네. 『안티-오이디푸스』와 관련한 성공이 펠릭스나 나를 망가뜨리진 못하네. 그건 어떤 방식으로든 우리와 관련된 일이 아니야. 왜냐하면 우리는 이미 다른 기획을 하고 있거든. 그래서 나는 자네의 다른 비평으로 넘어가 볼까 하네. 좀 더 가혹하고 견디기 어려운 비평으로 말이야. 거기에서 자네는 내가 내 노력을 관리하면서 다른 사람들, 동성애자, 마약중독자, 알코올중독자, 마조히스트, 광인들…등의 실험들을 이용하고, 아무 위험도 감수하지 않으면서 그들의 환희와 독을 모호하게 맛본다고, 그리고 항상 뒤처져 온다고 말하지. 내가 어떻게 아르또에 대한 직업적 강연자, 피츠제럴드에 대한 세속적인 애호가가 되지 않을 수 있겠냐고 물었던 내 텍스트를 들이대면서 말이야. 그러나 자네가 나에 대해 아는 것이 무엇인가? 내가 정확함과 진리에 대한 통탄할 믿음을 보여주는 이야기보다는 차라리 비밀을, 다시 말해서 거짓의 역능을 믿는다고 말하지 않았던가? 내가 움직이지 않고 여행하지 않는 것은, 내가 모든 이들처럼 내 감정만으로 측정할 수 있고, 내가 쓰는 것 속에서 우회적으로 가장 삐딱한 방식으로 표현할 수 있는 제자리에서의 여행을 하고 있기 때문이라네. 그리고 동성애자들, 알코올중독자들 그리고 마약중독자들과 나의 관계들을 가지고 여기에서 해야 할 일이 무엇이 있겠나? 나는 다른 방법으로 그들의 효과들과 비슷한 효과들을 얻고 있는데 말이야. 중요한 것은 내가 그것이 무엇이든 어떤 이익을 얻는지를 아는 것이 아니라, 내가 내 영역에서 그렇듯이 자기들의 영역에서 이런저런 것들을 하는 자들이 있는지, 각자가 다른 이의 가책과 교정자가 된다고 여기는 그런 거지같은 것들, 혹은 추종이나 결집이 아니라 어떤 가능한 만남들, 우연들, 우연한 경우들이 있는지를 아는 것이라네. 자네들이 나에게 빚진 것이 없는 만큼이나 나 역시 자네들에게 빚진 것이 없네. 내 영역이 있는데 자네들의 영역을 침범할 이유가 없지 않은가. 문제는 이러저러한 배타적인 그룹의 본성이 아니라 횡단적인 관계들에 있는 것이지. 그런 관계들 속에서 이런저런 것들(동성애, 마약 등)에 의해 생산된 효과들은 항상 다른 수단에 의해서도 생산될 수 있다네. '나는 이것이야 혹은 나는 저것이야'라고 생각하고, 더욱이 이를 정신분석적 방식으로(그들의 어린 시절 혹은 그들의 운명을 참조하는 방식으로) 생각하는 사람들에게 대항하기 위해서는 불확실하고 비개연적인 용어로 사유해야 하네:나는 내가 누군지 모른다. 수많은 비-나르시시즘적, 비-오이디푸스적 연구 혹은 시도들이 필요하다고 — 어떤 동성애자도 확신을 가지고 '나는 동성애자다'라고 말할 수는 없을 거거든. 문제는 인간의 이것 혹은 저것임이 아니라 오히려 비인간적으로 되기, 보편적인 동물되기가 문제라네. 이것은 자기를 동물로 여긴다는 것이 아니고, 몸의 인간적인 조직화를 해체한다는 것, 몸의 이러저러한 강도 영역을 가로지른다는 것이지. 각자 자기의 것인 영역들과 거기에 거주하는 그룹들, 인구들, 종들을 발견하면서 말이야. 내가 한 마리의 개처럼 의학에 대해 말한다면 나는 의사가 아니면서도 의학에 대해서 말할 수 있지 않은가? 내가 작은 새처럼 마약에 대해 말한다면 마약중독자가 아니더라도 마약에 대해 말할 수 있는 것 아닌가? 그리고 어떤 것에 대한 담론이 완전히 비현실적이고 인위적이라고 해도, 그걸 만들어 낼 만한 자격을 나에게 묻지 않는다면, 그런 담론인들 왜 만들지 말아야 하지? 마약은 종종 정신착란을 일으키지만, 왜 내가 마약으로 인한 정신착란에 이르지 말아야 하나? 자네들은 자네들의 '현실'을 가지고 무엇을 만드는가? 자네들의 것인, 납작한 사실주의지. 그러면 자네는 왜 내 책을 읽었는가? 신중한 경험 논쟁은 반동적인 잘못된 논쟁이라네. 『안티-오이디푸스』에서 내가 좋아하는 문장이야 : 아니, 우리는 분열증자를 전혀 본 적이 없다.

결국, 자네 편지에 있는 것은 무엇인가? 그 아름다운 구절을 제외하고는 자네 자신에 대한 것은 전혀 없네. 자네가 부지런히 모아온 루머들, 다른 이들로부터 왔거나 자네 자신이 가져온 루머들뿐이지. 화병에 소문들을 넣어 닫고 이것으로 만든 모작, 자네가 원한 것이 이것이었을 수도 있지. 그건 속물적이고 세속적인 편지였어. 자네는 나에게 '새로운 것'을 요구했고 그런 다음에 나에게 악의적인 편지를 썼지. 내 편지는, 자네의 편지 때문에 변명 같아져 버렸네. 과장이 아니야. 자네는 아랍인이 아니라 비열한 자칼이야. 자네는 내가 자네가 비평한 대로 되도록 하기 위해 모든 것을 했네. 하찮은 스타, 스타, 스타. 나는 자네에게 아무것도 요구하지 않겠네만 자네를 많이 사랑하네. 소문들을 끝내기 위해.

『안티-오이디푸스』에 대한 대담

펠릭스 가타리와 함께[1]

까트린느 바케스-끌레망 두 분 중 한 분은 정신분석가이고, 다른 한 분은 철학자시죠. 두 분의 책은 정신분석과 철학을 다시 문제 삼았고, 분열-분석이라는 또 다른 것을 도입하셨습니다. 이 책의 논거는 무엇입니까? 이 기획을 어떻게 이해하면 될까요? 그리고 두 분에게 어떤 변화가 있었습니까?

질 들뢰즈 소녀들처럼 가정법으로 말해야 할 것 같네요. 우리가 만났더라면, 이런 일이 있었다면… 처럼 말이죠. 2년 반 전에 펠릭스를 만났습니다. 그는 내가 자신보다 앞서 있다는 인상을 가졌고 나에게 뭔가를 기대했습니다. 내가 정신분석에 대한 책임감도 피분석자의 죄책감 혹은 조건 지어짐도 없었기 때문이죠. 나는 아무 데도 속하지 않았고 그래서 가벼웠어요. 나

---

[1]. 까트린느 바케스-끌레망과의 대담 (*L'Arc* 49호, 1972).

는 오히려 정신분석이 별나다고 생각했죠. 그건 불행한 일이었어요. 그러나 나는 개념으로만, 게다가 주저하면서 작업했어요. 펠릭스는 내게 그가 이미 욕망하는 기계라고 불렀던 것에 대해 말해 주었습니다. 그것은 무의식-기계, 분열증적 무의식에 관한 이론적이고 실천적인 개념화 전체였지요. 그래서 나는 오히려 나보다 앞서 있는 것은 그라고 생각했어요. 그러나 그는 무의식-기계라는 개념을 여전히 구조, 기표, 팔루스 등의 용어로 말했습니다. 그건 어쩔 수 없는 일이었죠. 왜냐하면 그는 (나 역시) 많은 것을 라깡에게 빚지고 있었기 때문입니다. 그렇지만 나는 창립자 라깡의 개념도 아니면서 그를 둘러싸고 만들어진 교리의 개념들을 사용하는 대신 적합한 개념들을 찾아낸다면 차라리 더 잘된 일이라고 생각했어요. 사람들이 자신을 도와주지 않는다고 말한 것은 라깡입니다. 우리는 그를 분열적으로 도우려고 한 것이죠. 그리고 우리는 구조, 상징적인 것 혹은 기표와 같은 개념들을 포기했기 때문에 확실히 더욱더 라깡에 빚지고 있습니다. 그런 개념들은 완전히 잘못됐고, 라깡 역시 개념들의 이면을 보여주기 위해 항상 그 개념들로 되돌아갔으니까요.

펠릭스와 나, 우리 둘은 그래서 함께 작업하기로 결정했습니다. 우선 편지로 시작했지요. 그러고 나서 가끔 만나 한 사람이 다른 사람 이야기를 들었어요. 우리는 무척 재미있어하기도 했고 무척 지겨워하기도 했죠. 항상 누군가가 말을 지나치게 많이 했어요. 한 사람이 하나의 개념을 제안하고 다른 사람은 아무

의미도 못 느끼는 일이 종종 있었는데, 또 그가 몇 달 후에는 다른 문맥에서 그 개념을 사용하게 되기도 했어요. 그리고 우리는 많이 읽었는데 책 전체를 보기보다는 조각들을 읽었습니다. 가끔 우리는 오이디푸스의 폐해와 정신분석의 커다란 불행을 확인해 줄 완벽히 바보 같은 것들을 발견했고, 또 어떤 때는 탐험해 보고 싶은 굉장해 보이는 것들을 발견했죠. 그리고 우리는 많이 썼습니다. 펠릭스는 글쓰기를 모든 종류의 것을 씻어 버리는 분열적 흐름으로 다루었어요. 나는 하나의 페이지가 모든 끄트머리로 도주하면서도 하나의 알처럼 자기 스스로 닫혀있다는 것이 흥미로웠습니다. 책에는 보유, 공명, 침전 그리고 수많은 유충들이 있지요. 그래서 우리는 정말로 둘이 썼습니다. 그 점에 있어서 아무런 문제가 없었어요. 둘이 쓴 판본들은 계속 이어졌죠.

펠릭스 가타리 나는 속한 '곳'이 너무 많았어요. 적어도 네 군데 정도는 됩니다. 공산주의의 길, 다음에는 좌익 반대파였어요. 1968년 5월 이전에는 많이 움직였고 거의 쓰지 못했고요. 예를 들면 「좌익 반대파의 9가지 테제」 같은 글 정도. 그다음에는 1953년 장 우리Jean Oury가 라 보르드 클리닉을 조직하자마자 쿠르-쉐베르니에 있는 그 클리닉에 참여했습니다. 그것은 토스켈François Tosquelles 경험의 연장이었죠. 우리는 제도요법의 근거에 대한 이론적이고 실천적인 정의를 내리려고 애썼어요. (나로서는 '횡단성'이나 '그룹 판타지' 같은 개념들을 시도해 보려고 했었죠). 뒤이어 나는 또한 세미나 초기부터 라깡에게서 배웠어요. 결국 나는 일종의 분열증자라는 담론 혹은 장소를 가지고 있었죠. 나는 항상 분열증자들에게 끌렸고 사랑에 빠졌어요. 그들을 이해하기 위해서는 함께 살아야 합니다. 분열증자의 문제는 적어도 진정한 문제죠. 신경증자의 문제와는 다릅니다. 나의 최초의 정신요법은 녹음기의 도움을 받아 분열증 환자와 함께 이루어졌죠.

그런데 이 네 가지 소속, 네 가지 담론은 단지 소속과 담론일 뿐 아니라 삶의 방식이기도 했습니다. [나는] 어쩔 수 없이 찢겨 있었죠. 1968년 5월은 많은 다른 사람들에게 그랬던 것처럼 질^{Gilles}과 나에게 하나의 위기였어요. 우리는 서로 알지 못했으나 이 책은 현실적으로 어쨌든 5월의 연속입니다. 나는 내가 살아왔던 이 네 가지 삶의 방식들을 통일하지는 않더라도 약간은 붙일 필요가 있었어요. 나는 예를 들어 신경증을 정신분열증으로부터 해석할 필요성 같은 지표들이 있었습니다. 그러나 나는 이것들을 붙일 때 필요한 논리가 없었어요. 나는 『연구』^{Recherches}에서 「하나의 기호에서 다른 기호로」라는 텍스트를 썼지만, 라깡의 흔적이 너무 확연했습니다. 그러나 기표는 더 이상 없었어요. 그럼에도 나는 여전히 일종의 변증법에 빠져 있었어요. 내가 질과의 작업에서 기대한 것은 이러한 것들입니다. 이를테면 기관 없는 신체, 다양체, 기관 없는 신체를 붙이는 다양체의 논리 가능성과 같은 것이죠. 우리의 책에서 논리의 작동은 물리적 작동이기도 합니다. 우리가 공통적으로 찾고자 했던 것은 정치적이면서 동시에 정신의학적인 담론이었습니다. 하나의 담론이 다른 담론으로 환원되지 않아야 하죠.

바케스-끌레망 두 분은 욕망하는 기계로 된 분열-분석의 무의식과 두 분이 모든 종류의 비판을 가하는 정신분석적 무의식을 끊임없이 대립시키고, 모든 것을 분열증에 대하여 측정합니다. 그러나 프로이트가 기계의 영역, 적어도, 장치들appareils의 영역을 몰랐다고 정말 말할 수 있을까요? 그리고 프로이트가 정신병의 영역을 이해하지 못했을까요?

가타리 그건 복잡한 문제예요. 어떤 면에서 프로이트는 그의 진정한 임상적 재료, 임상의 기초가 정신병으로부터, 브로이어와 융의 편에서 왔다는 것을 잘 알고 있었어요. 그리고 그건 멈추지 않죠. 멜라니 클라인으로부터 라깡에 이르기까지 정신분석에 새로 도입되는 모든 것은 정신병으로부터 오니까요. 다른 한편 타우스크Victor Tausk 사건이 있는데요. 프로이트는 아마도 분석적 개념들과 정신병의 대면에 의구심을 가졌던 것 같습니다. 슈레버에 대한 주해에서 우리는 가능한 모든 모호성들을 발견하게 되지요. 그리고 우리는 프로이트가 분열증자들을 전혀 좋아하지 않는다고 느낍니다. 그는 분열증자에 대해서 완벽히 불쾌하고 역겨운 것들을 이야기했지요…. 프로이트가 욕망 기계를 모르지 않았다고 하셨는데, 맞습니다. 욕망, 욕망하는 기계류조차도 정신분석의 발견이죠. 그것은 정신분석 안에서 끊임없이 왱왱거리고 삐걱거리고 생산하죠. 그리고 정신분석가들은 분열증적 근거 위에서 기계들을 작동시키고 또다시 작동시키기를 멈추지 않습니다. 그러나 그들은 아마도 자신들이 명료하게 의식하지 못하는 것들을 하거나 혹은 작동시키고 있는 것이죠. 아마도 그들의 실천은 이론에는 명확히 나타나지 않은 조작들을 포함하고 있을 거예요. 정신분석이 정신의학 전체에 어떤 어려움을 가져다주었다는 점에는 의심의 여지가 없습니다. 정신분석은 어떤 성가신 기계의 역할을 하고 있는 것이죠. 처음부터 타협들이 있었다는 것은 중요하지 않아요. 그것이 어려움을 야기했고, 새로운 분절을 부과했으며, 욕망을 드러냈다는 둥 말이죠. 당신도 정신적인 장치들에 대해서 언급했잖아요. 프로이트가 분석했던 것처럼, 거기에는 모든 기계적인 면이 있지요. 욕망의 생산과 생산의 통일성 같은. 그리고 거기엔 다른 면도 있어요. 이 장치들(초자아, 자아, 그것)의 인격화, 그리고 무의식의 진정한 생산적 힘을 단순한 표상적 가치들로 대체하는 연극적인 장면의 도입이 그것이죠. 그래서 욕망 기계들은 점점 더 연극 기계들이 되어 가고, 초자아는 데우스 엑스 마키나 deus ex machina처럼 죽음충동이 되었죠. 기계들은 점점 더 벽 뒤에서, 복도에서, 혹은 환영 기계로, 특수효과 기계로 기능하게 됩니다. 모든 욕망하는 생산은 박살 났어요. 우리는 다음 두 가지를 동시에 말하는 것입니다. 프로이트는 리비도로서의 욕망, 생산하는 욕망을 발견했으나 그것을 다시 가족표상(오이디푸스) 안에서 끊임없이 소외시켰다는 것. 정신분석은 맑스가 정치경제학에서 통찰했던 것과 같은 서사를 가지고 있는 것이죠. 애덤 스미스와 리카도는 부의 본질이 생산하는 노동이라는 것을 발견하였으나 이것을 사유재산이라는 표상 안에서 끊임없이 다시 소외시켜 버렸다는 서사 말입니다. 욕망을 가족극으로 투영rabattement시켰기 때문에 정신분석은 정신병을 이해하지 못했고, 신경증에서만 가족극을 재확인했으며, 신경증 그 자체로부터 무의식을 왜곡하는 해석을 제공하게 된 것이죠.

바케스-끌레망 그것이 바로 두 분이 오이디푸스와 더불어 '관념적 회귀'를 말할 때, 그리고 새로운 유물론을 정신의학에서의 관념론에 대립시킬 때 말하고자 했던 것이죠? 정신분석 영역에서 유물론과 관념론의 분절은 어떻게 이루어지나요?

들뢰즈 우리가 공격한 것은 정신분석의 이데올로기라 할 수 있을 그런 이데올로기가 아닙니다. 이론과 실천에 있어서 정신분석 그 자체죠. 그리고 이에 관하여 그것이 뭔가 어마어마한 것이지만 시작부터 잘못되었다고 말하는 것은 모순이 아닙니다. 관념적 회귀는 처음부터 거기에 있었습니다. 화려한 꽃들이 처음부터 부패했다는 것은 모순적이지 않죠. 우리는 분석의 이론과 실천에 있어서 모든 환원과 투영 시스템을 정신분석의 관념론이라 부릅니다. 욕망하는 생산을 소위 무의식적 표상 시스템으로, 원인작용의 형태들로, 대응하는 표현 혹은 이해로 환원하기, 무의식의 공장들을 오이디푸스, 햄릿 등의 연극적 장면으로 환원하기, 리비도의 사회적 투자를 가족적 투자로, 욕망을 또다시 오이디푸스적인 가족 좌표 위로 투영하기 등이 그것입니다. 정신분석이 오이디푸스를 발명했다고 말하려는 게 아니에요. 사람들이 오이디푸스와 함께 왔고, 정신분석은 그 요구에 응답한 것이죠. 정신분석은 작은 진흙 바다에서처럼 카우치 위에서 오이디푸스를 제곱하고, 전이하고, 오이디푸스의 오이디푸스를 만들었을 뿐입니다. 그러나 가족적인 것이든 분석적인 것이든, 오이디푸스는 근본적으로 욕망하는 기계에 대한 억압장치이지 결코 무의식의 형성물은 아닙니다. 또한 오이디푸스 혹은 그에 상응하는 것이 사회의 형태와 함께 변이한다고 말하려는 것도 아닙니다. 우리는 오히려 구조주의자들과 더불어 오이디푸스는 불변항이라고 생각합니다. 그러나 그것은 무의식의 힘을 왜곡하는 불변항이죠. 그래서 우리는 오이디푸스를 포함하지 않는 사회들이 아니라 그것을 탁월하게 보여주고 있는 우리들의 사회, 자본주의 사회의 이름으로 공격한 것입니다. 또한 우리는 소위 성욕보다 우월하다고 간주되는 관념들의 이름으로 정신분석을 공격한 것이 아니라, '우중충하고 작은 가족 비밀'로 축소되지 않는 성욕의 이름으로 공격한 것이고요. 그리고 우리는 오이디푸스의 다양한 이미지들과 구조적 불변성 사이에 어떠한 차이도 두고 있지 않습니다. 왜냐하면 양쪽 끝에는 똑같은 막다른 골목이, 다시 말해서 욕망하는 기계에 대한 똑같은 진압이 있기 때문입니다. 정신분석이 오이디푸스의 해결 혹은 해소라고 부르는 것은 완전히 우스꽝스러운 일이에요. 그것은 정확히 무한한 빚, 끝나지 않는 분석, 오이디푸스의 전염, 오이디푸스의 아버지로부터 아이에게로의 이전일 뿐이죠. 오이디푸스라는 이름으로 그리고 무엇보다도 아이에 대해서 사람들이 하는 말들은 정말 바보 같죠. 유물론적 정신의학은 욕망에 생산을 도입하고 또 반대로 생산에 욕망을 도입하는 것입니다. 정신착란은 아버지나 아버지의 이름이 아니라 역사의 이름들을 향합니다. 그것은 거대한 사회적 기계들 안에 있는 욕망하는 기계들의 내재성과 같은 것이고, 욕망하는 기계들에 의한 사회 역사적인 장의 투자입니다. 정신분석이 정신병으로부터 이해한 것은 오이디푸스, 거세 등, 무의식에 주입된 모든 억압 장치들로 이끄는 '편집증적인' 선입니다. 그러나 착란의 분열증적 근거, 비가족적 도면을 그리는 '분열증적' 선은 그것을 완전히 피해 갑니다. 푸코는 정신분석이 비이성의 목소리를 듣지 못한다고 말한 바 있습니다. 정신분석은 모든 것을 신경증화하거든요. 그리고 신경증화를 통해 정신분석은 끝나지 않는 치료를 받게 될 신경증자를 생산해낼 뿐 아니라, 정신병 환자를 오이디푸스화에 저항하는 자로 재생산하기도 합니다. 그러나 분열증에 대한 직접적인 접근, 정신분석에는 이것이 완전히 결여되어 있습니다. 정신분석에는 성욕의 무의식적 본성 역시 결여되어 있지요. 관념론에 의해서, 가족적이고 연극적인 관념론에 의해서 말입니다.

바케스-끌레망 두 분의 책은 정신의학적이고 정신분석적인 측면을 가지고 있을 뿐 아니라 정치적이고 경제적인 측면 역시 가지고 있습니다. 어떻게 이 두 측면의 통일성을 생각하게 되었나요? 어떤 방식으로든 라이히의 시도를 다시 취한 것인가요? 두 분은 사회적 수준에서만큼이나 욕망의 수준에서도 파시스트적 투자에 대해 말했지요. 거기에는 정치와 정신분석과 동시에 관계하는 무언가가 있습니다. 그러나 두 분이 파시스트적 투자에 대립시키려고 애쓰는 그것은 이해하기가 어려운데요. 무엇이 파시즘을 방해할까요? 그러므로 질문은 단지 이 책의 통일성과 관련된 것이기만 한 것이 아니고, 그 실천적인 결과와 관련된 것이기도 합니다. 그리고 그 결과들은 무척 중요합니다. 왜냐하면 만약 '파시스트적 투자'가 아무런 방해도 받지 않는다면, 그 어떤 힘에도 포함되지 않는다면, 만약 우리가 그 파시스트적 투자의 실존을 확인하는 것 외에 아무것도 할 수 없다면, 두 분의 정치적 숙고는 무엇이며 실재에 대한 개입은 어떤 것입니까?

가타리 네, 많은 사람처럼 우리도 일반화된 파시즘의 전개를 알렸습니다. 우리는 아직 아무것도 보지 못했고, 파시즘이 전개되지 않을 어떠한 이유도 없습니다. 혹은 오히려 이런 것이겠죠. 혁명적 기계가 욕망과 욕망의 현상들을 맡을 수 있도록 고양되든가, 아니면 욕망이 억압적 힘에 의해 조작되고 내부로부터 혁명적 기계들을 위협하든가 말이에요. 우리가 구분하는 것은 사회적 장의 두 종류의 투자입니다. 이해관계의 전의식적 투자와 욕망의 무의식적 투자가 그것입니다. 이해관계의 투자는 실제로는 혁명적이지만, 혁명적이지 않거나 심지어 파시스트적이기까지 한 욕망의 무의식적 투자를 존속시킵니다. 어떤 의미에서 우리가 분열-분석으로 제시한 것의 이상적인 적용지점은 집단들, 그리고 전투집단들일 것입니다. 왜냐하면 그곳이 바로 가족-초과적인 재료를 즉시 사용할 수 있고, 종종 투자들의 모순적인 실행이 나타나는 곳이기 때문이죠. 분열-분석은 전투적이고 리비도 경제적이며, 리비도 정치적인 분석입니다. 두 가지 유형의 사회적 투자들을 대립시킬 때 우리는 사치스러운 낭만적인 현상으로서의 욕망과 정치적이고 경제적이기만 한 이해관계를 대립시키지 않습니다. 우리는 오히려 욕망이 자리 잡는 곳에는 항상 이해관계가 정비되어 있다고 생각하지요. 그래서 만약 욕망이 무의식의 형성 자체를 담보하는 혁명적 위치를 스스로 점유하지 않는다면 억압받는 계급들의 이해관계에 부합하는 혁명은 없을 것입니다. 왜냐하면 욕망은 어떤 방식으로든 하부구조에 속한 것이기 때문이죠(우리는 이데올로기와 같은 개념은 전혀 믿지 않습니다. 그것은 문제들을 아주 잘못 설명하지요. 이데올로기는 없습니다). 혁명적 장치를 영구적으로 위협하는 것은 이해관계에 대한 청교도적 개념을 만들어내는 것입니다. 이해관계는 억압받는 계급을 분할fraction하는 데 유리한 방향으로만 실현되기 때문에 결과적으로 계급의 분할은 카스트와 완벽히 억압적인 위계를 다시 충족시키게 됩니다. 준-혁명적인 것일지라도 위계에 편승하면 할수록, 욕망의 표현은 더욱 불가능하게 됩니다(반대로, 욕망은 아무리 왜곡된 것이라 해도 기초 조직들에서 나타납니다). 우리는 권력의 파시즘에 능동적이고 실증적인 도주선들을 대립시켰습니다. 왜냐하면 이 선들이 욕망으로, 욕망의 기계들로, 그리고 욕망하는 사회적 장의 조직으로 인도하기 때문이지요. 도주라는 것은 스스로 혹은 '개인적으로 직접' 도주하는 것이 아니라, 마치 우리가 파이프나 종기를 뚫듯이 도주하도록 하는 것을 말합니다. 흐름에 길을 내거나, 막고자 하는 사회적 코드들 아래로 흐름들이 지나가도록 하는 것. 억압에 대항하는 욕망의 지위는 그것이 아무리 국소적이고 작더라도 자본주의 체계 전체를 점점 더 가까이 문제 삼고 그 체계가 도주하도록 합니다. 우리가 고발한 것은 인간-기계, 기계에 의해 소외된 인간…등의 모든 대립 테마들입니다. 5월 운동이 시작되자마자, 가짜 좌파 조직의 지지를 받는 권력은 이것이 소비 사회에 대항하여 싸우는 지나치게 버릇없는 젊은 이들의 문제라고 믿게 하려고 했죠. 반면 진짜 노동자들은 그들의 진정한 이해관계가 어디에 있는지 알고 있었어요. 소비사회에 대항하는 투쟁 같은 것은 전혀 없었습니다. 그건 어리석은 개념이에요. 우리는 반대로 소비라는 것이 전혀 충분하지 않으며, 장치artifice 역시 전혀 충분하지 않다고 말했죠. 욕망의 선들이 욕망과 기계가 하나가 되는 지점에까지 이른다면, 그리고 욕망과 장치가 예를 들어 소위 자본주의 사회의 본성이라고 말해지는 것들에 대항하기에 이른다면, 이해관계들은 결코 혁명의 편을 경유하지 않을 것입니다. 그런데 이 지점은 가장 미세한 욕망에 속하기 때문에 도달하기 가장 쉽기도 하고, 무의식의 모든 투자를 담보로 하기 때문에 가장 어렵기도 합니다.

들뢰즈 그런 의미에서 이 책의 통일성 문제는 제기되지 않지요. 여기에는 두 가지 측면이 있습니다. 첫째는 오이디푸스와 정신분석에 대한 비판, 두 번째는 자본주의에 대한 연구 및 자본주의와 분열증 사이의 관계들에 대한 연구가 그것입니다. 그런데 첫 번째 측면은 두 번째 측면에 긴밀하게 의존하고 있지요. 우리는 정신분석을 공격할 때 그 이론만큼이나 실천에도 관련된 다음과 같은 점들에 근거했습니다 : 구조주의나 상징주의의 왜곡되고 일반화된 형태들 아래에서조차 나타나는 오이디푸스에 대한 숭배, 리비도와 가족적 투자로의 환원. 우리는 리비도가 이해관계의 전의식적 투자와 구분되는 무의식적 투자를 실행하지만, 이해관계의 투자만큼이나 사회적인 장을 대상으로 한다고 말했습니다. 다시 한번 착란에 대해 말해 보지요. 사람들은 우리에게 분열증자를 본 적이 있는지를 묻습니다만, 우리는 정신분석가들에게 그들이 착란에 귀 기울여본 적이 있는지를 묻습니다. 착란은 역사적이고 세계적이지 전혀 가족적이지 않습니다. 사람들은 중국인들, 독일인들, 잔 다르크 그리고 위대한 몽골인, 아리아인과 유대인, 돈, 권력 그리고 생산에 대해서 망상하지 결코 엄마-아빠에 대해 망상하지 않습니다. 유명한 가족 소설은 오히려 망상 속에 나타나는 사회적인 무의식적 투자에 긴밀하게 의존하지 그 반대가 아닙니다. 우리는 어떤 의미에서 이미 어린아이에게도 그러하다는 사실을 보여주려고 노력했습니다. 우리는 정신분석에 대립하는 분열-분석을 제안한 것입니다. 정신분석이 걸려 넘어진 두 지점을 취하기만 하면 됩니다. 정신분석은 오이디푸스의 형상이나 구조만 보기 때문에 어떤 이의 욕망하는 기계에 도달하지 못합니다. 또한 정신분석은 가족 투자만 보기 때문에 리비도의 사회적 투자에 이르지 못합니다. 우리는 이 점을 시험관에서 이루어진 in vitro 슈레버 박사의 정신분석 사례에서 볼 수 있습니다. 우리의 흥미를 끄는 것은 정신분석의 흥미를 끌지 않습니다. 너의 욕망하는 기계, 너에게 그것은 무엇이지? 사회적 장에 대해 망상하는 너의 방식은 어떤 거야? 우리 책의 통일성은 다음에 있습니다: 정신분석의 불충분성은 그것이 분열증적 근거를 모르는 것만큼이나 자본주의 사회에 깊이 귀속되어 있다는 사실에 연결되어 있는 것처럼 보인다는 것. 정신분석은 자본주의 같아요. 분열증을 자기 한계로 가지고 있으면서 그 한계를 끝없이 밀어내고 쫓아내려고 노력하죠.

바케스-끌레망 두 분의 책은 수많은 참조점들, 즐겁게 이용한 텍스트들로 가득 차 있습니다. 본연의 의미로 사용하기도, 반대 의미로 사용하기도 하지요. 그러나 그 모든 경우에 밑바탕에는 정확한 '문화'를 깔고 있습니다. 이는 두 분이 인류학에 많은 중요성을 부과하는 반면 언어학에는 그렇지 않다는 것을, 또한 몇몇 영미소설에는 많은 중요성을 두는 반면 글쓰기에 대한 동시대 이론들에는 그렇지 않다는 것을 보여줍니다. 왜 특히 기표 개념을 공격하는 것인가요? 그리고 기표의 체계를 거부하는 이유는 무엇인가요?

가타리 기표로는 우리가 할 수 있는 것이 아무것도 없었어요. 그렇게 생각하는 것은 우리가 유일하지도 않고 처음인 것도 아닙니다. 푸코나 리오따르의 최근 저서를 보세요. 기표에 대한 우리의 비판이 모호하다면, 그것은 기표가 모든 것을 낡아빠진 글쓰기 기계에 투영하는 막연한 실체이기 때문입니다. 기표와 기의 사이의 배타적이고 강제적인 대립은 글쓰기 기계와 함께 떠오르는 기표의 제국주의에 사로잡혀 있는 것이죠. 모든 것은 권리상 문자와 관련이 있어요. 그것이 전제적인 초코드화의 법 자체죠. 우리의 가설은, 그것이 거대한 전제군주의 기호(글쓰기의 시대)라는 것입니다. 그 기호는 스스로는 물러나면서 광야를 최소 요소들 그리고 이 요소들 사이에서 규제되는 관계들로 분해되도록 하지요. 이 가설은 적어도 기표의 폭군적이고 공포정치적이며 거세적인 성격을 보고합니다. 그것은 엄청난 의고擬古주의로서 거대한 제국들을 생각나게 하죠. 우리는 그것, 기표가 언어에 대해서 작동하는지 확신하지도 못합니다. 그래서 우리는 옐름슬레우에게로 돌아갔지요. 이미 오래전에 그는 일종의 언어에 있어서의 스피노자적인 이론을 만들었습니다. 그 이론에서는 내용과 표현으로 이루어진 흐름들이 기표를 경유합니다. 언어는 내용과 표현으로 이루어진 연속적인 흐름의 시스템이며, 이산離散적이고 불연속적인 형상들의 기계적 배치에 의해 재단되는 시스템입니다. 이 책에서 우리가 발전시키지 못한 것은, 언표작용 주체와 언표 주체 사이의 단절을 넘어서고자 하는 언표의 집단적 동인agents 개념입니다. 우리는 순수한 기능주의자들입니다. 우리의 관심을 끄는 것은 어떻게 어떤 것이 작동하는가, 어떤 기계가 기능하는가 하는 것입니다. 그런데 기표는 여전히 '그것은 무슨 의미인가?'라는 질문의 영역에 속해 있지요. 우리는 바로 이 질문을 삭제한 것입니다. 우리에게 무의식은 아무것도 의미하지 않아요. 그것은 언어도 마찬가지입니다. 기능주의가 실패한 것은 자신의 영역이 아닌 영역에서 기능주의를 확립하려고 했기 때문이죠. 그렇게 되면 구조 지어진 커다란 전체는 그것들이 기능하는 것과 같은 방식으로는 형성될 수도 없고, 형성되지도 못합니다. 그 대신 기능주의는 미시-다양체들, 미시-기계들, 욕망하는 기계들, 분자적인 구성물들의 세계에서는 왕입니다. 모든 기계에는 다른 요소들과 함께 언어적 요소들도 있을 뿐이지, 언어 기계처럼 이러저러하게 규정된 기계들은 없어요. 무의식은 미시-무의식입니다. 그것은 분자적이고, 분열-분석은 미시-분석입니다. 유일한 질문은, 아무것도 의미하지 않는 강도들, 흐름들, 과정들, 부분대상들, 이 모든 것이 어떻게 기능하는가 하는 것이죠.

들뢰즈 우리의 책에 대해서도 마찬가지라고 생각합니다. 중요한 것은 그것이 기능하는지, 그리고 어떻게, 누구를 위해서 기능하는지를 아는 것입니다. 그것은 기계 자체입니다. 다시 읽어보는 것이 아니라 다른 것을 해야 하죠. 우리는 즐겁게 그 책을 만들었어요. 우리는 정신분석이 잘 작동하고 무의식에 대한 정확한 시각을 가지고 있다고 생각하는 사람들이 아니라, 그것이 좀 단조롭고 슬프다고 생각하는 사람들, 오이디푸스와 거세와 죽음충동…등이 웅웅거리는 지루한 소리처럼 들리는 사람들에게 말을 건넨 거지요. 우리는 항의하는 무의식들에게 말을 건넨 겁니다. 우리는 동맹들을 찾습니다. 우리는 동맹이 필요해요. 그리고 우리는 동맹들이 이미 있다고 느낍니다. 그들은 정신분석을 지겨워하고, 유사한 방향들로 생각하고, 느끼고, 작업합니다. 유행의 문제가 아니라 좀 더 깊은 '시대의 분위기' 문제라고 해야 할 거예요. 많은 연구들이 매우 다양한 영역에서 수렴하고 있습니다. 예를 들어 인류학에서, 정신의학에서 그렇습니다. 또는 푸코가 한 일이 그렇죠. 우리가 같은 방식을 취한 것은 아니지만, 우리는 모든 종류의 지점들에서, 그가 앞서 지나간 길들에서 그와 합류한다고 느끼며 이것이 우리에게는 본질적인 것으로 보입니다. 우리가 많이 읽은 것은 사실입니다. 그러나 그것은 어느 정도 우연이었어요. 우리의 문제는 물론 프로이트로의 회귀도 맑스로의 회귀도 아닌 것이 분명합니다. 그것은 독서의 이론이 아니에요. 우리가 책에서 찾은 것은 그 책이 코드들을 회피하는 어떤 것을 지나가도록 만드는 방식입니다. 즉, 흐름들, 혁명적이고 능동적인 도주선들, 문화에 대립하는 절대적인 탈코드화의 선들을 말입니다. 책들에조차 오이디푸스적 구조들, 코드들, 오이디푸스적 연결들이 있지요. 그것들은 구체적이지 않고, 추상적이면 추상적일수록 더욱더 음험합니다. 우리가 영미권의 위대한 소설들에서 발견한 재능은 프랑스인에게는 무척 드문 것이죠. 강도들, 흐름들, 책-기계들, 책-사용법들, 분열-책들. 우리에게는 아르토가 있고, 절반의 베케트가 있습니다. 사람들은 아마도 우리의 책이 지나치게 문학적이라고 비난할 것입니다. 그러나 우리는 이런 비난이 문학 교수들로부터 오는 것이라고 확신해요. 로렌스, 밀러, 케루악, 버로스, 아르토

또는 베케트가 정신과 의사와 정신분석가들보다 분열증에 대해서 더 많이 알고 있다면 그것이 우리의 잘못인가요?

바케스-끌레망 더 중대한 비난의 위험이 있는 건 아닌가요? 두 분이 제안한 분열-분석은 사실 탈분석désanalyse이라는 비난 같은 거 말이죠. 사람들은 아마 두 분이 분열증을 낭만적이고 무책임하게 평가한다고 말할 거예요. 그리고 심지어 혁명가와 분열증 환자를 혼동하는 경향이 있다고 할 수도 있어요. 이런 우발적인 비판들과 관련한 두 분의 태도는 어떤 것입니까?

들뢰즈·가타리 네, 분열증학파, 그거 나쁘지 않을 것 같습니다. 흐름들을 해방하고, 장치들 속에서 항상 더 멀리 나아가는 것. 분열증자, 그는 탈코드화되고 탈영토화된 누군가죠. 그건 우리가 오해에 책임을 질 필요가 없다는 말이에요. 항상 고의적으로 오해하는 자들이 있죠(랭Laing과 반反정신의학에 대한 공격을 보세요). 최근에는 『옵세르바퇴르』에 실린 한 기사에서 정신과 의사인 저자는 이렇게 말했어요: 나는 대담하게도 정신의학과 반-정신의학의 현대적 흐름을 고발합니다. 아무것도 없어요. 그는 정확히 정치적인 대응이 필요한 순간을 선택했을 뿐입니다. 그것이 무엇이든 정신과 병동과 제약산업에서 시도되는 모든 변화의 시도에 반대하는 정치적 대응을 강화해야 하는 순간을요. 오해의 뒤에는 항상 정치가 있어요. 우리는 마약에 관해서 버로스와 비슷한 아주 단순한 문제를 제기했지요. 마약에 취해 무기력해지지 않으면서, 마약을 하지 않은 채로도 약의 역능을 포착할 수 있을까? 분열증에 대해서도 마찬가지입니다. 우리는 과정으로서의 분열증을 병원에 가야 하는 임상적 실체로서의 분열증 환자와 구분합니다. 이 둘은 오히려 반대 근거를 가지고 있습니다. 환자는 어떤 것을 시도했고 실패했고 그래서 붕괴한 사람이지요. 우리는 혁명가가 분열증 환자라고 말하려는 것이 아닙니다. 우리는 분열적 과정, 탈코드화하고 탈영토화하는 과정이 있으며, 혁명적 활동만이 분열적 생산으로 회귀하는 것을 방해한다고 말하는 겁니다. 우리는 한편으로 자본주의와 정신분석 사이의, 다른 한편으로 혁명적 운동과 분열-분석 사이의 긴밀한 관계와 관련한 문제를 제기하는 거지요. 이렇게 말할 수 있는 것은, 우리가 이 단어들의 정신의학적 의미로부터가 아니라 반대로 그 사회적이고 정치적인 규정들로부터 출발했기 때문입니다. 이로부터 어떤 조건 아래에서 정신의학적인 적용이 나오게 될 뿐인 것이죠. 분열-분석은 혁명기계, 예술기계, 분석기계가 서로에게 조각들, 톱니바퀴들이 되는 것, 그 단 하나의 목적이 있을 뿐입니다. 다시 한번 착란에 대해 생각해 본다면, 망상적인 파시스트의 극과 혁명가적인 분열자의 극의 두 극이 있는 것 같습니다. 착란은 이 두 극 사이를 끊임없이 진자운동합니다. 그것이 바로 우리가 관심이 있었던 점이에요. 전제군주적 기표에 대립하는 혁명가적 분열증. 어쨌든, 오해에 대비해

미리 앞서 항의할 필요는 없어요. 일단 오해가 생기면 그에 대항해 싸울 수 없는 것처럼 그것을 예측할 수도 없는 겁니다. 같은 방향으로 가는 사람들과 함께 작업하는 것처럼, 다른 일을 하는 것이 더 낫습니다. 책임을 지느냐 무책임하냐의 개념은 경찰이나 정신과 의사의 법정 개념이지 우리는 그 개념을 모릅니다.

『천 개의 고원』에 대한 대담[1]

크리스티앙 데캉 그러면 『천 개의 고원』은 어떻게 배치되어 있는 건가요? 이 책은 전문가들만을 대상으로 쓰인 것이 아닙니다. 본질을 전개시키는 장들로 조직되지 않고, 음악적 용어를 쓰자면 세 가지 다른 음계로 작곡된 것처럼 보입니다. 목차를 보자면 그것은 사건들로 가득 차 있습니다. 1914년 ― 전쟁 그리고 늑대인간에 관한 정신분석, 1947년 ― 아르또가 기관 없는 신체를 만난 순간, 1874년 ― 바르베 도르비Barbey d'Aurevilly가 단편소설을 이론화한 순간, 1227년 ― 칭기즈칸의 죽음, 1837년 ― 슈만의 죽음…. 여기에서 날짜들은 사건들, 시간의 순서 및 진행과 상관이 없는 흔적들입니다. 고원들은 사고들accidents로 가득 차 있습니다….

들뢰즈 그것은 조각난 원환들의 집합 같은 것입니다. 각각

---

[1] 크리스티앙 데캉, 디디에 에리봉 그리고 로베르 마지오리와의 대담 (*Libération*, 1980년 10월 23일).

의 원환은 다른 원환들 속으로 침투할 수 있습니다. 각 원환 혹은 각 고원은 각자에게 고유한 기후, 톤 혹은 소인消印을 가지고 있다고 할 수 있어요. 그러니까 이 책은 개념들의 책인 것이죠. 철학은 언제나 개념으로 작업해요. 철학을 한다는 것은 개념들을 만들거나 창조하고자 애쓰는 것이지요. 개념만이 다수의 가능한 국면을 가질 수 있습니다. 사람들은 오랫동안 '그것이 무엇인지'(본질)를 규정하기 위하여 개념을 사용해 왔습니다. 그러나 우리는 반대로 어떤 경우에, 어디에서 그리고 언제, 어떻게 등 그것une chose의 정황에 관심을 둡니다. 우리에게 개념은 사건을 말하는 것이지 더 이상 본질을 말하는 것이 아닙니다. 그래서 철학에 아주 단순한 소설적/공상적 기법들을 도입할 가능성이 생깁니다. 예를 들어, 리토르넬로와 같은 개념은 어떤 경우에 우리가 흥얼거리고 싶은가를 말해 주죠. 또는 얼굴. 우리는 얼굴이 하나의 생산물이라고 생각합니다. 모든 사회가 얼굴을 생산하는 것은 아니며 어떤 사회들이 얼굴을 생산할 필요를 느낀다고 생각하지요. 어떤 경우에 그리고 왜 그럴까요? 각각의 원환 혹은 고원은 그러므로 정황들의 지도를 그리게 되어 있습니다. 그래서 각 고원이 하나의 날짜, 허구적 날짜를 그리고 일러스트와 이미지 역시 가지게 된 것이죠. 이것은 그림책입니다. 우리의 관심을 끄는 것은 더 이상 어떤 사물, 인격, 주체의 개체화 individuation가 아닌 개체화의 양상들, 예를 들면 대낮의 한 시간, 어떤 지역, 어떤 기후, 어떤 꽃 또는 어떤 바람, 어떤 사건의 개체화이기 때문입니다. 어쩌면 사물들, 인격들 혹은 주체들이 있다고 생각하는 것이 잘못일 수 있습니다. 『천 개의 고원』이라는 제목은 인격적이지도 사물적이지도 않은 개체화를 가리키는 것입니다.

데캉 오늘날 책 - 특히 철학책 - 은 일반적으로 낯선 상황에 놓여 있습니다. 한편으로 사람들은 시대적인 분위기 속에서 책이 아닌 것들에 대해 영광의 북소리를 울리고, 다른 한편에서는 표현이라는 무른 개념의 이름으로 작업 분석에 대한 일종의 거부에 동참하고 있죠. 장-뤽 고다르는 중요한 것은 표현이 아니라 인상이라고 주장했습니다. 철학책은 어려운 책인 동시에 완전히 접근 가능한 대상이기도 해요. 이 순간 그것을 필요로 하거나 원하기만 한다면 누구에게나 멋지게 열려 있는 도구상자지요. 『천 개의 고원』은 지식의 효과들을 제공합니다. 그러나 매주 우리 시대의 대작을 '발견했다'는 소문들이 횡행하는 분위기 속에서 어떻게 그 지식을 어떤 의견이나 스타 탄생 같은 결과로 만들지 않으면서 [진지하게] 제시할 수 있을까요? 오늘날 유력 평론가들은 이제 우리에게 더 이상 개념들이 필요하지 않으리라고 말합니다. 매거진과 잡지로 구성된 모호한 하위-문화가 개념들을 대신할 거라고요. 제도적으로 철학은 위협받고 있고, 놀라운 실험실이었던 뱅센은 대체되었습니다. 그런데 리토르넬로, 과학, 문학, 음악, 인류학으로 가득 찬 이 책은 스스로 개념적 작품이기를 원하고 있어요. 그것은 즐거운 지식으로서의 철학의 회귀에 대한 현실적이고 강력한 도박입니다….

들뢰즈 복잡한 질문이군요. 우선 철학은 결코 철학교수에게 맡겨졌던 적이 없어요. 철학자는 철학자가 되는 누군가, 다시 말해서 개념들의 질서 속에서 아주 특별한 창조에 흥미를 느끼는 누군가를 말하는 것입니다. 가타리는 우선 그리고 특히 정치 혹은 음악에 관해 말할 때 탁월한 철학자죠. 그러므로 현실적으로 이런 종류의 책이 있을 장소, 그리고 우발적인 역할이 무엇인지를 알아야 할 겁니다. 더 일반적으로는 책들의 영역에서 현실적으로 무슨 일이 일어나고 있는지를 알아야 하겠지요. 우리는 몇 년 전부터 모든 영역에서 반동의 시기를 살아내고 있습니다. 그 시기가 책을 피해 갈 이유가 없지요. 사람들은 경제, 정치, 사법 공간만큼이나 문학적인 공간마저 마치 기성제품을 만들어내는 공간처럼 짓누르는 듯한 완전히 반동적인 공간을 만들어내고 있습니다. 내가 생각하기에는 거기에 『리베라시옹』이 분석해야 했던 체계적인 기획이 있어요. 이 기획에서 미디어는 배타적이지는 않지만 핵심적인 역할을 하고 있습니다. 무척 재미있어요. 이렇게 구성된 유럽의 문학 공간에 어떻게 저항할 것인가? 어떤 끔찍한 새로운 순응주의에 대한 저항에서 철학의 역할은 무엇일까? 사르트르는 뛰어난 역할을 맡아 왔고, 그의 죽음은 모든 면에서 매우 슬픈 사건입니다. 사르트르 이후 내가 속한 세대는 풍요로워 보였어요(푸코, 알튀세, 데리다, 리오타르, 세르, 파이으Faye, 샤틀레 등). 지금 나에게 어려워 보이는 것은 젊은 철학자들의 상황, 그리고 뭔가를 창조하고 있는 중인 모든 젊은 작가들의 상황입니다. 그들은 작업을 시작하기도 전에 숨이 막힐 위험을 무릅쓰고 있어요. 선진국에 고유한 '문화 적응' 그리고 창조에 반하는 모든 체계가 정립되었기 때문에 일하는 것이 너무 어려워졌어요. 이것은 검열보다 더 나쁜 겁니다. 검열은 은밀한 격동을 불러일으키지만, 반동은 모든 것을 불가능하게 하거든요. 이 건조한 기간은 불가피하게도 지속되지 못할 거예요. 이에 대해서 사람들은 잠정적으로 오직 망 정도를 맞세울 수 있을 뿐입니다. 그러면 우리의 흥미를 끄는 『천 개의 고원』에 대한 질문은, 다른 작가들, 음악가들, 화가들, 철학자들, 사회학자들이 찾거나 하고 있는 것과 어떤 공명, 공통의 사유가 있는가 하는 것입니다. 더 많은 힘 혹은 신뢰를 가질 수 있도록 하는 방식으로 말이죠. 어쨌든 저널리즘 영역에서 일어나는 일에 대한, 그리고 그것이 정치적으로 의미하는 것에 대한 사회학적 분석을 해야 할 거예요. 아마 부르디외와 같은 누군가가 이런 분석을 할 수 있겠죠.

로베르 마지오리 『천 개의 고원』을 보면 언어학이 상당히 중요하게 다루어지는 것이 놀랍습니다. 심지어 언어학이 『안티-오이디푸스』에서 정신분석이 담당했던 핵심 역할을 수행하는 것이 아닌가 생각하게 됩니다. 언어학에 할애된 장들(「언어학의 공준들」, 「기호의 몇 가지 체제에 관하여」)의 흐름 속에는 실제로 어떤 의미에서는 다른 모든 '고원들'을 가로지르는 언표의 집단적 배치와 같은 개념들이 자리 잡고 있습니다. 다른 한편, 당신이 촘스키, 라보프, 옐름슬레우 혹은 벤베니스트의 이론들에 대해 수행한 작업은 언어학에 대한 개입으로 보이기 쉽습니다. 물론 비판이죠. 그러나 우리는 당신의 관심이 의미론, 통사론, 음소론 그리고 다른 언어학의 '~론'이 경계선을 긋는 어떤 학문의 영역들을 언어에서 풀어내는 것이 아니고, 오히려 '언어 langue의 문을 닫겠다'는 언어학의 주장, 언표를 기표와, 언표작용을 주체와 관련시키겠다는 언어학의 주장들을 고발하려는 것임을 잘 알고 있어요. 그러면 언어학에 부과된 중요성을 어떻게 평가해야 할까요? 라깡의 색채를 띤 기표의 독재, 그리고 구조주의에 대항하여 『안티-오이디푸스』에서부터 이끌어왔던 투쟁을 이어 나가는 것인가요? 아니면 당신들은 아주 단순하게 언어학의 '외부'에만 관심이 있는 이상한 언어학자인 건가요?

들뢰즈 나에게 언어학은 전혀 핵심적인 것이 아닙니다. 그러나 펠릭스가 여기 있었다면 아마 다르게 말했을 거예요. 정확히 펠릭스는 언어학을 변형시키는 중인 어떤 움직임을 보았습니다. 언어학은 우선 음운론이었고 다음에는 통사론 그리고 의미론이었어요. 하지만 점점 더 화용론이 되어 갔지요. 화용론(정황,

사건, 행위)은 오랫동안 언어학의 '쓰레기장'으로 취급되어 왔습니다. 그러나 이제 화용론은 점점 더 중요해지고 있고, 언어활동language의 단일체 혹은 추상적인 상수의 중요성이 점점 작아지는 식으로 랑그가 이해되고 있어요. 이러한 연구의 현재적 움직임은 좋은 것입니다. 왜냐하면 그 덕분에 소설가들, 언어학자들, 철학자들, '보컬리스트들' 등(나는 여기서 연극, 노래, 영화, 시청각 설비…와 같이 다양한 영역들에서 소리와 목소리를 연구하는 모든 이들을 '보컬리스트'라고 부릅니다)의 만남과 공통의 사유가 가능해지기 때문입니다. 거기에 어떤 특별한 작업이 있습니다. 최근 사례를 인용하고 싶은데요. 우선 롤랑 바르트의 길입니다. 그는 음운론을 거쳐 의미론으로 그리고 통사론으로 이행했지만, 점점 더 그의 화용론을, 내면적 언어의 화용론을 만들어 갔습니다. 이 화용론에서 언어는 정황과 사건 그리고 행위로 그 내부가 물들어 가지요. 다른 예로는, 나탈리 사로트Nathalie Sarraute가 있어요. 그녀는 몇 가지 '명제들'을 연출하는 아주 아름다운 책을 썼는데, 이것이 바로 철학과 소설이 절대적으로 뒤섞이는 경우입니다. 그러나 같은 시기에 언어학자 뒤크로Ducrot는 명제들의 연출, 전략 그리고 화용론에 관한 언어학 책을 다른 형태로 썼는데, 이 역시 아름다운 만남이죠. 또 다른 예로, 미국 언어학자 라보프의 화용론 연구를 들 수 있는데, 그는 촘스키에 대한 대립, 게토와 구역의 랑그들에 대한 관심을 보여주었죠. 나는 우리가 언어학에 있어서 아주 유능하다고 생각하지 않아요. 그러나 능력competence이라는 것은 오히려 그 자체로 모호한 언어학적 개념이죠. 우리는 단지 우리에게 필요해 보이는 몇 가지 주제들을 빼냈을 뿐이에요. (1) 언어에서 암호의 지위, (2) 간접화법의 중요성(그리고 은유란 실재적인 중요성은 없는 성가신 방법이라는 고발), (3) 연속적 변이 영역을 지지하면서, 언어적 상수 그리고 심지어 변수에 대해 제기하는 비판. 그러나 『천 개의 고원』에서 음악 그리고 목소리와 음악의 관계는 언어학보다 더 큰 역할을 담당합니다.

데캉 당신은 아주 강하게 은유와 유비를 거부하지만, 현대 물리학에서 빌려온 '블랙홀'이라는 개념은 한 번 사로잡히면 다시 나오지 못하는 공간을 묘사합니다. 흰 벽이라는 개념이 이웃하고 있지요. 당신에게 얼굴은 검은 구멍[블랙홀]이 뚫린 흰 벽입니다. 이것으로부터 얼굴성이 조직되는데요. 또한 이보다 앞서 당신은 끊임없이 퍼지집합, 오픈 시스템에 대해 말합니다. 가장 동시대적인 과학에 대한 이러한 인접성을 보면 과학자들이 이런 종류의 저작을 어떻게 사용할 수 있을지 묻게 됩니다. 여기에 혹시 은유의 위험이 있는 것은 아닙니까?

들뢰즈 말씀하신 대로 『천 개의 고원』은 과학과 공명하거나 심지어 그에 대응하는 몇 가지 개념들을 사용합니다. 블랙홀, 퍼지집합, 근접영역, 리만공간… 여기에 대해서 나는 구체적으로는 뒤섞이더라도 두 가지 종류의 과학적 개념이 있다고 말하고 싶습니다. 양적이고 등가적인 본질에 근거한 엄격한 개념들이 있는데 이 개념들은 자기의 정확성에 의해서만 의미를 갖습니다. 이 개념들은 엄격한 과학에 속하기 때문에 철학자나 작가는 이를 은유에 의해서밖에는 사용할 수 없지요. 그건 매우 좋지 않습니다. 그러나 또한 근본적으로 비정확하고 그럼에도 불구하고 절대적으로 엄밀한 개념들이 있는데, 과학자들은 이 개념 없이는 지낼 수 없지요. 이 개념들은 과학자, 철학자, 예술가들에게 동시에 속합니다. 사실 그 개념들에 직접적으로 과학적이지는 않은 엄밀함을 제공하는 것이 관건입니다. 과학자가 여기에 이르면 그 역시 철학자 혹은 예술가이기도 한 것처럼요. 이는 이러한 개념들이 불확실하다는 의미에서 개념의 불충분성 때문이 아니라, 그 본성과 내용 때문에 일어나는 일입니다. 현실적인 예로는, 많은 울림이 있는 프리고진과 스탕제의 『새로운 연결』이라는 책을 들 수 있습니다. 이 책이 창조한 모든 개념들 가운데 분기지대 zone de bifurcation가 있습니다. 프리고진은 이 개념을 자기의 전문영역인 열역학의 토대로부터 만들어 냈지만, 이 개념은 정확히 그 영역을 분리하기 어려울 정도로 철학적이고 과학적이며 예술적입니다. 거꾸로 철학자가 과학적으로 사용가능한 개념들을 창조하는 것 역시 불가능하지 않습니다. 종종 일어나는 일이죠. 우리가 망각해 버린 상당히 최근 사례가 있습니다. 베르그손은 정신의학에 깊은 영향을 미쳤을 뿐 아니라, 리만의 수학적이고 물리적인 공간과 밀접한 관계가 있습니다. 문제는 아무도 원하지 않는 거짓 통일성unité을 만드는 것이 결코 아닙니다. 여기서도 다시 한번 문제는 각자의 작업이 예기치 않은 수렴과 새로운 결과들을 낳고 각각 이어 달리게 된다는 것입니다. 이와 관련하여 누구도 특권을 가지지 않지요. 철학도 과학도 예술이나 문학도 마찬가지입니다.

디디에 에리봉 당신이 역사학자들의 작업, 특히 브로델의 작업(그렇다 해도 정확히 그 대체적인 전경에 관한 관심이긴 합니다만)을 이용하기는 하지만, 적어도 우리가 말할 수 있는 것은 당신이 역사에 어떤 결정적인 자리를 할당하지 않는다는 것입니다. 당신은 오히려 기꺼이 지리학자가 되고자 하지요. 당신은 공간을 특권화하고, 생성들의 '지도제작'을 해야 한다고 말합니다. 역사학은 하나의 고원에서 다른 고원으로 이행하는 수단을 가지고 있지 않은 건가요?

들뢰즈 역사는 물론 매우 중요합니다. 그러나 어떤 탐구[탐색]의 선을 따라가 보면 어떤 장소에서는 그 여정의 일부가 역사적이지만 비-역사적이고 트랜스역사적이기도 합니다. 『천 개의 고원』에서 '생성들'은 역사보다 훨씬 더 중요합니다. 그것은 전혀 같은 것이 아니에요. 예를 들어 우리는 전쟁기계와 같은 개념을 구축하려고 애썼습니다. 그것은 무엇보다 어떤 유형의 공간, 아주 특별한 인간과 기술적이고 정서적인 요소들(무기와 장신구)의 구성을 포함합니다. 그런 배치는 국가 장치들과 매우 다양한 관계를 맺을 때 부차적으로만 역사적이지요. 국가 장치 자체와 관련해서는 영토, 땅 그리고 탈영토화와 같은 규정들과 연결시켰습니다. 영토가 더 이상 연달아 경작되지 않고, 동시적인 비교의 대상(땅)이 되어버리며 결국 탈영토화의 운동에 포획되지요. 이것은 긴 역사적 시퀀스를 구성합니다. 그러나 다른 조건 속에서는 이런 개념 복합체가 다르게 분배되는 것을 볼 수 있습니다. 예를 들어 동물의 영토들, 이 영토들이 땅과 같은 외부의 중심점과 우발적으로 맺는 관계 그리고 기나긴 이주와 같은 우주적인 탈영토화의 운동들이 그것입니다…. 또는 리트[가곡]에는 영토뿐 아니라 땅 혹은 향토적인 것 그리고 개방, 출발, 보편적인 것이 있습니다. 『천 개의 고원』에서 리토르넬로에 관한 부분이 나에게는 어떤 의미에서 국가 장치에 관한 부분에 대한 보충처럼 보여요. 같은 주제가 아니더라도요. 이런 의미에서 하나의 '고원'은 다른 고원과 연결됩니다. 다른 예를 들어보죠. 우리는 기호의 체제를 매우 특별하게도 정념적 체제로 정의하려고 했어요. 그것은 사행事行, processus의 연속이죠. 그런데 이 체제는 (사막의 횡단 같은 유형의) 몇몇 역사적 과정뿐 아니라, 다른 조건에서는 정신의학이 연구하는 착란에서 그리고 (이를테면 카프카 같은) 문학작품 속에서도 찾을 수 있습니다. 이것은 같은 개념으로 재통합하는 문제가 아니고 반대로 각 개념을 개념의 변이를 규정하는 변수들과 관련시키는 문제입니다.

마지오리 『천 개의 고원』의 '산산조각난' 형태, 날짜는 붙여졌지만 비연대기적인 구성, 다양체 그리고 참조점들의 다의성, 가장 다양하고 겉으로 보기에는 잡다한 이론적 유형과 영역들은 적어도 하나의 이점이 있습니다. 책의 반-체계를 결론지을 수 있다는 점이지요. 『천 개의 고원』은 산을 만들려는 것이 아니고, 하이데거의 길과는 반대되는 길, 어느 곳으로든 이끌고 가는 천 개의 길이 나도록 하려는 것이죠. 탁월한 반-체계, 패치워크, 절대적인 흩어짐, 이것이 바로 『천 개의 고원』입니다. 그런데 나에게 그것은 전혀 다르게 진행되는 것 같아 보여요. 우선, 『천 개의 고원』은, 당신이 직접 『라르크』(1980년, 49호 신판)에서 표명했듯이, 오로지 철학적 유형, '단어의 전통적인 의미에서의 철학'에 속하기 때문에, 그리고 분명히 체계적이지 않은 서술 방식에도 불구하고 어쨌든 어떤 '세계관'을 보여주는 데다가, 동시대 과학이론들이 묘사하거나 보여주려고 했던 것과 가까운 점이 없는 것도 아닌 어떤 '실재'가 보여지도록 혹은 얼핏 보이도록 하였기 때문입니다. 결국 『천 개의 고원』을 철학적 체계로 본다면 이것은 너무 역설적인가요?

들뢰즈 아니, 전혀요. 지식의 다양성에 의한 시스템의 실패, 시스템을 만든다는 것의 불가능성('우리는 더 이상 19세기에 살지 않는다…')이 오늘날 점점 더 주목받고 있습니다. 이런 생각에는 두 가지 불편함이 있습니다. 사람들은 이제 더 이상 진지한 작업에 대해 생각하지 않으며, 매우 국소적으로 한정된 작은 계열들에 대해서만 생각한다는 것, 그리고 더 나쁜 것은 더 많은 것들을 아무 말이나 하는 점쟁이들에게 맡겨버린다는 것이죠. 사실, 시스템들은 그 생생한 힘을 전혀 하나도 잃지 않았습니다. 오늘날 과학에서 혹은 논리적으로는 소위 열린 시스템 이론이 도입되기 시작했습니다. 이것은 단지 선적인 인과율을 거부하고 시간 개념을 변경시키는 이론으로서 상호작용에 근거하고 있지요. 나는 모리스 블랑쇼에게 감탄합니다. 그의 저서는 작은 조각들이나 아포리즘들이 아니라 하나의 열린 시스템이죠. 그것은 오늘날 우리에게 도래한 것에 대립하는 '문학적 공간'을 이미 구축해 두었습니다. 가타리와 내가 리좀이라고 부른 것은 정확히 열린 시스템의 한 경우입니다. 이 질문으로 되돌아왔네요. 철학이란 무엇인가? 왜냐하면 이 질문에 대한 대답은 아주 간단해야 할 테니까요. 모든 사람들이 철학은 개념을 다룬다는 것을 알고 있습니다. 시스템이란 개념들의 집합이죠. 개념들이 더 이상 본질이 아니라 정황들과 관련될 때, 그 개념들의 집합이 열린 시스템입니다. 그러나 한편, 개념들은 다 만들어져서 주어지는 것도 아니고 이미 존재하고 있었던 것도 아닙니다. 개념들은 발명하고 창조해야 하며, 바로 거기에 예술 혹은 과학에서만큼이나 많은 창조와 발명이 있는 것이죠. 필연성을 갖는 새로운 개념들을 창조하는 것, 그것은 언제나 철학의 임무였습니다. 다른 한편, 개념들은 시대의 분위기 속에서 찾을 수 있는 일반성들이 아닙니다. 반대로 그것은 보통의 사유의 흐름들에 반응하는 특이성들입니다. 물론 사람들은 개념 없이도 아주 잘 생각하죠. 그러나 개념이 있다면 거기엔 바로 진짜 철학이 있는 겁니다. 이것은 이데올로기와는 아무런 관련이 없습니다. 하나의 개념에는 비판적이고 철학적인 힘과 자유로 가득 차 있습니다. 개념들의 구성에서 좋거나 나쁜 것, 새롭거나 새롭지 않은 것, 살아있거나 살아있지 않은 것을 유일하게 끌어낼 수 있는 것은 정확히 시스템의 역능입니다. 아무것도 절대적으로 좋은 것은 없으며, 모든 것이 체계적인 사용과 신중한 행위에 달린 것이죠. 『천 개의 고원』에서 우리는 좋음 le bon은 전혀 확실하지 않다고 말하고 싶었습니다(예를 들어, 홈패임과 강제구속을 이겨내는 데 매끈한 공간으로는 충분하지 않으며, 유기적 조직화를 부수는 데 기관 없는 신체로는 부족하다). 사람들은 종종 우리가 '시크해 보이기' 위해서 복잡한 단어들을 쓴다고 비난하죠. 그건 악의적이기만 한 게 아니고 바보 같은 거라고요. 그러나 개념은 때로는 지명된 새로운 단어를 필요로 하고, 때로는 보통의 단어에 특수한 의미를 부여하여 사용하기도 합니다. 어쨌든 나는 철학적 사유가 요즘처럼 많은 역할을 했던 적이 없다고 생각합니다. 왜냐하면 정치적 체제뿐 아니라 문화적이고 저널리즘적인 모든 체제가 사유에 모욕적으로 자리 잡았기 때문입니다. 다시 한번 『리베라시옹』이 이 문제를 다루어야 할 거예요.

에리봉 다시 말해 보고 싶은 지점이 몇 가지 있는데요.
조금 전, 당신이 사건에 부여한 중요성 문제, 그리고 역사에 대한 지리학의 특권 문제입니다. 그렇다면 '지도제작'에서 당신이 구상한 사건의 지위는 무엇인가요?
그리고 이는 공간에 대한 질문이기 때문에, 당신이 영토와 연결한 국가의 문제로 다시 되돌아가야 합니다.
국가기구가 강제구속의 '홈패인 공간'을 창설한다면, '전쟁기계'는 도주선 위에서 '매끈한 공간'의 구성을 시도합니다.
그러나 당신은 매끈한 공산이 우리를 구하기에는 불충분하다고 경계했습니다. 도주선이 필연적으로 해방적인 것은 아니라고요.

들뢰즈 우리가 '지도' 혹은 '다이아그램'이라고 부르는 것은 동시에 기능하는 다양한 선들의 집합(손금은 하나의 지도이지요)입니다. 실제로 예술에서뿐 아니라 하나의 사회, 하나의 인격에도 매우 다양한 유형의 선들이 있습니다. 어떤 것을 표상하는 선들이 있는가 하면 추상적인 선들도 있습니다. 선분으로 잘린 선들과 그렇지 않은 선들, 차원적인 선과 방향을 가리키는 선들. 추상적이거나 그렇지 않거나 간에 윤곽을 그리는 선들과 윤곽을 그리지 않는 선들. 윤곽을 그리는 선들이 가장 아름답지요. 우리는 선들이 사물과 사건들을 구성하는 요소들이라고 생각합니다. 그래서 각 사물은 자기의 지리학, 지도제작법, 다이아그램을 가집니다. 재미있는 사실은 개인에게서조차 그를 구성하거나 그가 구성하는 것, 그가 빌리거나 창조하는 것이 선들이라는 겁니다. 왜 선을 평면이나 부피보다 특권화할까요? 사실 어떤 특권도 없습니다. 다양한 선들과 상관관계에 있는 공간, 그리고 그 반대가 있습니다(여기에도 다시 한번, 만델브로의 '프랙털 대상' 같은 과학 개념이 개입할 수 있지요). 이런저런 유형의 선은 어떤 공간적이고 부피감 있는 형상formation을 전개시키지요.

그 결과 당신의 두 번째 주석이 나옵니다 : 우리는 '전쟁기계'를 도주선으로 구성되는 선적인 배치로 정의한다. 이런 의미에서 전쟁기계는 결코 전쟁을 대상으로 하지 않습니다. 그것은 자신이 구성하고 점유하고 퍼뜨리는 매우 특별한 공간, 즉 매끈한 공간을 대상으로 하지요. 노마디즘은 정확히 전쟁기계-매끈한 공간의 조합입니다. 우리는 어떻게, 그리고 어떤 경우에 전쟁기계가 전쟁을 대상으로 삼게 되는지를 보여주려고 했습니다(우선 국가 기구가 자신에게 속하지 않은 전쟁기계를 전유할 때가 그렇습니다). 전쟁기계는 호전적이라기보다는 혁명적이거나 예술적일 겁니다.

그런데 당신의 세 번째 지적은 미리 판단할 필요가 없다는 또 다른 이유를 잘 보여줍니다. 선의 유형들을 정의할 수는 있지요. 그렇다고 해서 그로부터 어떤 선은 좋고 어떤 선은 나쁘다고 결론지을 수는 없습니다. 또한 도주선이 필연적으로 창조적이라거나, 매끈한 공간은 분절된 공간이나 홈패인 공간보다 낫다거나, 비릴리오가 보여준 것처럼 핵잠수함이 전쟁과 공포를 위하여 매끈한 공간을 재구성한다고 말할 수는 없습니다. 지도를 제작함에 있어서 우리는 단지 운과 위험이라는 계수와 함께 길과 운동을 표시할 수 있을 뿐이죠. 그것이 바로 우리가 '분열-분석'이라고 부른 것입니다. 선과 공간 그리고 생성에 대한 분석을 말이죠. 이것은 역사의 문제들과 매우 가깝기도 하고 동시에 매우 다르기도 한 것 같습니다.

에리봉 선, 생성, 사건…. 날짜와 관련한 최초의 질문으로 되돌아온 것 같습니다. 각 고원의 제목이 날짜를 포함하고 있죠. 「BC 7000 – 포획기구」, 「0년 – 얼굴성」, …. 당신은 그것이 허구적 날짜이지만 사건과 정황들을 가리키고, 아마도 우리가 말했던 지도제작을 돕는다고 말하는 거죠?

들뢰즈 각 고원에 날짜, 허구적 날짜가 붙어 있다는 것이, 각 고원에 그려진 사실 혹은 그것이 포함하고 있는 고유명사들보다 더 중요하지는 않습니다.
전보문 같은 문체는 단지 그 간결성만으로 힘을 갖는 것은 아닙니다. 이를테면 다음과 같은 명제가 있다고 합시다. '쥴Jules 저녁 5시에 도착arriver.' 이렇게 [동사원형을] 쓰는 것에는 어떠한 장점도 없지요.

그러나 글쓰기 그 자체가 임박함의 느낌, 즉 무엇인가가 일어나리라거나 우리의 등 뒤에서 이미 일어났다는 느낌을 주게 된다면 그건 흥미로운 일입니다. 고유명사는 인격을 지시하기 훨씬 전에 힘, 사건, 운동 그리고 움직임, 바람, 태풍, 질병, 장소, 순간을 지시하지요. 부정법 동사는 동사의 법과 시제를 넘쳐버리는 생성 혹은 사건들을 지시합니다. 날짜들은 등질적인 유일한 달력을 가리키는 것이 아니라 매번 변화하는 시공간을 가리킵니다…. 이 모든 것이 언표작용énonciation의 배치를 구성합니다. '1730년 늑대인간들 넘쳐남'…등과 같이.

2부

- <6 곱하기 2>에 대한 세 가지 질문 : 고다르
- 『운동-이미지』에 대하여
- 『시간-이미지』에 대하여
- 상상적인 것에 대한 의심들
- 세르주 다네에게 보내는 편지 :
  낙관주의, 비관주의 그리고 여행

영화

〈6 곱하기 2〉에 대한 세 가지 질문

고다르[1]

『까이에 뒤 시네마』 이번에 『까이에 뒤 시네마』에서 인터뷰를 요청하게 되었는데요, 그것은 당신이 '철학자'이고 우리가 이런 철학적 텍스트를 원했기 때문이기도 하지만, 특히 당신이 고다르가 만든 것을 사랑하고 예찬하기 때문입니다. 고다르의 최근 TV 프로그램은 어떻게 보셨습니까?

들뢰즈 많은 사람이 그러했듯이 나도 감동받았습니다. 지속되는 감동이지요. 내가 고다르를 어떻게 생각하는지 말해 보겠습니다. 그는 많이 일하고 그래서 어쩔 수 없이 절대적인 외로움 속에 있는 사람입니다. 그러나 그건 아무 외로움 n'importe quel solitude이 아니고 특별히 붐비는 외로움이지요. 꿈, 판타지 혹은 기획으로 붐비는 것이 아니라, 행위, 사물 그리고 심지어 인격들로 붐비는 외로움입니다. 다수적이고 창조적인 외로움. 이런 외

---

[1]. *Cahiers du cinéma*, 271호, 1976년 11월.

로움의 토대로부터 고다르는 오롯이 혼자 서는 힘을 가질 뿐 아니라 작업하는 여러 팀을 이끌 수 있는 것입니다. 그는 공식 당국, 조직뿐 아니라 하녀, 노동자, 광인까지 그 누구와도 격의 없이 일합니다. TV 프로그램에서 고다르가 제기하는 질문들은 항상 같은 평면에 있습니다. 그 질문들은 그가 질문을 던지는 사람이 아니라 질문에 귀 기울이는 사람들을 혼란에 빠뜨리죠. 그는 정신착란에 빠진 자들과 말하는데 그것은 정신과 의사의 방식도 아니고, 또 다른 미친 사람처럼 말하는 것도 아니며 난장판을 만드는 방식도 아닙니다. 노동자들과 말할 때 그는 고용주처럼 말하지 않으며, 또 한 명의 노동자나 지식인으로서 그들을 대하는 것도 아니고, 배우들과 함께 작업하는 연출가로 말하는 것도 아닙니다. 이는 그가 유능하게도 모든 분위기를 가지고 있어서 가능한 것이 아니고, 외로움이 그에게 거대한 역량을, 커다란 붐빔을 가져다주었기 때문입니다. 어떻게 보면 그는 항상 말더듬이죠. 화술에 있어서 말을 더듬는다기보다는 언어 그 자체를 두고 더듬는 것입니다. 우리는 일반적으로 다른 언어를 쓸 때 이방인이 되지요. 하지만 여기에서는 반대로 자기 자신의 언어 속에서 이방인이 되는 문제입니다. 프루스트는 아름다운 책이란 필연적으로 일종의 외국어로 쓰여진다고 말했지요. 고다르의 방송에 대해서도 마찬가지 말을 할 수 있습니다. 이런 효과를 위해 고다르는 심지어 그의 스위스 억양을 완벽하게 구현해 냈죠. 이는 창조적인 말 더듬기, 고다르를 하나의 힘으로 만드는 외로움입니다.

여러분이 나보다 더 잘 알겠지만, 이는 그가 항상 혼자였기 때문입니다. '고다르가 변했다, 어느 순간부터, 무엇인가가 잘되고 있지 않아'라고 말하는 사람들이 바라듯이 영화에서 성공한-고다르라는 것은 전혀 없었습니다. 그들은 심지어 초창기부터 고다르를 미워했어요. 고다르는 모든 사람을 앞서갔고 강한 영향을 미쳤지만 그것은 그가 성공이라 불릴 만한 길을 걸었기 때문이 아니라 오히려 자기의 선, 능동적인 도주선, 모든 순간 부서진 선, 지그재그로 지하를 향해 난 선을 계속 따라갔기 때문이었습니다. 영화에 관한 한, 사람들이 그를 어느 정도 그의 고독 속에 가두는 데 성공했다는 것은 변함이 없지요. 사람들은 그의 장소를 제한해 왔습니다. 그래서 그는 휴가를 이용하고, 창의성을 막연히 소환하는 식이었지요. 〈6 곱하기 2〉를 점령하기 위해서 말이에요. 그는 아마 텔레비전에 의해서 집어삼켜지지 않은 유일한 경우인 것 같네요. 보통은 지레 자기를 잃어버리죠. 고다르가 텔레비전 시리즈 말고 영화를 하는 건 아마 모두 용서할 거예요. 텔레비전 시리즈는 제작에 흥미를 끄는 것이라면 뭐든, 정말 많은 것들을 수시로 바꾸죠(사람들에게 묻기, 말하게 하기, 다른 데서 온 이미지들 보여주기 등). 그런 것들이 숨 막힌다 해도 이제 더 이상 아무도 문제 삼지 않아요. 많은 단체와 협회가 분개하는 건 당연합니다. 저널리스트, 사진기자 그리고 영화인들의 협회가 성명을 발표했는데, 고다르가 이들의 반감을 자극했어요. 그러나 그는 또한 텔레비전의 다른 '붐빔'도 가능하다는 것을 보여주었습니다.

『까이에 뒤 시네마』 우리 질문에는 대답하지 않으셨네요. 이 방송에 대한 '강의'를 하려고 하시는 건 아니시죠…. 당신이 인지하거나 감지한 고다르의 아이디어는 무엇인가요? 당신의 열정을 어떻게 설명하시겠습니까? 사람들은 항상 남은 것에 대해서는 나중에 말하자고 하지만, 사실 그 남은 것이 가장 중요하죠.

들뢰즈 좋아요. 그러나 아이디어idée라는 것, 아이디어가 있다는 것은 이데올로기가 아닙니다. 그건 실천이에요. 고다르는 이미지만이 아니라 어떤 아름다운 공식을 가지고 있었어요. 정확한 이미지가 아니라 단지 이미지를요. 철학자들도 말해야 하죠. 말하는 데 이르러야 해요. 정확한 생각이 아니라 단지 생각에 말이죠. 왜냐하면 정확한 생각은 항상 지배적인 의미작용 혹은 기존의 슬로건에 부합하고, 어떤 것을 확인해 주는 것이기 때문이에요. 그 어떤 것이 도래할 것이고, 혁명의 미래라고 하더라도요. 반면 '단지 생각들'은 현재적으로-되기입니다. 그것은 생각 속에서 말 더듬기이고, 질문의 형태로만 표현될 수 있으며, 답변들을 오히려 침묵에 빠뜨리죠. 혹은 어떤 단순한 것을 보여준다는 것은 모든 증명을 부수는 일입니다.

이런 의미에서 고다르의 방송에는 서로를 끊임없이 침범하고 뒤섞이며 조각조각 나뉘는 두 가지 생각이 있습니다. 바로 이런 이유로 시리즈는 둘로 나뉘죠. 사물에 대한 학습과 언어에 대한 학습이라는 두 극으로 되어 있는 초등학교에서처럼요. 첫 번째 아이디어는 노동과 관련됩니다. 나는 고다르가 막연한 맑스주의 도식을 끊임없이 문제에 부치고 있다고 생각합니다. 그것이 모든 내용을 관통하고 있지요. 물론 근본적인 사회의 불의 속에서, 혹은 반대로 사회 정의를 조금이나마 더 세우는 조건 속에서 사람들이 팔거나 사는 '노동력'처럼 상당히 추상적인 것들이 있을 수 있습니다. 그런데 고다르는 아주 구체적인 질문을 던지지요. 그는 다음 질문을 둘러싼 이미지를 보여줍니다. 우리는 정확히 무엇을 사고파는 것인가? 사람들이 살 준비가 되어 있는 것은 무엇이고 팔 준비가 되어 있는 것은 무엇인가? 이 둘은 반드시 같은 것은 아닙니다. 젊은 용접공은 자신의 용접 노동을 팔 준비가 되어 있지만 나이 든 여성의 연인이 되어주면서 성을(성적인 힘을) 팔 생각은 없죠. 가사도우미는 가사를 돌보기 위한 시간을 팔겠지만 「국제노동자연맹가」의 한 소절을 부를 시간을 팔고 싶지는 않을 거예요. 왜 그럴까요? 노래를 부를 줄 몰라서? 노래를 부를 줄 모른다고 말하기만 해도 지불하겠다고 하면요? 반대로, 전문시계방 노동자는 시계를 다루는 힘에 대해서는 돈을 받겠지만, 아마추어 영화인으로서 '취미'에 쏟는 노동에 대해서는 지불받기를 거절한다고 말합니다. 그런데 이 두 경우에 이미지들이, 시계점 채널과 영화 편집 채널에서의 행동들이 오해할 정도로 특이하게 비슷하다는 것을 보여줍니다. 그런데 시계공은 아니라고 말해요. 이 행동들에는 사랑과 너그러움에서 큰 차이가 있다고요. 나는 내 영화에 대해서는 [노동의 대가로서] 돈을 받고 싶지 않아요, 라고. 그러면 영화인, 사진가, 그들은 누구로부터 노동의 대가를 지불받는 것일까요? 더욱이 사진가는 무엇에 대해 돈을 지불하는 것일까요? 어떤 경우에 그는 그의 모델에게 돈을 지불하지요. 또 다른 경우에 그는 모델로부터 돈을 받기도 합니다. 그러나 그가 고문이나 처형 장면을 찍을 때는 희생자에게도 처형 집행자에게도 돈을 내지 않지요. 그가 아픈 아이들, 피 흘리는 사람들 혹은 배고픈 사람들을 찍을 때, 왜 그는 그들에게 돈을 지불하지 않을까요? 비슷한 방식으로, 가타리는 정신분석학회에서 피분석자들이 분석가들만큼이나 돈을 지불받고 있는 것이라는 의견을 피력했습니다. 왜냐하면 우리는 정확히 분석가가 '서비스'를 제공한다고는 말할 수 없기 때문이라는 것이죠. 거기에는 오히려 노동의 구분, 서로 평행하지 않는 두 가지 유형의 노동의 진화가 있다고 봐야 한다는 것입니다. 분석가의 듣기 그리고 선별하기 노동과 피분석자의 무의식의 노동이 그것이지요. 가타리의 제안은 지탱되기 어려워 보였습니다. 그러나 고다르는 같은 것에 대해 말했어요. 텔레비전을 시청하는 사람들은 진정한 노동을 제공하고 공공 서비스를 가득 채우는데 왜 그들이 돈을 내고 돈을 받지는 않는 것일까요? 노동에 대한 사회적 구분은 이를테면 공장에서라면 작업장에서의 노동자뿐만 아니라 사무실 노동자와 연구 실험실의 노동자도 돈을 지불받는다는 것을 함축하지요. 그렇지 않다면 노동자들을 앞에 두고 그들을 그려주는 화가가 돈을 받는 것을 상상하지 못할 이유는 없지 않겠습니까? 나는 이 모든 질문과 많은 다른 질문들이, 그리고 이 모든 이미지와 또 다른 많은 이미지가 노동력이라는 개념을 분쇄하고 있다고 생각합니다. 우선 노동력이라는 개념 자체가 구역을 자의적으로 고립시키고, 노동이 사랑이나 창조 심지어 생산과 갖는 관계를 잘라버립니다. 노동력 개념은 노동을 보존으로 만들고 창조와는 반대되는 것으로 만들어 버립니다. 왜냐하면 노동력의 문제는, 폐쇄적인 교환 속에서 소비재를 재생산하고 자신의 고유한 능력을 재생산하는 것이기 때문이죠. 이런 관점에서 지불 행위에는 언제나 선택이라는 폭력이 있고, 원리 자체에 노동력에 대한 신비화가 있기 때문에, 교환이 정당한가 혹은 부당한가 하는 것은 중요하지 않습니다. 노동이 자신의 가짜 힘으로부터 분리되어야만, 서로 매우 다른 모든 종류의 평행하지 않은 생산의 흐름들이 추상적인 힘에 의한 모든 매개로부터 독립하여 돈의 흐름들과 직접적인 관계를 맺을 수 있을 것입니다. 나는 아직도 고다르보다 더 혼란스럽습니다. 다행이에요. 왜냐하면 중요한 것은 고다르가 제기한 문제들과 그가 보여준 이미지들이며, 관객이 노동력 개념에 대해 그것이 결백하지 않고 저

절로 굴러가지 않는다고 느낄 수 있는 가능성이기 때문입니다. 심지어 그리고 무엇보다도 사회비평의 관점에서 말이죠. 고다르의 방송에 대한 공산당 혹은 몇몇 조합들의 반응들은, 다른 더 명백한 이유들이 있겠지만 이 점에 의해 설명되지요(그는 노동력이라는 신성한 개념을 건드린 거예요…).

그리고 고다르의 두 번째 아이디어는 정보에 관한 것입니다. 여기에서도 역시 사람들은 언어를 본질적으로 정보과학 informatique으로 그리고 정보를 본질적으로 교환으로 제시합니다. 사람들은 정보를 추상적인 단위로 측정합니다. 그런데 학교 선생님이 어떤 조작 방법을 설명하거나 철자법을 가르칠 때 그가 과연 정보를 전달하고 있는 것인지는 의심스럽습니다. 선생님은 명령하지요. 그는 차라리 행동지침을 제공하고 있는 거예요. 그리고 사람들은 마치 노동자에게 도구를 제공하듯이 어린이들에게 통사론을 제공하는 겁니다. 지배적인 의미작용에 부합하는 언표들을 생산하기 위해서 말이죠. 고다르의 문구 formule를 잘 이해해야 합니다 : "어린아이들은 정치적인 포로들이다." 언어는 명령 시스템이지 소통의 수단이 아니에요. 텔레비전에서는 이렇게 말합니다. "지금은 … 즐거운 시간 보내시겠습니다. … 곧이어 뉴스를 … ." 그렇지만 사실 정보과학의 도식을 뒤집어야 할 것입니다. 정보과학은 이론적으로 최대 정보를 가정하고 또 다른 극에서는 순수한 잡음, 즉 전파방해를 두고 있지요. 그리고 이 둘 사이에서는 정보를 감소시키고 잡음을 잡을 수 있도록 해 주는 정보중복redondance이 있습니다. 그러나 정반대입니다. 위에는 순서 혹은 명령의 전달과 반복으로서의 정보중복을, 아래에는 순서를 잘 수용하기 위해 요구되는 최소한으로서의 정보를 두어야 할 것입니다. 그리고 그보다 더 아래에는? 글쎄요. 거기에는 고요함과 같은 그 무엇이, 혹은 말더듬이나 함성 같은 것, 정보중복과 정보들 아래로 흐르고 언어를 흐르도록 하며 어쨌든 스스로 이해되도록 만드는 그 무엇인가가 있을 겁니다. 말하는 것은, 그것이 자기 이야기를 하는 것이라고 해도 언제나 누군가를 대신하게 됩니다. 사람들이 그에 대해서 말하고 있다고 주장하는 그를 대신해서, 그리고 사람들이 말할 권리를 거부하는 그 사람을 대신해서 말이죠. 세구이Séguy [2]는 명령과 암호를 전달하는 벌어진 입입니다. 그러나 아이를 잃은 엄마 역시 벌어진 입이죠. 이미지는 마치 노동자가 위임권자délégué에 의해 대표되듯이 소리에 의해 표상됩니다. 소리는 이미지들의 계열에 대한 권력을 가집니다. 그렇다면 어떻게 명령하지 않으면서, 어떤 것이나 어떤 사람을 대표한다고 하지 않으면서 말하는 데 이를 수 있을까요? 어떻게 권리를 갖지 않은 자들이 말하도록, 어떻게 소리가 권력에 대항하여 투쟁하는 그들의 가치를 되찾도록 할 수 있을까요? 아마도 이것이 이방인으로서 자기의 고유한 언어 속에 있는 것이며, 언어를 위해 일종의 도주

---

2. * 프랑스 최대 노조를 15년간 이끈 인물로, 2016년에 사망했다.

선을 그리는 일일 것입니다.

이것이 '단지' 두 가지의 아이디어입니다. 그러나 두 가지 생각은 많은 생각이지요. 그것은 거대해요. 그것은 많은 것들과 많은 생각들을 담고 있습니다. 그러므로 고다르는 현재적인 두 개념을 문제 삼고 있는 것입니다. 노동력과 정보라는 개념을 말이죠. 그는 참된 정보를 제공해야 한다고 말하는 것도 아니고, 노동력에 대해 잘 지불해야 한다고 말하는 것도 아닙니다(이런 것들이 정확한 생각들이겠지요). 그는 이 개념들이 너무 혼탁하다고 말해요. 한편에서 그는 잘못FAUX 씁니다. 그는 오래전부터 작가이기보다는 제작자이기를 바랐고, 영화인보다는 시사방송 감독이기를 바랐어요. 물론 그가 베르뇌이Verneuil처럼 자기의 필름들을 제작하고 싶다고 말하고 싶었던 것도 아니고, 텔레비전에 대한 권력을 갖고 싶다고 말하려던 것도 아니라는 것은 명백하지요. 오히려 자신의 작업들을 추상적인 힘에 근거하여 측정하는 대신 하나의 모자이크를 만들고 싶다는 것이고, 하위-정보들과 모든 벌어진 입들을 암호처럼 취해진 추상적인 정보로 보고하는 대신 나란히 병치시키고 싶다는 것일 겁니다.

『까이에 뒤 시네마』 그것이 고다르의 두 가지 생각이라면, 이 생각들이 〈이미지와 소리〉라는 프로그램에서 지속적으로 전개된 주제와 일치하는 것인가요? 사물들, 이미지들에 대한 강의는 노동에, 단어와 소리에 대한 강의는 정보에 대응하는 것인가요?

들뢰즈 아니요, 일치하는 것은 부분적일 뿐이에요. 이미지에는 그만큼의 정보가 있을 수밖에 없고, 소리에는 노동이 있을 수밖에 없지요. 이러저러한 집합들은 부분적으로만 일치하는 여러 가지 방식으로 잘릴 수 있고 또 그래야 합니다. 고다르에 따라 이미지-소리의 관계를 재구성하려고 한다면, 몇 가지 삽화들과 함께 아주 추상적인 이야기를 해야 할 거예요. 그리고 마지막에는 이 추상적인 이야기가 단 하나의 삽화에서 가장 단순하고 가장 구체적이었다는 것을 알아채게 되겠지요.

1. 이미지들이 있습니다. 사물들조차도 이미지들이지요. 왜냐하면 이미지들은 머리에 있는 것이 아니라 뇌에 있기 때문이에요. 뇌는 [머리와는 반대로] 이미지들 중에 하나의 이미지입니다. 이미지들은 서로에 대해서 끊임없이 작용하고 반응하며, 생산하고 소비하지요. 이미지, 사물 그리고 운동 사이에는 어떠한 차이도 없습니다.

2. 그러나 이미지들은 또한 내부dedans를 가지고 있습니다. 어떤 이미지들은 내부가 있고 또 내부로부터 느끼지요. 그것이 주체입니다.[3] 사실 이 이미지들이 겪는 행위와 실행된 반응 사이

---

3. 벨퐁(Pierre Belfond)이 출판한 선집에 수록된 〈내가 그녀에 대해 알고 있는 두세 가지 것들〉에 관한 고다르의 진술 참조(p. 393과 그 이하).

에는 간극이 있습니다. 그리고 이 간극이 이미지들에게 다른 이미지들을 비축하는 능력, 즉 지각을 제공하지요. 그러나 이미지들이 저장하는 것, 그것은 다른 이미지들 가운데 단지 그 특정 이미지와 이해관계에 있는 것들뿐입니다. 즉, 지각한다는 것은 우리에게 이해관계가 없는 것을 제외하는 것이지요. 우리의 지각에는 언제나 더 적은 것이 있습니다. 우리는 너무나도 많은 이미지로 가득 차 있기 때문에 자기 자신을 위해서 외부의 이미지들을 더 이상 보지 않습니다.

3. 다른 한편, 어떤 특권도 없는 것처럼 보이는 청각 이미지들이 있습니다. 그러나 청각 이미지들 혹은 그것들 중 어떤 이미지들은, 만약 원한다면 관념, 감각, 언어, 표현의 특질 등으로 부를 수 있는 어떤 이면을 가지고 있습니다. 그로부터 청각적 이미지들은 다른 이미지들 혹은 다른 이미지의 계열을 응축 혹은 포착하는 능력을 취하게 되지요. 목소리는 이미지 전체에 대한 힘을 갖습니다(히틀러의 목소리). 암호처럼 작용하는 관념들은 청각 이미지 혹은 청각적 물결 속에 현현하고, 다른 이미지들 속에서 우리의 이해와 관련 있음이 틀림없는 것을 말합니다. 우리의 지각을 받아적는 것이지요. 거기에는 항상 이미지들을 중화시키고 우리가 지각하지 말아야 할 이미지들을 제외하는 중앙의 '스탬프'$^{coup\ de\ tampon}$가 있습니다. 앞서 말한 간극 덕분에 청각 이미지들은 반대 방향으로 향하는 두 흐름으로 그려집니다. 하나는 외부 이미지로부터 지각으로 가는 흐름, 다른 하나

는 지배적인 관념으로부터 지각으로 가는 흐름.

4. 그러므로 우리는 이미지의 연쇄 안에 포획되어 있는 것입니다. 각자 자기 자리에서, 스스로도 이미지로서 말이죠. 그뿐 아니라 우리는 암호처럼 작동하는 관념의 열차 안에 있습니다. 그렇게 되면 고다르의 행위, 곧 〈이미지와 소리〉는 두 방향으로 동시에 가는 것이죠. 한편으로 외부 이미지들에게 그들의 충만함을 복구시키고, 우리가 덜 지각하지 않도록 하며, 지각이 이미지와 동등하게 되도록 하고, 이미지를 그것이 가진 모든 것이 되도록 합니다. 이것은 이미 이러저러한 권력과 그의 스탬프에 대항하여 싸우는 한 방식이지요. 다른 한편, 권력의 포획인 언어를 해체하고, 이런 언어를 청각적 물결 속에서 더듬게 만들며, '단지' 관념일 뿐인 것들을 추방하기 위해 '정확한' 관념들이기를 주장하는 모든 관념들의 집합을 분해하는 것입니다. 아마 다른 이유들 가운데 이 두 가지 이유 때문에 고다르는 고정 쇼트를 그렇게도 새롭게 사용했던 것 같습니다. 이것은 약간은 오늘날의 몇몇 음악가들과 같아요. 그들은 청각적으로 고정된 쇼트를 창설하여 모든 것이 음악 안에서 들리도록[이해되도록] 했어요. 그리고 고다르가 화면에 글을 쓸 수 있는 검은 판을 도입했을 때, 그는 그것을 카메라로 찍을 대상으로 삼은 것이 아니라 검은 판과 글쓰기를 텔레비전의 새로운 수단으로 삼은 것입니다. 화면 위의 다른 흐름들에 비하여, 자기의 고유한 흐름을 갖는 표현의 실체로서 말이죠.

네 가지 삽화로 되어 있는 이 모든 추상적인 이야기는 SF적인 측면이 있습니다. 그러나 이것이 바로 오늘날 우리의 사회적 현실입니다. 여기에는 호기심을 자극하는 어떤 것이 있는데, 그것은 이 이야기가 몇 가지 점에서 베르그손이 『물질과 기억』 1장에서 말한 것과 일치한다는 것입니다. 베르그손은 새로움을 잃어버린 신중한 철학자로 간주되지요. 그에게 새로움을 회복시켜 준 것은 영화 혹은 텔레비전일 것입니다(그는 I.D.H.E.C.[프랑스 고등 영화연구소] 프로그램에 참여했던 것이 분명해요…. 아마도 거기 있었을 겁니다). 『물질과 기억』 1장은 사진과 영화의 운동이라는 놀라운 개념을 사물들과의 관계 속에서 발전시켜 나갑니다. "사진이라는 것이 있다면, 그것은 공간의 모든 지점에서 사물들 내부에 이미 찍히고 인화되어 있다"…등. 고다르가 베르그손주의자라고 말하는 것은 아닙니다. 오히려 그 반대이지요. 고다르가 베르그손을 갱신한 것은 더욱이 아닙니다. 그러나 그는 텔레비전을 갱신하면서 나아가던 그의 길 위에서 베르그손의 조각들을 발견한 겁니다.

『까이에 뒤 시네마』 그런데 고다르에게는 왜 항상 '2'가 있을까요? 셋이 있으려면 둘이 있어야 하겠지요. 네, 좋아요. 그러나 이 둘, 셋의 의미가 무엇입니까?

들뢰즈 모르는 척하시는군요. 당신은 그것이 그런 것이 아니라는 것을 가장 잘 알고 있을 텐데요. 고다르는 변증법주의자가 아니에요. 그에게 중요한 것은 2나 3 혹은 그것이 얼마만큼이든 그것이 아니고요, 접속으로서의 그리고입니다. 고다르에게 그리고의 사용은 본질적입니다. 그것은 우리 모두의 사유가 오히려 être 동사, '~이다'를 모형으로 하고 있기 때문에 중요한 것이죠. 철학은 귀속 판단(하늘은 푸르다)과 존재 판단(신은 있다), 이 판단들의 환원가능성 혹은 불가능성에 대한 토론으로 가득 차 있습니다. 그러나 항상 être 동사에요. 접속들마저도 être 동사로 측정됩니다. 우리는 이것을 삼단논법에서 찾아볼 수 있어요. 접속을 해방시키고 관계에 대해 숙고한 것은 거의 영국인과 미국인들밖에 없어요. 단지 자동적 유형의 관계 판단을 할 때만 우리는 관계가 어디에나 미끄러져 들어와 모든 것에 침투하고 손상시킨다는 것을 알아차리지요. 그리고는 심지어 더 이상 접속이나 특수한 관계가 아니고 모든 관계들을 이끄는 것으로서, 그리고가 포함된 문장에서의 연결의 섬세한 차이만큼이나 많은 관계들이 있습니다. 그리고는 단지 모든 관계들을 흔들리게 할 뿐 아니라 존재, 동사…등을 흔들리게 하지요. 그리고, '그리고… 그리고… 그리고…'는 être 동사에 근거한 규범적이고 지배적인 랑그의 사용에 대립하는 사용으로, 정확히 창조적인 말더듬이고 랑그에 대한 낯선 사용입니다.

물론, 그리고는 다양성, 다양체, 동일성들의 파괴죠. 공장의 문을 열고 들어갈 때와 나올 때, 실직하고 문 앞을 지나갈 때,

공장의 문은 같지 않아요. 유죄 선고를 받은 자의 아내는 선고 이전과 이후 같을 수 없습니다. 다만, 다양성 혹은 다양체라는 것은 전혀 미학적인 수집도('하나 더', '한 여자 더'…라고 말할 때처럼), 변증법적 도식들도 아닙니다('하나 더하기 둘은 셋'이라고 말할 때처럼). 왜냐하면 이 모든 경우에는 다수가 되는 것으로 여겨지는 일자/하나, 즉 존재의 우위가 존속하기 때문이지요. 고다르가 모든 것은 둘로 나뉜다고 말할 때, 그리고 하루에는 아침과 저녁이 있다고 말할 때, 그는 하나 혹은 다른 하나를 말하는 것도 아니고, 하나가 다른 하나로 된다고 혹은 둘이 된다고 말하는 것도 아닙니다. 왜냐하면 다양체는 그 수가 얼마가 되든지 결코 항들에 있지 않으며, 항들의 집합에도 전체에 있는 것도 아니기 때문입니다. 다양체는 정확히 **그리고**에 있습니다. 그리고는 요소들이나 집합들과 본성이 같지 않아요.

요소도 집합도 아닌 이 그리고는 무엇일까요? 나는 이 그리고를 아주 새로운 방식으로 살고 생각하고 또 보여주는 것, 그리고 능동적으로 작동하도록 만드는 것이 바로 고다르의 힘이라고 생각합니다. 그것은 하나 혹은 다른 하나도 아니고 언제나 둘 사이에 있는 경계죠. 항상 경계, 도주선 혹은 흐름의 선이 있지만 지각하기 어렵기 때문에 우리가 그것을 보지 못할 뿐이에요. 그리고 그럼에도 불구하고 이 도주선 위로 사물들이 지나가고, 생성이 일어나고, 혁명의 그림이 그려집니다. "강한 사람은 이 진영 혹은 저 진영을 점거한 자가 아닙니다. 강력한 것은 국경frontière[경계]입니다." 이것은 지스까르 데스땡이 최근 군에서 진행한 군사 지리학 강연에서 한 우울한 확인입니다. 사물들이 서양과 동양 사이에서, 미국-소련, 지구적 동맹, 궤도에서의 랑데부, 세계 경찰 등, 거대한 집합들의 차원에서 균형을 이룰수록, 북극에서 남극으로의 사물들은 '불안정'해집니다. 지스까르는 앙골라와 근동, 팔레스타인 저항운동을 언급했지만, 이뿐만 아니라 '안전에 관한 지역적 불안정성'을 유발하는 모든 혼잡, 비행기의 우회, 코르시카…등도 마찬가지입니다. 북극에서 남극으로 가면서 우리는 언제나 집합들을 우회하게 되는 선들을 만나게 됩니다. 매번 새로운 문턱, 부서진 선의 새로운 방향, 국경[경계]에서의 새로운 행렬을 표시하는 그리고, 그리고, 그리고를 말이죠. '경계들을 보라'라는 고다르의 목표는 지각불가능한 것이 보이도록 하라는 것입니다. 유죄선고를 받은 자와 그 아내. 그 어머니와 아이. 또한 그 이미지들과 소리들. 그리고 시계공이 시계점 채널에 있을 때 그리고 영화 편집 탁자에 앉아있을 때 지각불가능한 경계가 둘을 분리하지만, 이 경계는 시계공도 영화 편집자도 아니며, 이들을 도주하도록 하거나 흐름 속에서 비평행적 진화로 서로를 이끕니다. 이 흐름 속에서 사람들은 더 이상 누가 누구를 쫓는지 어떤 목적을 위해서인지 모릅니다. 경계들의 모든 미시정치는 거대한 집합들의 거시정치에 대항하지요. 우리는 적어도 사물들이 경계를 지나간다는 것, 즉 이미지들과 소리들의 경계에서 이미지들이 완전히 가득 차게 되고 소리들이 지나치게 세진다는 것을 알고 있습니다. 이것이 바로 고다르가 〈6 곱하기 2〉에서 했던 것입니다. 둘 사이에서 여섯 번, 이 능동적이고 창조적인 선이 지나가도록 하고 보이도록 하기, 이 선과 함께 텔레비전을 이끌고 가기.

『운동-이미지』에 대하여[1]

파스칼 보니체 · 장 나르보니 당신의 책은 영화사가 아니라 이미지와 기호의 분류, 분류학으로 제시되고 있습니다. 이런 의미에서 이 책은 당신의 전작들 가운데 몇 가지를 이어 나가고 있는데요. 예를 들어, 당신은 프루스트에 관한 기호들을 분류했었죠. 그러나 운동-이미지를 다루면서 당신은 처음으로 철학적인 문제나 특정한 작품들(스피노자, 카프카, 베이컨 혹은 프루스트의 작품들)이 아니라 온전한 하나의 영역을, 여기에서는 영화를 다루기로 합니다. 그리고 동시에 당신은 영화의 역사를 구성하고자 하지는 않았지만 그것을 역사적으로 다루었지요.

들뢰즈 사실 이것은 어떤 방식으로는 영화의 역사이지만 '자연사'이지요. 마치 동물들을 분류하는 것처럼 이미지와 그에 대응하는 기호의 유형들을 분류한 것입니다. 거대한 장르

---

1. 파스칼 보니체와 장 나르보니와의 대담. 9월 13일의 인터뷰로, 참석자들이 적고 완성하였다. (*Cahiers du cinéma*, 352호, 1983년 10월.)

들 ─ 웨스턴, 범죄영화, 역사영화, 코미디 등은 이미지의 유형들 혹은 내재적 성격들을 말해 주는 것이 전혀 아니거든요. 반대로 쁠랑들, 클로즈업, 전경plan d'ensemble 등은 이미 유형들을 정의합니다. 그러나 이 외에도 많은 다른 요인들이 개입하지요. 빛과 관련된 요인, 청각적 요인, 시간적 요인과 같은 것들이 그것입니다. 내가 영화의 영역을 전체적으로 다룬 이유는 영화가 운동-이미지의 기반 위에 구축된 것이기 때문입니다. 그렇다면 영화는 다양한 이미지를 최대로 밝혀내고 또 창조하는 데 적합하고, 특히 편집을 통해 이미지들 사이에서 이미지들을 구성하는 데 적합합니다. 이미지들에는 지각-이미지, 행동-이미지, 정서-이미지, 그리고도 더 많은 이미지가 있습니다. 그리고 각각의 경우에 이 이미지들을 생성과 구성의 관점에서 동시에 특징짓는 내적인 기호들이 있습니다. 이 기호들은 그것이 청각적이거나 음성적인 경우에조차도 언어학적 기호가 아닙니다. 퍼스와 같은 논리학자는 언어학적 모델로부터 비교적 독립적이면서 극도로 풍부한 기호들의 분류를 완성했다는 점에서 중요합니다. 영화가 이미지와 기호에 대한 새로운 이해를 요구하게 될 어떤 운동하는 질료를 가져다주지는 않을지 지켜보는 것 역시 그만큼 매력적이었습니다. 이런 의미에서 나는 논리학 책을, 하나의 영화 논리학을 만들어 보려고 했던 거지요.

보니체·나르보니 사람들은 또한 당신이 영화에 대해 철학이 가지고 있는 일종의 편파성을 수정하고자 했다고들 말합니다. 당신은 특히 현상학이 영화를 잘못 이해했다고 비난했습니다. 영화의 중요성을 축소시키고, 영화를 자연적 지각과 비교하고 또 대립시켰다고 말이죠. 그리고 당신은 베르그손이 영화를 이해할 수 있는 모든 것을 이미 가지고 있고 심지어 영화를 예견했지만, 자신의 고유한 개념들과 영화의 수렴을 인지할 수 없었거나 인지하고 싶어 하지 않았다고 생각합니다. 마치 베르그손과 영화예술 사이에 일종의 추발 경기가 있었던 것이죠. 실제로 베르그손은 『물질과 기억』에서 영화의 새로움 그 자체를 알리는 운동-이미지라는 근본적인 개념을, 영화를 알지 못한 채 그 주요한 세 가지 형태들 즉, 지각-이미지, 행동-이미지, 정서-이미지와 함께 풀어내고 있습니다. 그러나 그는 나중에 『창조적 진화』에서 그리고 이번에는 실제로 영화와 대면하여 현상학자들과는 아주 다른 방식으로 영화를 인정하지 않았습니다. 베르그손은 영화에서 자연적 지각과 같은 아주 오래된 가상이 영속되고 있다고 생각했어요. 운동을 고정된 단면으로부터 시간 속에서 재구성할 수 있다고 믿는 가상 말이에요.

들뢰즈 참 이상하죠. 나는 상상력에 대한 현대철학의 개념들이 영화를 고려하고 있지 않다는 느낌을 가지고 있어요. 개념들은 운동에 대해 생각하면서 이미지를 제거하거나, 이미지를 보존하면서 거기에서 운동을 제거하는 식이에요. 사르트르가

『상상력』에서 모든 유형의 이미지를 고찰하면서 영화 이미지를 제외했다는 것도 이상하죠. 메를로-퐁티는 영화에 관심이 있었지만 그것은 영화를 지각과 행동의 일반적인 조건에 대립시키기 위한 것이었습니다. 『물질과 기억』에서 베르그손의 상황은 독특합니다. 혹은 오히려 『물질과 기억』이 베르그손의 작품들에서 독특하고 예외적인 책이죠. 그는 운동을 더 이상 지속의 편에 두지 않았어요. 하지만 한편으로는 운동-물질-이미지를 절대적으로 동일하게 두면서 다른 한편으로는 지속의 모든 수준이 공존하는 것으로서의 시간을 발견했지요(물질은 단지 그 가장 낮은 수준일 뿐입니다). 펠리니는 최근에 우리는 유년이자 노년이고 동시에 청년이라고 말했습니다. 그건 완벽하게 베르그손적이에요. 그러므로 『물질과 기억』에는 순수한 유심론과 철저한 유물론이 결합되어 있는 것이죠. 이를테면 베르토프와 드레이어가 동시에 이 두 방향을 보여줍니다. 그러나 베르그손은 이 길을 계속 가지 않았어요. 그는 운동-이미지 및 시간-이미지와 관련된 근본적인 두 진보성을 버렸어요. 왜 그랬을까요? 나는 베르그손이 이 책에서 상대성이론과 관련된 새로운 철학 개념을 다듬고 있었기 때문이라고 생각합니다. 그는 상대성이론이 스스로 이끌어 내지 못했던 시간 개념을 함축하고 있다고 생각했습니다. 그러나 그는 구성하는 철학자였던 거죠. 그래서 그는 이것을 그냥 지나쳐 버린 것뿐이에요 : 사람들은 베르그손이 상대성이론을 탓하고 물리학 이론 자체를 비판했다고 생각했지요. 베르그손은 이것이 해소하기 어려운 지나치게 중대한 오해라고 판단했고, 그래서 더 단순한 개념으로 되돌아간 것입니다. 결국 그는 나중에 영화에서 그 장을 발견하게 될 운동-이미지와 시간-이미지를 『물질과 기억』(1896)에서 고안했던 것이죠.

보니체·나르보니 당신 책의 매우 아름다운 부분들에 영감을 준 것은 정확히 드레이어와 같은 영화인들 아닌가요? 저는 최근 20년이 지나 재개봉한 〈게르트루드〉를 다시 보았는데요. 이 영화는 시간의 수준들이 변조하는 것을 정교하게 보여줍니다. 그 정교함은 미조구치의 영화만이 가끔 도달하는 정도이지요(예를 들어 〈우게쓰 이야기〉(1953)의 마지막 부분에서, 도기로 만들어진 살아있고 또 죽은 여자가 나타나고 또 사라지는 장면). 드레이어는 그의 『에크리』에서 지속적으로 이렇게 말합니다. 이미지들이 시간과 정신의 4차원과 5차원에 직접적으로 관계를 맺도록 하기 위해서는 3차원, 즉 깊이를 삭제해야 하고 이미지를 평평하게 만들어야 한다고요. 예를 들어 〈오데트〉와 관련해서 아주 이상한 점은, 그가 여기에서 문제는 '좁은 의미의 과학과 직관적 종교의 깊은 관계'이지, 미친 원귀의 역사가 아니라고 명확하게 말한 점입니다. 그리고 그는 아인슈타인을 내세웁니다. 그의 말을 인용해 보겠습니다. "아인슈타인의 상대성이론에 뒤이은 새로운 과학은 감각의 세계인 3차원 세계 밖에 시간의 차원인 4차원 그리고 정신현상의 차원인 5차원의 존재에 대한 증거들을 가져다주었습니다. 아직 일어나지 않은 사건들을 살아내는 것이 가능하다는 것을 증명하였죠. 좁은 의미의 과학과 직관적인 종교 사이의 깊은 관계를 인지하도록 하는 새로운 관점들을 연 것입니다." … 그러나 '영화 역사'의 문제로 되돌아가 봅시다. 당신은 연속성을 개입시켰어요. 이런 이미지가 이런 순간에 예를 들면 전쟁 이후에 나타났다고 말했죠. 그러니까 당신은 추상적인 분류를 한 것이 아닐 뿐 아니라 자연사조차도 한 것이 아닙니다. 당신은 역사적 운동 역시 고려하고자 한 것이지요.

들뢰즈 우선, 이미지의 유형들은 분명히 미리 존재하는 것이 아닙니다. 그것들은 창조되어야 하지요. 평평한 이미지, 혹은 반대로 장의 깊이는, 굳이 말하자면, 기호들이 어떤 서명[시그니체]을 참고할 때마다 항상 창조되고 재창조되어야 합니다. 그러므로 이미지와 기호들의 분석은 위대한 작가auteur들에 대한 전문적인 연구를 포함해야 하는 것이죠. 예를 들어봅시다. 내가 보기에 표현주의는 빛을 어둠과의 관계 속에서 인식하는데, 이 관계는 투쟁인 것 같아요. 전쟁 이전 프랑스의 흐름은 매우 다릅니다. 투쟁이 아니라 교대였습니다. 빛이 그 자체로 운동일 뿐 아니라, 태양의 빛과 달빛이라는 교대하는 두 빛이 있었죠. 화가 들로네Delaunay와 매우 가까운 것입니다. 이것은 반-표현주의에 속한 것이에요. 만약 오늘날 리베트Rivette 같은 작가가 프랑스파에 속한다면, 그것은 그가 이 두 개의 빛이라는 주제를 재발견하고 완전히 갱신했기 때문입니다. 그는 거기에서 경이로운 것들을 끌어냈지요. 그는 들로네와 가까울 뿐 아니라, 문학에서는 네르발에 가까워요. 그는 영화인들 중에 가장 네르발적인, 유일하게 네르발적인 사람이지요. 이 모든 것 속에는 물론 명백히 역사적이고 지리학적인 요인들이 있습니다. 그런 요소들이 영화를 가로지르고, 영화를 다른 예술들과 관계 맺도록 하며, 영향을 주고 또 받게도 하지요. 말하자면 깁니다. 그렇지만 이미지들의 이런 역사는 진화하는 것 같지 않아요. 나는 모든 이미지가 같은 요소들, 같은 기호들을 다르게 조합한다고 생각합니다. 그러나 아무 순간에 아무 조합이 가능한 것은 아니지요. 하나의 요소가 전개되기 위해서는 몇 가지 조건이 필요합니다. 그렇지 않으면 그 요소는 위축되거나 부수적인 것으로 남아있을 거예요. 그러므로 발전의 수준들이 있는 것이고, 각 수준은 후손들이거나 계통들이라기보다는 각기 가능한 한 가장 완벽한 것들이라고 해야 할 겁니다. 이런 의미에서 역사적인 역사라기보다는 자연사라고 해야 한다는 겁니다.

보니체·나르보니 당신의 분류는 평가[적 요소가 덜한 것도 아닌데요. 그 분류는 당신이 다루는 작가들에 대한 가치판단을, 그리고 결과적으로는 당신이 거의 인용하지 않는 작가들 그리고 전혀 언급하지 않는 작가들에 대한 가치판단을 함축하고 있습니다. 물론 이 책은 운동-이미지 자체의 너머라고 할 수 있을 시간-이미지의 문턱에서 내용이 이어질 것임을 예고하고 있습니다. 그러나 1권에서 당신은 2차 세계대전이 끝나고 곧이어 행동-이미지의 위기를 묘사했는데요(이탈리아의 네오-리얼리즘, 그리고 프랑스의 누벨바그…). 당신이 이 위기에 처한 영화의 성격을 규정하는 몇 가지 특질들(뭔가가 빠진 듯한 그리고 분산된 현실 포착, 모든 것이 클리셰가 되어버린 느낌, 주요한 것과 부차적인 것 사이의 지속적인 치환, 시퀀스들의 새로운 분절, 주어진 상황과 인물의 행위 사이의 단순한 관계의 단절), 이 모든 것이 전쟁 이전의 두 편의 영화에 이미 존재하지 않았습니까? 즉, 당신이 언급하지 않았지만, 현대 영화의 창립자로 간주되는 〈게임의 규칙〉과 〈시민 케인〉 말입니다.

들뢰즈 우선, 나는 어떤 발견을 하려고 한 건 아니었습니다. 내가 인용한 모든 작가는 매우 잘 알려져 있고 나는 그들을 대단히 존경합니다. 예를 들어, 작가 연구의 관점에서 나는 로시Losey(미국 감독)의 세계를 다루었어요. 나는 그를, 커다란 새와 헬리콥터 그리고 불안한 조각들로 가득 차 있으며 아래로는 빅토리아 시대의 작은 도시가 매몰되어 있는 평평하고 높은 절벽으로, 그리고 한쪽에서 다른 한쪽으로 이어지는 더 커다란 경사선으로 정의하려고 애썼습니다. 그것이 로시가 자기를 위해서 자연주의의 좌표를 재창조한 방식입니다. 이 좌표들은 스트로하임Stroheim과 브뉴엘에게서 다른 형태로 재발견됩니다. 나는 하나의 작품 전체를 다루는데, 하나의 위대한 작품에 나쁜 점이 전혀 없다고는 생각하지 않아요. 로시의 〈숭어〉는 혹평받았죠. 『까이에 뒤 시네마』조차도 그랬습니다. 그건 사람들이 이 영화를 작품들 전체 속에서 충분히 제자리에 두지 못했기 때문입니다. 이 영화는 새로운 이브Eve예요. 그러니까 당신은 이 책에 어떤 구멍들이 있다고 말했습니다. 웰스나 르누아르 같은 거대한 중요성을 갖는 작가들을 다루지 않았다는 것이죠. 그건 내가 이 한 권 안에 그들의 작품 전체를 다룰 수 없기 때문입니다. 르누아르의 작품은 연극-삶의 어떤 관계에 의해 지배되고 있거나, 혹은 더 정확히 말하자면, 현실적인 이미지-잠재적인 이미지의 관계로 지배되고 있는 것 같아요. 웰스는 내가 보기에 더 이상 운동에 의해 단순히 결론지어진 시간-이미지가 아니라, 직접적인 시간-이미지를 구축한 최초의 인물입니다. 이 놀라운 선구적 진전은 나중에 알랭 레네Resnais가 다시 포착합니다. 그러나 1권에서 나는 자연주의 전체에 대해 말할 수 있었지만 이런 예들을 말할 수는 없었습니다. 네오-리얼리즘과 누벨바그조차도 나는 그 가장 피상적인 면들에, 그것마저도 전적으로 마지막에 다다를 수 있었을 뿐입니다.

보니체 · 나르보니 그래도 사람들은 무엇보다 당신의 흥미를 끈 것은 자연주의와 유심론(한편으로는 브뉴엘, 스트로하임, 로시, 다른 한편으로는 브레송과 드레이어), 다시 말해서, 자연주의적 추락과 퇴폐, 정신의 도약, 상승, 4차원이라는 인상을 가지고 있습니다. 그것은 수직적 운동들입니다. 당신은 예를 들면 미국 영화에서와 같은 행동들의 연쇄, 수평적 운동에는 관심이 덜한 것 같습니다. 그리고 당신이 네오-리얼리즘과 누벨바그에 이르렀을 때, 당신은 어떤 때는 행동-이미지의 위기에 대해서 말하고, 어떤 때는 운동-이미지 전체의 위기에 대해 말하였죠. 이 지점에서 위기에 처한 것은 모든 운동-이미지인가요, 아니면 단지 행동-이미지인가요? 운동-이미지의 위기는 운동 자체 너머의 다른 종류의 이미지가 출현할 수 있는 조건을 준비할 것이고, 행동-이미지만의 위기라고 한다면, 운동-이미지의 다른 두 측면들, 즉 순수한 지각들과 정서들은 존속하도록 하거나 오히려 강화할 수도 있을 것입니다.

들뢰즈 현대영화가 서사와 단절했다고 말하는 건 적절하지 않습니다. 그것은 결과일 뿐이고, 원리는 다른 데 있지요. 액션 영화는 감각-운동적 상황에 노출되어 있습니다. 어떤 상황 속에 있으면서 그 상황에 대한 지각에 따라 아주 폭력적인 필요에 처하여 행동하는 인물들이 있지요. 행동들은 지각과 함께 연쇄를 이룹니다. 지각들은 행동으로 연장되고요. 이제 한 인물이 어떤 일상적이거나 예외적인 상황에 처한다고 가정해 보세요.

그 상황은 모든 가능한 행동을 압도하거나 인물이 아무런 반응을 하지 않은 채 내버려 두기도 하지요. 그것은 너무 세거나 고통스럽거나 아름답습니다. 감각-운동적 연결은 부서졌지요. 그 연결은 더 이상 감각-운동적인 상황이 아니라 순수하게 시각적이고 청각적인 상황에 놓여 있어요. 그것은 다른 유형의 이미지입니다. 〈스트롬볼리〉에서의 낯선 여인의 경우를 보세요. 그녀는 참치잡이, 참치가 죽는 순간의 고통, 그리고 화산의 폭발을 차례로 거칩니다. 그녀는 그것들에 대해 반응하지 않지요. 대답도 없고. 지나치게 강렬합니다. "나는 끝났어, 두려워, 얼마나 신비로운가, 얼마나 아름다운가, 오, 하나님 … ." 혹은 〈유럽 51〉에서 공장 앞에 선 부르주아 여인을 봅시다. "죄수들을 보는 것 같았어요 … ." 네오-리얼리즘의 위대한 혁신은 바로 그것이라고 생각합니다. 사람들은 상황에 맞서 행동하거나 상황에 반응하는 가능성에 대해 더 이상 생각하지 않게 되었어요. 그렇다고 해서 수동적인 것은 전혀 아니고요. 가장 일상적인 삶 속에서조차 참을 수 없는, 견딜 수 없는 어떤 것을 포착하거나 발견하게 된 것이죠. 이것은 견자見者의 영화에요. 로브-그리예가 말하듯이, 묘사가 대상을 대체한 것이죠. 그런데 사람들이 이렇게 순수하게 시각적이고 청각적인 상황에 처하게 되었을 때, 붕괴한 것은 행동 그러니까 서사만이 아닙니다. 지각과 정서들도 본성을 바꾸는데, 이는 지각과 정서가 '고전적인' 영화의 감각-운동적인 체계와는 완전히 다른 체계 속에서 지나가기 때문입니다. 게다가 공간도 더 이상 같은 유형이 아닌데요. 운동적 연결을 잃어버린 공간은 분리되거나 빈 공간이 됩니다. 현대 영화는 예외적인 공간들을 구축합니다. 감각-운동적인 기호들은 '시각기호'opsignes와 '청각기호'sonsignes에 자리를 내주지요. 물론 언제나 운동이 있습니다. 그러나 모든 운동-이미지가 문제가 된 것이죠. 그리고 여기에서 다시 한번, 시각적이고 청각적인 이 새로운 이미지가 무너지고 퇴색한 공간이 아니라 하더라도 전쟁 이후에 구현된 외부적인 조건들을 참조했다는 것은 명백합니다. 모든 형태의 '목적 없는 산책'이 행동을 대신하고 어디에서나 견디기 어려운 물가의 상승이 있었죠.

이미지는 절대로 유일하지 않습니다. 중요한 것은 이미지들 사이의 관계이지요. 그런데 지각이 순수하게 시각적이고 청각적이 될 때 그것이 행동과 함께하지 않는다면 무엇과 관계를 맺게 될까요? 운동으로의 연장이 잘려버린 현실적인 이미지는 잠재적인 이미지, 정신적인 혹은 거울에 비친 이미지와 관계를 맺게 됩니다. 나는 공장을 보았고, 죄수를 보는 줄 알았어요. … 사람들은 선적인 연장 대신 두 이미지가 실재와 상상적인 것이 구분되지 않는 점을 중심으로 끊임없이 서로를 물고 달리는 회로를 갖게 됩니다. 현실적인 이미지와 그의 잠재적인 이미지가 결정화된다고 말할 수 있을 것 같습니다. 이것이 크리스탈-이미지로서 항상 이중적이거나 중복된 이미지이며, 르누아르에게서뿐 아니라 오퓔스Ophüls에게서 이미 찾아볼 수 있고, 다른 방식으로 펠리니에게서도 찾아볼 수 있습니다. 이미지의 결정화 그리고 결정화된 기호들에는 많은 양태가 있습니다. 그러나 우리는 결정체 안에서 항상 무엇인가를 보게 되지요. 우리가 볼 수 있는 것은 우선 시간, 시간의 층들, 직접적인 시간의 이미지입니다. 운동이 멈춘 것은 아니고요, 운동과 시간의 관계가 역전된 것이죠. 시간이 더 이상 운동-이미지의 조합(편집)으로부터 결론지어지는 것이 아니라 그 역이에요. 시간으로부터 운동이 흘러나오는 겁니다. 편집이 필연적으로 사라지는 것은 아니고 의미를 바꾸는 것이죠. 그것은 라푸자드가 말하듯이, 'montrage'[2]가 됩니다. 두 번째로 이미지는 그 고유한 시청각 요소들과 새로운 관계를 맺습니다. 투시력voyance은 그 이미지를 가시적이라기보다는 '가독적인'lisible 어떤 것으로 만든다고 말할 수 있을 거예요. 고다르의 방식으로 이미지의 모든 교육학이 가능해집니다. 마지막으로, 카메라가 진정으로 명제적인 기능들에 필적하는 다양한 기능들을 담당하게 됨과 동시에, 이미지는 사유의 기법들을 포착할 수 있게 되고, 사유가 되었습니다. 내 생각에 운동-이미지의 자기 극복은 이 세 가지 측면으로 설명될 수 있습니다. 분류로 보자면 '시간기호'chronosignes, '독서기호'lectosignes, '정신기호'noosignes라고 말할 수 있겠네요.

---

2. * montrer(보여주다)와 montage(편집)를 결합한 조어.

보니체·나르보니 당신은 언어학에 대하여, 그리고 언어학으로부터 영감을 받은 영화 이론들에 대하여 매우 비판적입니다. 그럼에도 당신은 이미지가 '가시적'이기보다는 '가독적'이 되었다고 말합니다. 그런데 영화에 적용된 이 '가독적'이라는 용어는 정확히 언어학이 지배적이었던 순간 열병처럼 번졌어요("영화를 읽다", 영화에 대한 "독서"…). 당신이 이 단어를 사용하는 것이 어떤 혼돈을 유발하지는 않을까요? 가독적 이미지라는 당신의 용어가 언어학적 관념과는 다른 것을 담고 있습니까, 아니면 그 이미지가 당신을 언어학적 관념으로 데려간 건가요?

들뢰즈 아니요. 그런 건 아닌 것 같아요. 언어학을 영화에 적용하려는 시도는 최악이에요. 물론 메츠Metz 혹은 파졸리니 같은 사상가들은 매우 중요한 비평서를 냈지요. 그러나 그들이 언어학 모델을 참조한 것은 항상 영화가 다르다는 것을 보여주면서, 그리고 영화가 언어라면 그것이 유비적 언어이거나 변조의 언어라는 것을 보여주면서 끝이 났습니다. 그렇다면 우리는 언어학적 모델에 대한 참조가 없으면 더 좋았을 우회로라고 생각할 수 있지요. 바쟁의 가장 아름다운 텍스트들 가운데, 그가 영화는 전적으로 변조인 반면 사진은 주형, 주조라고 설명하는 부분이 있습니다(언어 역시 주형인 것과는 다른 방식이라고 말해야겠죠). 목소리뿐만 아니라 소리, 빛, 운동 역시 지속적인 변조 중에 있습니다. 이미지의 특질들paramètres은 변이하고 반복

되며 점멸하고 되풀이됩니다. 소위 고전 영화와 관련하여, 이런 의미에서 이미 상당히 진행된 현실적인 진화가 있다면, 전자적 이미지가 보여주는 것처럼 두 개의 관점으로부터 말해볼 수 있습니다. 매개변수paramètres들의 증식과 발산하는 계열들의 구성이 그것입니다. 고전적인 이미지는 계열들의 수렴을 지향해 왔는데 말이죠. 그래서 이미지의 가시성은 가독성이 된 것입니다. 가독적이라는 것은 여기에서 매개변수들의 독립성과 계열들의 발산을 가리킵니다. 다른 측면도 있는데 이것은 우리의 앞선 지적들 가운데 하나, 즉 수직성의 문제와 합류합니다. 우리의 시각적 세계는 부분적으로 수직적인 영향력에 의해 조건 지어져 있습니다. 미국 비평가인 레오 스타인버그는 현대 회화가 순수하게 시각적인 평평한 공간보다는 수직적 특권의 포기에 의해 정의된다고 설명했지요. 그것은 수평적이거나 경사진, 불투명한 쇼트가 창문의 모형으로 대체되는 것 같은 것입니다. 그 위로 정보들이 기록되는 것이죠. 이것이 바로 가독성이라 할 수 있을 텐데요. 그것은 언어가 아니라 다이아그램에 속하는 어떤 것을 함축합니다. 베케트의 표현을 봅시다. 일어나기보다는 앉는 것이 낫고, 앉기보다는 눕는 것이 낫다. 이런 점에서 현대 무용이 그 사례가 됩니다. 서 있는 상태에서 무용수들은 서로 붙어 있고 서로 떨어지면 넘어질 것 같은 인상을 주는 반면 가장 역동적인 움직임은 땅에서 일어난다는 것입니다. 영화에서 화면은 전적으로 유명론적인 수직성만을 보존하고 수평적이거나 경사진 평면처럼 기능한다고 할 수 있습니다. 마이클 스노우는 수직성의 특권을 진지하게 문제 삼았고, 이런 효과를 내는 장치를 구축하기까지 했습니다. 영화의 위대한 작가들은 바레즈 Varèse가 음악에서 했던 것을 했는데요. 그들은 필연적으로 그들이 가진 것으로 시도하였는데 그들은 그것을 새로운 장치, 새로운 도구라 불렀지요. 이 도구들은 평범한 작가들의 손에서 헛돌면서 그들에게 아이디어를 대신해 주었으나, 반대로 위대한 작가들의 아이디어에 의해 호출된 것이죠. 이러한 이유로 나는 텔레비전이나 비디오로 인한 영화의 죽음을 믿지 않아요. 그들은 완전히 새로운 수단을 사용하거든요.

보니체·나르보니 아마도 수직성을 문제 삼는 것은 실제로 현대 영화의 위대한 질문들 중 하나일 것입니다. 이 질문은, 예를 들어, 글라우버 로샤의 최근 영화 〈지구의 나이〉(1980)의 핵심입니다. 이 장엄한 영화는 있을 법하지 않은 쇼트들과 수직성에 대한 진정한 도전들을 담고 있지요. 그렇지만 영화를 이 '평면도적인', 공간적인 각도에서만 바라본다고 해도, 예를 들어, 시선의 문제에서 나타나는 고유하게 드라마적인 차원을 피할 수는 없지 않은가요? 히치콕이나 랑과 같은 작가들이 그것을 다루듯이 말이죠. 히치콕에 대해서 말할 때, 당신은 암묵적으로 시선을 참조하는 것처럼 보이는 '탈표지'와 같은 기능을 언급했습니다. 그러나 시선이라는 개념은, 그리고 그 단어조차도, 당신의 책에서 완전히 부재합니다. 일부러 빼신 건가요?

들뢰즈 이 개념이 꼭 필요한 것인지 모르겠습니다. 눈은 이미 사물들 안에 있고, 이미지에 속해 있으며, 이미지의 가시성입니다. 그것이 바로 베르그손이 보여준 것입니다. 이미지는 그 자체로 빛나거나 가시적입니다. 그것은 단지 다른 이미지들과 함께 모든 방향으로 운동하는 것을 방해하고, 빛이 퍼지거나 모든 방향으로 확산되지 않도록 하며, 빛을 반사하고 굴절시키는, '검은 화면'이 필요할 뿐입니다. "빛은 언제나 퍼지지만 전혀 드러난 적이 없다⋯." 카메라가 아니라 화면이지요. 카메라로 말하자면, 그것이 갖춘 모든 명제적 기능들로 보건대 오히려 제3의 눈, 정신의 눈이라고 해야 할 겁니다. 히치콕의 경우를 말씀하셨죠. 트뤼포, 두셰가 보여주었듯이, 그가 영화에 관객을 도입한 것은 사실입니다. 그러나 그것은 시선의 문제가 아닙니다. 그것은 오히려 그가 행동을 관계의 피륙으로 틀 잡았기 때문입니다. 행동이라는 것은 예를 들어, 하나의 범죄로 이해되죠. 그러나 관계들은 다른 차원입니다. 관계의 차원에 따라 범죄자는 어떤 다른 이에게 자신의 범죄를 '줍니다.' 혹은 범죄를 교환하거나 그것을 어떤 다른 이에게 돌려주지요. 로메르와 샤브롤이 이것을 아주 잘 봤지요. 관계는 행동이 아니라, 정신적인 존재만을 갖는 상징적인 행위입니다(선물, 교환 등). 그런데 카메라가 드러낸 것이 바로 이런 것이죠. 카메라의 프레이밍과 운동은 정신적인 관계를 나타냅니다. 히치콕이 영국인임을 잘 보여주는 것은 그가 관계의 문제 그리고 그 역설들에 관심이 있었다는 점입니다. 그에게 프레임은 태피스트리의 틀과 같은 것이에요. 행동이 그 위와 아래를 통과하는 움직이는 트램을 구성하는 반면, 히치콕은 관계들의 연쇄를 운반하는 거지요. 히치콕이 영화에 도입한 것은 그러므로 정신적인 이미지입니다. 그것은 시선 문제가 아닙니다. 카메라가 눈이라면, 그것은 정신의 눈입니다. 그로부터 히치콕이 처한 예외적인 상황이 설명됩니다. 그는 행동-이미지를 넘어 더 심오한 어떤 것, 정신적인 관계들, 일종의 투시voyance로 향했습니다. 단지 여기에서 행동-이미지를, 그리고 더 일반적으로는 운동-이미지를 위기에 빠뜨린 것만을 보는 대신, 히치콕은 그것을 완성시킨 것이죠. 포화시켰다고도 할 수 있겠네요. 결과적으로 보자면, 같은 말이지만, 고전적인 것의 마지막 혹은 현대적인 것의 시작이 된 것입니다.

보니체·나르보니 히치콕은 당신에게 관계에 대한 탁월한 영화인이지요. 당신은 그것을 3차성tiercéité이라고 말했습니다. 관계가 바로 당신이 전체le tout라고 부른 그것입니까? 그것이 당신 책의 어려운 점이거든요. 당신은 이렇게 말하면서 베르그손을 내세웠습니다 : 전체는 닫혀 있지 않다. 그것은 오히려 열림l'Ouvert이며 항상 열려 있는 그 무언가이다. 닫혀있는 것, 그것은 집합들이다. 전체와 집합을 혼동하지 말아야 한다….

들뢰즈 열림은 릴케의 시적인 개념으로 잘 알려져 있습니다. 그러나 이것은 베르그손의 철학 개념이기도 하지요. 중요한 것은 집합들과 전체의 구분입니다. 이 둘을 혼동하면 전체는 모든 의미를 잃고, 모든 집합들의 집합이라는 유명한 역설에 빠지게 되지요. 집합은 매우 다양한 요소들을 모을 수 있습니다. 그러나 그렇다고 해서 덜 닫혀 있는 것은 아니지요. 상대적으로 닫혀 있거나 인위적으로 폐쇄될 수 있습니다. '인위적으로'라고 말한 이유는 집합에는 항상 아무리 가늘더라도 그 집합을 더 넓은 집합으로 그렇게 무한히 통합하는 실이 있기 때문이에요. 그러나 전체는 다른 본성에 속합니다. 그것은 시간의 질서에 속하지요. 그것은 모든 집합들을 가로질러서, 집합들이 자기의 고유한 경향을 구현하는 것을, 다시 말해서 완전히 닫히는 것을 끝까지 방해합니다. 베르그손은 계속 이렇게 말하죠 : 시간, 그것은 열림이고, 변하는 것, 매 순간 계속해서 본성이 바뀌는 것이다. 전체는 하나의 집합이 아니고, 어떤 집합에서 다른 집합으로의 지속적인 이행, 다른 집합 안에서 겪는 어떤 집합의 변화입니다. 시간-전체-열림의 관계는 사유하기 매우 어려운 것이죠. 그러나 정확히 영화가 이것을 좀 더 쉽게 해 주지요. 영화에는 공존하는 세 가지 수준 같은 것이 있습니다. 첫째는 프레이밍, 그것은 인위적으로 닫힌 잠정적인 집합을 규정하는 것이고, 둘째는 컷, 그것은 그 집합의 요소들 속에 분배되는 운동 혹은 운동들을 규정하는 것이죠. 그러나 운동 역시 전체의 변화 혹은 변이를 표현하는데요, 이것이 바로 편집의 문제입니다. 전체는 모든 집합들을 가로지르고, 그 집합들이 '완전히' 닫히는 것을 정확히 방해합니다. 화면에 나타나지 않는 공간에 대해 말할 때 사람들은 두 가지를 말하고 싶어 합니다. 한편으로, 모든 주어진 집합은 둘 혹은 세 차원에서 더 넓은 집합에 속해 있다는 것, 그뿐만 아니라 모든 집합은 네 번째 혹은 다섯 번째 차원의 완전히 다른 본성으로 연장되어 있다는 것, 그리고 그가 가로지르는 집합들을 통과하면서 그것들이 얼마나 광대하든지 계속해서 변이한다는 것입니다. 전자의 경우 그것은 공간적이고 질료적인 연장이지만, 후자의 경우 그것은 드레이어나 브레송의 방식인 정신적인 규정이지요. 이 두 측면은 서로 배제하는 것이 아니라 서로를 보완하고 서로에게 활기를 줍니다. 어떤 때는 이 측면이 어떤 때는 다른 측면이 특권적이 되지요. 영화는 끊임없이 공존하는 이 수준들 사이에서 노닐며, 위대한 작가들은 이를 고안하고 실천하는 자기만의 방식을 가지고 있습니다. 모든 작품이 그렇지만 위대한 영화에는 항상 어떤 열린 것이 있습니다. 그러니 매번 그것이 무엇인지 찾아보세요. 그것은 시간이고 전체이며 영화에서 매우 다양한 방식으로 나타납니다.

『시간-이미지』에 대하여[1]

질베르 카바쏘 · 파브리스 르보 달론느 영화 100년 … 그리고 겨우 이제야 한 철학자가 영화에 고유한 개념들을 제안했습니다. 철학적 반성이 눈 감고 있던 이 임무에 대하여 어떻게 생각하십니까?

들뢰즈 철학자들이 영화에 거의 관심을 두지 않았던 것이 사실입니다. 철학자들이 영화에 참여했을 때조차도요. 그런데 어떤 일치가 있어요. 영화의 등장과 철학이 운동에 대해 사유하려고 애쓴 것이 동시적이었다는 것이죠. 그러나 철학이 영화에 충분한 중요성을 부여하지 않았던 것 같습니다. 철학은 영화와 비슷한 임무에 나름대로 지나치게 몰두했습니다. 영화가 이미지에 운동을 심고 싶었던 것처럼, 철학은 운동을 사유에 자리 잡게 하고자 했습니다. 두 연구는 만나게 되기까지 서로 독

---

1. 질베르 카바쏘, 파브리스 르보 달론느와의 대담 (*Cinéma*, 334호, 1985년 12월 18일).

립적이었지요. 그러나 적어도 가장 위대한 영화 비평가들은 영화 미학을 제안하는 한 철학자라는 점은 남습니다. 그들은 철학을 배우지는 않았지만 철학자가 되었어요. 바쟁의 모험이 이미 그랬습니다.

카바쏘·달론느 오늘날에도 여전히 영화 비평에 기대하는 것이 있습니까? 영화 비평이 담당할 역할은 무엇일까요?

들뢰즈 영화 비평은 이중의 암초를 만났지요. 영화들을 단순히 묘사하는 것을 피해야 합니다. 이뿐만 아니라 외부에서 온 개념들을 적용하는 것도 피해야 하지요. 비평의 임무는 개념들을 만들어내는 것입니다. 영화에 '주어진' 것이 명백히 아니면서도 영화에만, 영화의 어떤 장르에만, 이러저러한 영화에만 꼭 부합하는 개념을요. 영화에 고유한 개념들이지만 철학적으로만 만들어질 수 있는 그런 개념을 말이죠. 기술적인 개념들(이동촬영, 연결, 거짓 연결, 장의 깊이, 평면성planitude 등)을 말하는 것이 아닙니다. 기술적인 것은 그것이 가정하고 설명하지는 않는 목적들fins에 봉사하지 못한다면 별것 아니죠.

영화의 개념들을 구성하는 것은 이 목적들입니다. 영화는 이미지의 자동-운동을, 심지어 자동-시간화를 실행하지요. 바로 그것이 토대base입니다. 내가 연구하려고 애썼던 두 가지 측면이지요. 그러나 정확히, 다른 예술은 드러내지 못하는데 영화가 드러내 주는 것, 영화가 공간과 시간에 대해서 우리에게 밝혀주는 것이 무엇일까요? 이동촬영과 파노라마촬영, 그것은 전혀 같은 공간이 아닙니다. 더욱이, 예를 들어 비스콘티에게서처럼, 이동촬영은 공간을 그리기를 멈추고 시간에 빠져버리는 데 이릅니다. 나는 구로자와와 미조구치의 공간을 분석하려고 애썼습니다. 한편 그것은 포괄적이고 다른 한편으로 그것은 우주의 선이에요. 이 둘은 매우 다릅니다. 우주의 선에서 일어나는 것은 포괄적인 공간에서 일어나는 것과 다르죠. 기술적인 것은 이 위대한 목적성finalité에 따르는 것입니다. 그리고 바로 이것이 어려운 것입니다 : 작가에 대한 연구가 필요할 뿐 아니라 그 연구를 매번 영화 전체를 좌우하는 개념의 분화, 종별화, 재조직화에 접붙여야 합니다.

카바쏘·달론느 당신의 숙고를 가로지르는 몸-사유의 문제에서 정신분석과 영화의 관계를 어떻게 배제할 수 있습니까? 혹은 더욱이 언어학을요? 간단히 말해서, '다른 곳으로부터 온 개념들'을 말이죠.

들뢰즈 그것은 같은 문제입니다. 철학이 영화와 관련하여 제안하는 개념들은 특수해야 합니다. 다시 말해서 영화에만 적합해야 한다는 것이죠. 프레이밍과 거세, 혹은 클로즈-업과 부분대상을 접근시키는 것은 언제나 가능한 일이에요. 그러나 나는 그것이 영화에 가져다줄 수 있는 것이 무엇인지 모르겠습니다. '상상적인 것'마저도요. 그것이 영화에 타당한 개념인지는 확실치 않습니다. 영화는 실재의 생산자이기 때문이지요. 드레이어의 정신분석을 해봐야 소용없습니다. 거기에서도 다른 곳에서처럼 대단한 것은 없으니까요. 차라리 드레이어를 키르케고르와 대면시키는 것이 더 나을 거예요. 왜냐하면 키르케고르는 이미 운동'하도록 만드는 것'이 문제라는 것과 '선택'choix만이 운동한다고 생각했으니까요. 정신적인 결정이 영화에 적합한 대상이 되는 거지요.

이 영화-철학적인 문제에서 우리를 나아가게 하는 것은 키르케고르와 드레이어를 정신분석과 비교하는 것이 아닙니다. 정신적인 결정이 어떻게 영화의 대상이 될 수 있을까요? 우리는 이것을 브레송, 로메르에게서 매우 다양한 방식으로 재발견합니다. 그리고 그것은 추상적인 영화가 아니라, 가장 매력적이고 가장 감동적인 모든 영화에 결부되지요.

그런데 우리는 언어학에 대해서도 같은 말을 할 수 있을 것입니다. 언어학 역시 밖으로부터 영화에 적용할 개념들, 예를 들어 '연사'syntagme와 같은 개념을 공급하는 것에 만족합니다. 그러나 그 결과 영화 이미지는 언표로 축소되고, 영화의 구성적 성격, 즉 운동은 괄호 안에 묶입니다. 영화에서 서사는 상상적인 것과 같습니다. 그것은 운동과 시간으로부터 흘러나오는 매우 간접적인 결과이지 그 역이 아니에요. 영화는 항상 이미지의 운동과 시간이 시키는 것을 말하게 됩니다. 운동이 자신의 감각-운동적인 도식의 규칙을 받아들인다면, 다시 말해서 상황에 반응하는 인물을 제시한다면, 그때 이야기가 생기게 됩니다. 반대로, 운동이 방향을 잃고 조화가 깨지는 바람에 감각-운동적인 도식이 무너진다면, 그것은 다른 형태, 즉 이야기보다는 생성이 되겠지요.

카바쏘·달론느 당신의 책에서는 네오-리얼리즘의 중요성이 심화되었습니다. 전쟁과 관련된 명백하고 결정적인 단절이었지요(이탈리아에서는 로셀리니, 비스콘티 그리고 미국에서는 레이). 그러나 앞서 오즈가, 이후에는 웰스가 지나치게 서사적인 모든 접근으로부터 멀어졌습니다….

들뢰즈 네, 전쟁이 끝나면서 거대한 단절이 네오-리얼리즘과 함께 이루어졌다면, 그것은 정확히 네오-리얼리즘이 감각-운동적인 도식의 실패를 기록했기 때문입니다. 인물들은 그들을 압도하는 상황들에 더 이상 반응할 '수 없게 되었습니다.' 그것은 그들이 처한 상황들이 너무 무섭거나 너무 아름답거나 해결이 불가능하기 때문이지요. 그러면서 새로운 인류가 탄생합니다. 그러나 무엇보다 영화 이미지를 시간화할 가능성이 탄생하지요. 그것은 순수한 시간, 즉 운동이라기보다는 순수한 상태의 약간의 시간에 속한 것입니다. 영화의 이러한 혁명은 다른 조건 속에서, 웰스에게서, 그리고 전쟁 훨씬 전에는 오즈에게서 준비될 수 있었습니다. 웰스에게는 시간의 두께, 공존하는 시간층들이 있어요. 장의 깊이는 시간적인 방식으로 분배되어 그 층들을 드러내는 데 사용됩니다. 오즈의 그 유명한 죽은 자연들이 전적으로 영화적이었다면, 그것은 그 자연이 자신의 감각-운동적인 관계들을 이미 잃어버린 세계 속에서 시간을 변하지 않는 형태로 되찾기 때문입니다.

카바쏘·달론느 그러나 이 변화들을 어떤 기준들과 연관시킬 수 있습니까? 어떻게 그 변화들을 미학적으로 평가합니까? 혹은 다른 방식이…? 요약하자면, 영화들에 대한 평가는 무엇에 근거를 두어야 합니까?

들뢰즈 나는 특별히 중요한 기준이 있다고 생각합니다. 그것은 뇌의 생물학, 미시-생물학이지요. 그것은 한창 변화를 겪고 있습니다. 그리고 예외적인 발견들을 축적하고 있지요. 기준을 제시할 수 있는 것은 뇌의 생물학이지 정신분석도 언어학도 아닙니다. 왜냐하면 뇌 생물학은 다른 두 학문들처럼 이미 만들어진 개념들을 적용하는 불편이 없기 때문입니다. 사람들은 뇌를 상대적으로 미분화된 질료로 생각할 수 있습니다. 그리고 운동-이미지나 시간-이미지가 어떤 회로, 어떤 유형의 회로를 그리고 발명하는지 궁금해할 거예요. 그것은 회로들이 미리 존재하고 있지 않기 때문입니다. 레네의 영화 같은 영화가 뇌의 영화입니다. 영화가 여전히 가장 재미있고 혹은 가장 감동적이더라도 말이죠. 레네의 인물들을 이끄는 회로들, 그들이 정착하는 파동들은 뇌의 회로들이고 뇌파들입니다. 영화 전체는 이미지가 운동 중이라는 바로 그 이유 때문에 그것이 도입한 뇌수의 회로들에 의해 평가됩니다. 뇌수적인 것은 지적인 것을 의미하는 것이 아닙니다. 감정적이거나 열정적인 뇌가 있지요…. 이 문제에 더해 제기되는 질문은 풍요로움, 복잡함, 그리고 이러한 배치들과 연결들, 이접들, 회로들 그리고 누전들의 보유와 관련됩니다. 영화적 생산의 대부분을 뒤덮는 자의적인 폭력과 무기력한 에로티즘은 소뇌의 결핍을 증언하는 것이지 새로운 뇌수 회로들의 발명을 보여주는 것이 아닙니다. 뮤직비디오들의 사례는 비장합니다. 그것은 우발적으로 매우 흥미로운 새로운 영화적 장이었어요. 그러나 그것은 즉각 체계적인 결핍으로 정복당해 버렸죠. 미학은 백치화 crétinisation의 문제와 무관하지 않아요. 새로운 회로를 창조한다는 것은 뇌와 동시에 예술로 연장되기 때문입니다.

카바쏘·달론느 영화는 아프리오리 a priori[경험 이전에] 철학자보다는 도시에 정착하는 것 같습니다. 이 간극을 어떻게 메울 수 있을까요? 어떤 실천이 가능합니까?

들뢰즈 그건 확실하지 않아요. 나는, 예를 들어, 심지어 정치적인 영화인으로서 스트로브Jean-Marie Straub같은 이들조차 '도시'에 더 잘 뿌리내린다고 생각하지 않습니다. 모든 창조가 정치적인 가치와 내용을 가지고 있지요. 그러나 문제는 창조가 정보와 의사소통의 회로들과 잘 어울리지 않는다는 것입니다. 정보와 의사소통의 회로들은 전적으로 준비되고 이미 퇴락해 버린 것이죠. 이것은 우발적인 텔레비전의 창조도 포함하여 창조의 모든 형태들의 공동의 적입니다. 그것은 항상 뇌의 문제입니다. 뇌는 모든 회로들의 숨겨진 얼굴이에요. 이러한 회로들은 가장 초보적인, 조건 지어져 있는 반사들을 뛰어넘을 수 있고, 또 그만큼 가장 창조적인 흔적들, 가장 덜 '그럴듯한' 연결들을 가능하게 합니다.

뇌는 시-공간적인 부피volume입니다. 뇌에 새롭고 현실적인 길들을 그리는 것이 예술입니다. 영화적 시냅스에 대해서, 연결과 거짓 연결에 대해 말해볼 수 있지요. 예를 들어, 고다르와 레네의 회로들은 같지 않아요. 영화의 중요성 혹은 집단적인 영향력은 이런 유의 문제들에 달려 있는 것 같습니다.

상상적인 것에 대한 의심들[1]

질문들

1. 『운동-이미지』는 『의미의 논리』의 문제를 다시 제기한 것처럼 보이지만, 그 문제를 깊이 대체했습니다. 『의미의 논리』가 역설과 언어의 공실체적consubstantiel 관계를 탐험했다면, 『운동-이미지』는 역설적 집합 개념을 무한하고 열린 전체성이라는 횡단적 개념으로 대체하면서 일종의 역설 바깥을 제안합니다.

영화적 모델이 기여하는 부분은 무엇인가요? 영화로부터 베르그손을 읽으면서 '즉자적인 영화로서의 우주'를 사유하게 된다는 이 해결책에서 말이죠.

달리 말하자면, 당신의 연구에서 영화는 개념적인 텍스트에 대한 독해를 돕는 은유의 역할을 하는 것인가요, 혹은 새로운 논리를 자리매김할 개념입안자 역할을 하는 것인가요?

2. 베르그손-영화 쌍에 닻을 내린 당신의 숙고는 (미학적)

---

1. *Hors-cadre*, 4호, 1986.

범주들과 (철학적) 실체들entités에 대해 작동합니다. 그것들을 당신은 결국 플라톤적인 의미의 이데아라고 규정하였죠.

다른 한편, 영화에 대한 기호학적 분석을 전혀 인정하지 않으면서도 당신은 퍼스가 제안한 기호들에 대한 일반기호학을 재발견합니다.

영화는 당신에게 실체적인 것과 보편적인 것에 대한 사유를 기계적machinique 양태로 재작동시키는 데 특권적 사명을 가진 것으로 간주됩니까? 운동-이미지와 시간-이미지라는 개념 속에서, 영화에 대한 이런 개념화를 지탱하는 요소들은 무엇인가요? 혹은 운동-이미지 개념에서 이미지와 운동의 관계는 무엇인가요?

3. 당신은 영화에 대한 분석에서 상상적인 것이라는 용어를 전혀 사용하지 않습니다. 이 용어는 영화 언어를 규정하기 위한 다른 연구들에서는 널리 사용되는데요.

이런 회피의 이유는 무엇인가요? 당신이 영화를 구체화하면서 빛의 역할을 숙고하고, 이미지에 시선이 이미 존재하고 있다는 가설을 세우는 데 있어서, 상상적인 것을 개념화할 만한 여지가 없었던 것인가요?

4. 좀 더 넓게 보자면, 학문에 따라 특히 달라질 수 있는 상상적인 것의 개념은 철학적인 장에서 자기 자리가 있습니까? 당신은 그것을 어떻게 정의하나요?

5. 영화에 대한 것을 포함한 연구와 글쓰기의 실천에서 상

상적인 것에 대한 발견적 기능을 특정할 만한 여지가 없었습니까?

답변들

1. 열린 전체성이라는 관념에는 고유하게 영화적인 의미가 있습니다. 이미지가 운동일 때, 이미지들은 서로 연쇄되면서 전체에 내면화되고, 전체는 서로 연결되어 있는 이미지들 바깥에서 외면화됩니다. 에이젠슈타인은 이 이미지-전체의 회로에 대한 이론을 만들었습니다. 이 이론에서 각 회로는 다른 회로를 재작동시키지요. 이미지들이 연쇄되는 동시에 전체는 변합니다. 그는 변증법을 불러들이죠. 그리고 실천적으로는, 그에 따르면, 그것은 쁠랑-편집의 관계입니다.

그러나 영화는 운동 중인 열린 전체성이라는 모델로 완전히 설명되지 않습니다. 운동 중인 열린 전체성은 전혀 변증법적이지 않은 방식으로 설명할 수 있을 뿐 아니라(전쟁-전 미국, 독일, 프랑스 영화가 그렇죠), 전쟁-후 영화도 이 모델 자체를 문제 삼았습니다. 그건 아마도 영화 이미지가 운동-이미지이기를 끝내고, 내가 2권에서 보여주려고 노력했던 시간-이미지가 되어갔기 때문일 거예요. 전체, 열린 전체성이라는 모델은 이미지들 사이에, 이미지 자체 안에, 이미지와 전체 사이에 공약가능한 관계들 혹은 유리수적인 절단들이 있다는 것을 가정합니다.

그것은 심지어 열린 전체성의 조건 자체입니다. 여기에서도 에이젠슈타인은 다시 한번 황금분할 수로 이에 대한 명시적 이론을 만들게 됩니다. 그래도 이 이론은 '도금되지' 않고 그 실천에, 전쟁 전 영화에 충분히 일반적인 실천에도 깊이 연관되죠. 전쟁 이후의 영화가 이 모델과 단절했다면, 그것은 이미지들 사이에서 모든 종류의 무리수적 단절들, 공약불가능한 관계들을 보여 주었기 때문입니다. 거짓 연결이 법이 됩니다(위험한 법이죠. 왜냐하면 참된 연결만큼이나, 또는 참된 연결보다 훨씬 더 거짓 연결을 망칠 수 있기 때문이죠).

그러므로 우리는 여기에서 역설적인 집합들을 재발견할 수 있습니다. 그러나 무리수적 절단들이 이렇게 본질적인 것이 된다는 것은 운동-이미지가 더 이상 본질적인 것이 아니라는 뜻이죠. 본질적인 것은 오히려 시간-이미지입니다. 이런 관점에서 운동으로부터 흘러나온 열린 전체성의 모델은 더 이상 유효하지 않습니다. 전체에는 이제 더 이상 전체화, 내면화라는 것이 없으며, 전체의 외면화도 없습니다. 유리수적 절단에 의한 이미지의 연쇄는 더 이상 없으며, 무리수적 절단 위에서 이루어지는 재연쇄들이 있지요(레네, 고다르). 이것은 영화의 다른 체제입니다. 여기에서 우리는 언어의 역설들을 다시 찾아볼 수 있습니다. 실제로 첫 유성영화는 시각적 이미지의 우위를 유지하는 것처럼 보입니다. 청각적인 것을 시각적 이미지의 새로운 차원으로 만든 것이죠. 종종 감탄할 만한 4차원으로요. 반대로 전쟁 후

유성영화는 청각적인 것의 자율성을, 그리고 청각적인 것과 시각적인 것 사이의 무리수적 절단을 추구합니다(스트로브, 지버베르크Syberberg, 뒤라스). 더 이상 전체화는 없습니다. 왜냐하면 시간은 운동을 측정하기 위해 운동으로부터 흘러나오기를 멈추고, 거짓 운동들을 야기하기 위해 그 스스로를 드러내기 때문이지요.

그러므로 나는 영화가 열린 전체성의 모델과 혼동되지 않는다고 생각합니다. 영화가 이것을 모델로 한 적이 있지만, 영화는 그가 발명할 수 있는 만큼의 많은 모델을 가지고 있고 또 가질 수 있기 때문입니다. 다른 한편, 어떤 학문이나 지식에 고유한 그런 모델은 없다는 것입니다. 내가 관심을 가진 것은 공명들이에요. 각 영역은 자신의 리듬, 역사, 진화 그리고 어긋난 변동들을 가지고 있지요. 어떤 예술이 우위를 점하고 어떤 변동을 쏘아 올리며, 다른 예술들이 자신의 고유한 수단을 사용한다는 조건으로 이 변동을 다시 취할 수 있을 것입니다. 예를 들어, 철학은 어느 순간 운동-시간 관계들의 변이를 수행했습니다. 아마 영화도 같은 것을 다른 맥락에서 다른 역사를 따라 실천했을 겁니다. 두 역사가 전혀 닮지 않았다고 해도, 두 역사의 결정적인 사건들은 공명합니다. 영화는 이미지의 한 유형입니다. 미학적 이미지들의 상이한 유형들, 과학의 함수들, 철학의 개념들 사이에는 일반적인 모든 우위로부터 독립적인, 상호교환하는 흐름이 있습니다. 브레송에게는 촉각적 연결들로부터 분리된

공간들이 있고, 레네에게는 개연적이고 위상학적인 공간들이 있습니다. 이런 공간들은 물리학과 수학에 대응하는 공간들이 있는데 영화는 그 공간을 자기의 방식으로 구축하는 것이죠(너를 사랑해, 너를 사랑해). 영화철학적 관계는 이미지와 개념의 관계입니다. 개념에는 이미지와의 관계가 있고, 이미지에는 개념과의 관계가 있지요. 예를 들어, 영화는 항상 사유의 이미지, 사유의 메커니즘들을 구축하고 싶어 했습니다. 그리고 반대로 이 과업을 이루는 데 있어서 영화는 전혀 추상적이지 않죠.

2. 실제로 우리가 이데아라고 부를 수 있는 것은, 어떤 경우에는 이미지에서 어떤 경우에는 함수에서 또 어떤 경우에는 개념에서 실행되는 계기들입니다. 이데아를 실행시키는 것은 기호지요. 영화에서 이미지들은 기호들이고요. 기호들은 기호들의 구성과 생성의 관점에서 고안된 이미지들입니다. 내가 항상 흥미를 느꼈던 것은 기호의 개념입니다. 영화는 영화에 고유하고 영화에 속하는 것으로 분류되는 이미지들을 탄생시키지만, 일단 영화가 이미지들을 탄생시키면 이미지들은 다른 곳으로 파급되고 세상은 '영화를 만들기' 시작합니다. 내가 퍼스를 이용한 것은 퍼스에게 이미지와 기호에 대한 깊은 성찰이 있기 때문입니다. 반대로 내가 언어학적인 영감을 가지고 있는 기호학 sémiotique을 불편해하는 것은, 기호학이 이미지와 기호의 개념을 제거하기 때문입니다. 기호학은 이미지를 언표énoncé로 축소

시키는데요, 내가 아주 이상하다고 생각하는 것은, 그렇게 되자마자 기호학은 필연적으로 언표에 감추어져 있는 언어적 작동들을 발견한다는 겁니다. 연사들, 계열체들, 기표 같은 것들 말이죠. 그것은 운동을 괄호 치는 것을 함축하는 마술이지요. 영화, 그것은 우선 운동-이미지입니다. 이미지와 운동 사이에 '관계'조차도 없어요. 영화는 이미지의 자동-운동을 창조합니다. 그리고 나서 영화가 '칸트적인' 혁명을 이루면, 다시 말해서, 영화가 시간을 운동에 종속시키지 않게 되면, 그리고 운동으로 시간의 독립을 만들어 낸다면(거짓 운동을 시간의 관계들로 제시하는 것), 영화적 이미지는 시간-이미지가, 이미지의 자동-시간화가 됩니다. 그러므로 문제는 영화가 보편적인 것에 대한 어떤 주장이 있는지를 아는 것이 아닙니다. 문제는 보편적인 것에 대한 주장이 아니라, 특이한 것^{singulier}에 대한 주장이지요: 이미지의 특이성들은 무엇인가? 이미지는 보편적으로 표상되기 때문에 정의되는 것이 아니라, 내적인^{interne} 특이성들, 이미지가 연결하는 특이점들에 의해 정의되는 형상입니다. 예를 들어, 운동-이미지를 위한 유리수적 절단들이나 시간-이미지를 위한 무리수적 절단들이 그 형상들이죠. 에이젠슈타인은 유리수적 절단들에 대한 이론을 만든 것이고요.

3, 4 그리고 5. 사실 여기에 고유하게 철학적인 문제가 있습니다. '상상적인 것'은 좋은 개념인가? 우선 '실재-비실재'라는

첫 번째 개념쌍이 있어요. 우리는 그것을 베르그손의 방식으로 정의할 수 있습니다. 실재는 합법적인 연결, 현실적인 것들이 이어진 연쇄이고, 비실재는 의식에 갑작스럽고 불연속적으로 드러나는 것이며 현실화되는 것으로서의 잠재적인 것이라고요. 그리고 '참-거짓'이라는 다른 개념쌍이 있습니다. 실재와 비실재는 항상 구분됩니다. 그러나 둘의 구분이 항상 식별가능한 것은 아니지요. 실재와 비실재의 구분이 더 이상 식별가능하지 않을 때 거짓이 생깁니다. 그러나 정확히 거짓이 생겨날 때 참이 더 이상 결정가능하지 않게 됩니다. 거짓은 실수나 혼동이 아니고, 참을 결정불가능하게 만드는 것입니다.

상상적인 것은 이 두 개념쌍들이 교차하는 지점에 있기 때문에 매우 복잡한 개념입니다. 상상적인 것은 비실재가 아니고, 실재와 비실재의 식별불가능성입니다. 두 개의 항들은 서로 대응하지 않고 구분되어 있지만, 그들의 구별distinction을 끊임없이 교환하지요. 우리는 그것을 다음 세 가지 측면에 따라 수정체 현상에서 볼 수 있습니다. 첫째, 현실적인 이미지와 잠재적인 이미지 사이의 교환이 있습니다. 이때 잠재적인 것은 현실적인 것이 되며 역으로도 마찬가지죠. 둘째, 투명한 것과 불투명한 것 사이의 교환도 있습니다. 불투명한 것은 투명하게 되며 역으로도 마찬가지고요. 셋째, 배아와 환경의 교환입니다. 나는 상상적인 것이 이 교환들의 전체라고 생각합니다. 상상적인 것은 수정체-이미지입니다. 그것은 아주 다양한 형태의 현대 영화에 대하여 규정자였지요. 우리는 그 이미지를 오퓔스, 르누아르, 펠리니, 비스콘티, 타르콥스키, 자누시…에게서 찾아볼 수 있습니다.

그리고 우리가 수정체에서 보는 것이 있는데, 이것은 거짓이거나 혹은 오히려 거짓의 역능입니다. 거짓의 역능은 시간 자신인데요. 그것은 시간의 내용이 불안정하기 때문이 아니라, 생성으로서의 시간의 형식이 진리의 모든 형식적인 모델을 문제 삼기 때문입니다. 이것이 바로 시간의 영화에 도래한 것입니다. 우선 웰스에게, 그 이후로는 레네와 로브-그리예에게 말이죠. 그것은 결정불가능성의 영화입니다. 간단히 말하자면, 상상적인 것은 기표를 향해서가 아니라 시간의 순수한 현현을 향해 스스로를 극복하죠. 그래서 나는 상상적인 것이라는 개념에 큰 중요성을 부여하지 않습니다.

한편, 상상적인 것은 물리적이고 화학적인, 혹은 심리적인 수정체화를 가정합니다. 그것은 아무것도 정의하지 않으나, 그 스스로는 교환들의 회로로서의 수정체-이미지에 의해 정의됩니다. 상상한다는 것은 수정체-이미지를 만들어 낸다는 것, 수정체로서의 이미지가 작동하도록 한다는 것입니다. 현실적인 것-잠재적인 것, 투명한 것-불투명한 것, 배아-환경이라는 3중의 회로를 따라 발견하는 기능을 가지는 것은 수정체이지 상상적인 것이 아닙니다. 그리고 다른 한편, 수정체 자체는 우리가 그 안에서 보는 것에 의해서만 가치가 있기 때문에 결국 상상적인 것은 극복됩니다. 우리가 수정체 안에서 보는 것은 운동으로부터 독립하여 자동적인 것이 된 시간, 끊임없이 거짓 운동을 낳는 시간의 관계들입니다. 나는 꿈, 판타지…등에서 상상적인 것의 역능을 믿지 않아요. 그것은 거의 규정되지 않은 개념입니다. 개념은 긴밀하게 조건 지어져야 해요. 조건은 수정체이고, 우리가 상승하여 도달하는 조건 지어지지 않은 것, 그것이 시간이지요.

나는 상상적인 것의 특수성을 믿지 않아요. 대신 이미지에는 두 가지 체제가 있다고 생각합니다. 하나는 유기적인 체제로서 운동-이미지의 체제이고, 유리수적인 절단과 연쇄에 의해 전개됩니다. 그리고 이 체제는 그 스스로 진리의 모델을 투사하죠(참, 그것은 전체…). 다른 하나는 수정체적 체제입니다. 그것은 시간-이미지의 체제이고 무리수적 절단에 의해 전개되고 재-연쇄밖에 없으며 참의 모델을 생성으로서의 거짓의 역량으로 대체합니다. 영화가 이미지를 운동시킨다는 바로 그 이유 때문에, 영화는 이 두 체제의 문제를 만날 수 있는 고유한 수단들을 가지게 된 것이죠. 그러나 사람들은 이 수단들을 다른 곳에서 다른 수단들과 함께 재발견합니다. 오래전에 보링거가 예술에서 유기적이고 '고전적인' 체제와 무기적이거나 수정체적인 체제가 맞서는 것을 보여주었죠. 그렇다고 해서 무기적인 체제가 유기적인 체제보다 생명력이 덜한 건 아닙니다. 그것은 야만적이거나 고딕풍인, 그리고 비유기적인 강력한 생명을 가지고 있지요. 여기에 스타일의 두 가지 상태가 있습니다. 하나가 다른 하나보다 더 '참되다'고 말할 수는 없죠. 왜냐하면 모델이나 이데아로서의 참은 단지 둘 중 하나에 속할 뿐이기 때문입니다. 개념, 혹은 철학이 이 상태들을 가로지를 수도 있습니다. 니체는 수정체적 체제에서 동요하는 철학적 담론의 사례입니다. 그는 참의 모델을 생성의 역능으로 대체하고, 오르가논을 비유기적 생명으로 대체하며, 논리적인 연쇄를 '파토스적인' 재연쇄(아포리즘)로 대체하려고 했죠. 보링거가 표현주의라고 부른 것은 비유기적 생명에 대한 이해의 아름다운 한 경우입니다. 그것은 영화에서 전적으로 실행되었으나 상상적인 것을 불러들이면서 잘못 해명되는 듯했습니다. 그러나 표현주의는 하나의 경우에 불과하지요. 표현주의가 수정체적 체제를 전부 보여주는 것은 전혀 아닙니다. 다른 장르들에서 혹은 영화에서조차도 많은 다른 형상들이 있지요. 심지어 여기에서 다룬 두 가지 체제들, 수정체적 체제와 유기적 체제 말고 다른 체제들이 있지 않을까요? 분명히 다른 체제들이 있습니다(탄소-체제를 대신하는 규소-체제로서, 디지털 전자 이미지들의 체제는 무엇인가요? 여기에서 다시 한번 예술들, 과학, 철학이 만나게 됩니다). 영화에 관한 내 책들에서 내가 완수하려고 했던 임무는 상상적인 것에 대한 성찰이 아니고 좀 더 실천적인 조작, 즉 시간의 수정체들을 벌들이 분봉하듯이 이주시키는 일입니다. 이것이 바로 영화에서뿐만 아니라 예술들, 과학들, 철학에서 일어나는 작동이지요. 이것은 상상적인 것이 아니라 기호의 체제입니다. 바라건대 다른 체제들을 위해서도요. 기호들의 분류는 무한합니다. 우선 분류들이 무한하기 때문이지요. 내가 관심을 가진 것은 약간은 특별한 학문, 분류들의 분류인 분류학이죠. 그것은 언어학과는 반대로 기호 개념 없이는 가능하지 않습니다.

세르주 다네에게 보내는 편지
낙관주의, 비관주의 그리고 여행[1]

　당신의 전작, 『램프』(1983)는 당신이 『까이에』에 기고했던 몇 개의 평론을 모아놓은 것입니다. 그 책은 『까이에』를 가로지르는 상이한 시기들에 대한 분석에 따라, 그리고 무엇보다 영화 이미지의 다양한 기능들에 대한 분석에 따라 기고문들을 배분했다는 점에서 권위를 갖습니다. 조형예술에 대한 저명한 선임자 리글Riegl은 예술의 세 가지 궁극적인 목적을 구분했습니다. 자연을 아름답게 하기, 자연을 정신화하기, 자연과 겨루기(그리고 '아름답게 하다', '정신화하다', '겨루다'는 그에게 결정적이고 역사적이며 논리적인 의미를 갖지요). 당신은 당신이 제안한 시대구분에서 첫 번째 기능을 정의했습니다. 그 기능은 "이미지 뒤에서 보아야 할 것은 무엇인가?"라는 질문으로 표현됩니다. 이미지 뒤에 있는 것은 틀림없이 잇따르는 이미지들에서 나타날 수밖에 없겠지만, 강력하고 아름다운 유기적 전체성 안에서

---

1. Serge Daney, *Ciné-Journal 1981-1986*, Éd. Cahiers du cinéma, 1986의 서문.

이미지들을 이어주면서 첫 번째 이미지로부터 다른 이미지들로 지나가도록 하는 그 무엇인 것처럼 행동할 겁니다. '공포'가 이행에 속한다고 하더라도 말이죠. 당신은 이 첫 번째 시기를 문 뒤의 비밀, '더 보고, 뒤를 보고, 가로질러 보고자 하는 욕망'이라는 경구로 부를 수 있습니다. 이 시기에는 어떤 대상도 '일시적인 은닉처'의 역할을 할 수 있고, 각 영화가 이데아에 대한 성찰 속에서 다른 영화들과 연쇄를 이룹니다. 영화의 이 첫 번째 시기는 편집 기술에 의해 정의될 것입니다. 이 기술은 거대한 삼면화 triptyques에서 최고조에 이르고 자연의 미화 혹은 세계의 백과사전을 구성합니다. 그뿐만 아니라 이 시기는 이미지에 가정된 조화 혹은 일치로서의 심도에 의해서, 이 심도 안에서 장애물과 장애물 건너뜀, 불협화음과 그 해결들의 배분에 의해서, 이 보편적인 원근법적 무대에서 영화에 고유한 배우들, 신체들 그리고 단어들의 역할에 의해서 정의됩니다. 이것들은 항상 보는 것에 대한 보충, '한층 더 보기'를 위한 것이죠. 새로운 저서에서 당신은 에이젠슈타인의 문헌목록, 에이젠슈타인 박사의 연구실을 이 거대한 백과사전의 상징으로서 제시했습니다.

그런데 당신은 이 영화가 혼자 죽은 것이 아니라 전쟁이 영화를 죽인 것이라고 기록했어요(모스크바에 있는 에이젠슈타인의 연구실은 상속되지 않고 폐쇄된 죽음의 장소가 된 것이죠). 지버베르크는 발터 벤야민의 몇 가지 지적을 아주 멀리 밀어붙였습니다: 영화인으로서 히틀러를 심판해야 한다⋯. 당신은 '거대한 정치적 연출, 살아있는 그림이 된 국가의 선전물, 대중에 대한 최초의 관리'가 영화적 꿈을 실현했다고 당신 스스로 지적했습니다. 공포가 모든 것을 꿰뚫고, 이미지 '뒤에는' 정치적 진영들 외에 더 이상 아무것도 볼 것이 없으며, 처형 외에는 다른 연쇄를 찾아볼 수 없는, 그런 조건에서 이루어지는 꿈인 것이죠. 폴 비릴리오 역시 파시즘이 끝까지 할리우드와 경쟁했다는 것을 보여줄 것입니다. 벤야민의 표현에 따르면, 세계의 백과사전, 자연의 미화, '예술'로서의 정치는 순수한 공포가 되었어요. 유기적인 모든 것은 전체주의 외에 더 이상 아무것도 아니었습니다. 권위 있는 권력은 더 이상 작가나 연출가를 드러내지 않고, 칼리가리[2]와 마뷔즈Mabuse를 구현하지요('연출가라는 오래된 직업은 더 이상 전혀 순수하지 않을 거라고 당신이 말했죠'). 영화가 전쟁 이후에 되살아나야 한다면, 그것은 필연적으로 새로운 기초에, 이미지의 새로운 기능에, 새로운 '정치'와 예술에 대한 새로운 목적성에 근거할 것입니다. 아마 레네의 작품은 이 점에서 가장 증상적이고, 가장 위대하다고 할 수 있겠지요. 죽음으로부터 영화를 되돌아오게 만든 것은 레네입니다. 데뷔 때부터 최근작 〈죽도록 사랑하리〉L'amour à mort에 이르기까지, 레네는 하나의 주제만을 가지고 있습니다. 영화적인

---

2. * 로베르트 비네의 영화 Le cabinet de Dr. Caligari(1919) 속 주인공인 칼리가리 박사를 말한다.

신체 혹은 배우, 죽음으로부터 되돌아온 인간이라는 주제이지요. 그래서 당신은 심지어 레네를 블랑쇼의 '재난에 대한 글쓰기'l'écriture du désastre에 접근시킵니다.

그러므로 전쟁 이후 이미지에 대한 두 번째 기능은 완전히 새로운 질문으로 표현되었습니다. "이미지에서 우리는 무엇을 보아야 하는가?" '뒤에서 보아야 할 것은 무엇인가? 가 아니라 오히려, 어쨌든 내가 본 것을 시선으로부터 지탱할 수 있는가? 그리고 단 하나의 쁠랑에서 전개되는 것은 무엇인가?' 그래서 변한 것은 영화 이미지의 관계들 전체입니다. 편집은 그 유명한 '시퀀스 쇼트'를 위해서뿐만 아니라 구성과 연합의 새로운 형태들을 위해서 부차적인 것이 될 수 있습니다. 심도는 '속임수'로 고발되었고, 이미지는 바다의 얕은 여울 방식으로 '심도 없는 표면' 혹은 빈약한 심도의 평평함을 받아들였지요(그리고 사람들은 예를 들어 새로운 영화의 거장들 중 하나인 웰스에게 장의 심도를 내세워 반박하지 않을 겁니다. 그는 봐야 할 모든 것을 광대한 한 눈에 제공하고 오래된 심도를 파면해 버렸지요). 이미지들은 더 이상 그것들의 절단과 연결로 이루어진 일의적인 질서에 따라 연쇄되지 않고, 절단들을 넘어, 그리고 거짓 연결 속에서 항상 새로 시작되고, 다시 손질됩니다. 영화에서 몸과 배우들이 이미지와 갖는 관계 역시 변화했습니다 : 몸은 좀 더 단테풍이 되었어요. 즉, 더 이상 행동이 아니라 자세에서, 그 특정한 연쇄들과 함께 포착되었지요(당신이 여기에서 다시 한번 보여주었지요. 아커만과 스트로브에 대해서 말하면서, 혹은 알코올중독 장면에 대한 당신의 인상적인 서술에서 말이죠. 이 장면에서 배우는 더 이상 옛날 영화에서처럼 비틀거리지 않고 반대로 진정한 알코올중독자로 스스로를 지탱하는 그런 자세를 정복한다는 거예요…). 이미지가 단어와 소리 그리고 음악과 맺는 관계 역시 변했습니다. 청각적인 것과 시각적인 것의 근본적인 비대칭 속에서, 이 변경된 관계는 눈에는 이미지를 읽는 힘을, 귀에는 가장 작은 소음들까지 환청처럼 듣는 힘을 주게 되지요. 결과적으로 영화의 이러한 새로운 시기, 이미지의 새로운 기능, 이는 지각에 대한 하나의 교육학으로서, 산산조각 난 세계에 대한 백과사전을 대체하게 됩니다. 물론 견자의 영화는 자연을 아름답게 보여주기보다는 가장 높은 수준의 강도로 그것을 정신화하게 되지요. 정신의 눈이 없는 한, 이미지의 안, 혹은 그 위에 있는 것을 보는 방법조차 모르는데, 어떻게 이미지 뒤에서(혹은 그 이미지 이후로…) 무엇을 보아야 하는지 물을 수 있을까요? 그리고 우리는 이 새로운 영화의 정상들을 표기해볼 수 있습니다. 그것은 언제나 우리를 그리로 인도하는 교육학, 로셀리니-교육학, '스트로브 교육학, 고다르 교육학'일 것이라고 『램프』에서 당신이 말했지요. 질투하는 눈과 귀를 '시적인 예술'로 분석하면서, 당신은 이제 안토니오니의 교육학을 추가합니다. 실신하거나 사라지기에 적합한 모든 것을 추적하면서 말이죠. 우선은 무인도의 여인이 그런 예지요….

당신이 보니체Bonitzer, 나르보니Narboni 혹은 쉐퍼Schefer와 마찬가지로 바쟁과 까이에의 전통과 같은 비평적 전통에 속한다면, 그것은 당신이 영화와 사유의 깊은 관계를 포기하지 않았으며, 영화 비평의 시적이면서도 동시에 미학적인 기능을 유지하고 있다는 것입니다(반면 많은 동시대인들은 비평이 진지할 필요가 있다고 생각했지요). 그러므로 당신은 첫 번째 시기의 위대한 개념을 유지한 것이죠. 새로운 예술과 새로운 사유로서의 영화라는 개념을요. 단지, 최초의 영화인들과 비평가들에게, 에이젠슈타인 혹은 강스로부터 엘리 포르Elie Faure에 이르기까지, 영화는 대중의 종합예술로서 형이상학적인 낙관론과 분리 불가능했을 뿐입니다. 전쟁과 선조들은 반대로 철저한 형이상학적 비관론을 부과했지요. 그러나 당신은 비평적이 된 낙관론을 구했습니다. 영화는 더 이상 집단적이고 승리하는 사유와 연결되지 않고, 우연적이고 특이한 사유에 연결되었습니다. 이 우연적이고 특이한 사유는 죽음으로부터 되돌아오고 일반적인 생산의 무가치와 대면하는 방식으로 자신의 '무능력' 속에서 외에는 더 이상 스스로를 포착하고 보존하지 못하게 된 것이죠.

세 번째 시기, 이미지의 세 번째 기능, 세 번째 관계가 그려지고 있는 것입니다. 더 이상 다음과 같이 묻지 않습니다 : 이미지 뒤에서 무엇을 보아야 하는가? 이미지 자체를 어떻게 보아야 하는가? 이제는 다음과 같은 것이 문제가 됩니다 : 어떻게 이미지에 삽입되는가, 어떻게 이미지에 미끄러져 들어가는가? 왜냐하면 모든 이미지는 이제 다른 이미지들에서 미끄러지고, '이미지의 바탕은 항상 이미 이미지'이며, 눈은 비어 있고 그 위에는 콘택트렌즈가 있기 때문입니다. 그리고 거기에서 당신의 버클은 잠겨 있고, 지버베르크는 멜리에스^{Meliès}를 만난다고 말할 수 있습니다. 그러나 그것은 끝나지 않는 애도와 대상이 없는 항의 속에서 이루어지며, 이는 당신의 비평적 낙관론을 비평적 비관론으로 흔드는 위험을 초래합니다. 사실 서로 다른 두 개의 요소가 한편으로는 이미지의 새로운 관계 속에서 교차했습니다. 이것은 이미지의 위대한 교육학들(로셀리니, 레네, 고다르, 스트로브뿐만 아니라 지버베르크, 뒤라스, 올리베이라 역시…)과 새로운 시청각적 조합들을 연구하는 과정에서 이루어진 영화의 내적인 발전이지요. 이러한 연구들은 텔레비전에서 예외적인 장과 수단들을 발견할 수 있을 겁니다. 다른 한편, 텔레비전은 영화와 경쟁하고, 영화를 '구현하고', 영화를 실제로 '일반화'하면서 그 스스로의 힘으로 자기에게 고유한 발전을 이루어 나갑니다. 그런데 이 두 측면은 그것이 아무리 복잡하게 얽혀 있다 하더라도 근본적으로 상이하며, 같은 수준에서 작동하지 않습니다. 왜냐하면 영화가 미학적이고 정신적인 새로운 기능을 작동시키기 위해 텔레비전과 비디오에서 '중계자'^{relais}를 찾아보려고 했던 반면, 텔레비전은 (최초의 드문 노력에도 불구하고) 우선 모든 중계를 미리 끊어버리는 사회적 기능을 확보하고 비디오를 전유하며, 아름다움과 사유의 가능성들을 모든 다른 권력들로 대체했기 때문입니다.

첫 번째 시기의 모험과 비슷한 모험이 나타났습니다 : 파시즘과 국가의 거대한 조작에서 정점에 이르렀던 권위가 최초의 영화를 불가능하게 만든 것과 마찬가지로, 전쟁 이후의 감시 혹은 통제라는 새로운 사회권력은 두 번째 영화를 죽일 위험에 처한 것입니다. 통제, 그것은 버로스가 현대권력에 붙인 이름이지요. 마뷔즈는 스스로 안면을 바꾸고 텔레비전 수상기를 통해 행동했습니다. 여기에서 다시 한번 영화는 자연사로 죽지는 않겠지요. 영화는 새로운 탐색과 창조의 초창기부터 그랬습니다. 그러나 폭력적인 죽음은 이런 데 있는 것이겠죠 : 이미지는 항상 자신의 근거fond에 이미지가 있고 예술은 '자연과 경쟁하는' 자신의 단계에 도달하는 대신, 모든 이미지들은 나에게는 단 하나의 이미지로 되돌아오는 것 같습니다. 비-자연과 접촉하는 텅 빈 나의 눈의 이미지, 이미지와 접촉하고 이미지에 삽입되어 패인 홈으로 지나가는 통제된 관객. 최근 인터뷰들에서 사람들이 가장 좋아하는 구경거리들 중 하나가 방송 프로그램의 방청석에 참여하는 것이라고 합니다. 그것은 아름다움이나 사유와는 아무 관련이 없고, 기술과의 접촉, 기술과 관계 맺는 그런 구경거리죠. 줌 촬영은 더 이상 로셀리니의 손에 있지 않고, 이제 텔레비전의 보편적인 방법이 되었습니다. 텔레비전의 삽입은 예술이 자연을 아름답게 하고 정신화하며 이어서 자연과 경쟁하는 연결이 되었습니다. 엄격한 규율을 지키면서 공장을 방문하는 것은 쇼의 이상이 되었고(프로그램이 어떻게 만들어지나요?), 많은 것을 배울 수 있다는 것이 지고한 미학적 가치가 되었습니다('그건 배울 게 많아요'…). 세계의 백과와 지각의 교육학은 무너졌습니다. 그 대신 눈에 대한 전문적인 교육, 통제자들과 통제되는 자들의 세계가 자리 잡고, 이것은 기술, 오로지 기술에 대한 경탄 속에서 일치합니다. 어디에나 밀착 카메라가 있지요. 당신의 비평적 낙관론이 비평적 비관론으로 돌아서는 지점이 바로 여기이지요.

당신의 책은 첫 번째 책을 연장하고 있습니다. 지금 문제가 되는 것은 이 영화-텔레비전의 대결에, 그들의 서로 다른 두 수준으로 진입하는 겁니다. 또한, 당신이 그 책에서 자주 암시했다고 해도, 이 문제를 영화적 이미지와 새로운 이미지들의 비교라는 문제 안에 가둘 수 없습니다. 당신의 기능주의가 다행히도 그것을 방해했어요. 그리고 물론 당신은 이 관점에서 텔레비전이 다른 표현 수단만큼이나 잠재적인 미학적 기능을 가지고 있다는 것과, 거꾸로 영화는 자신의 우발적인 미학적 목적성에 강하게 반대하는 권력들에 대해 끊임없이 내적으로 충돌하고 있다는 것을 모르지 않습니다. 그러나 『씨네-주르날』에서 나에게 가장 흥미로워 보였던 것은 당신이 텔레비전과 영화의 조건들과 함께 두 가지 '사실'을 확정하려고 노력한다는 점이었습니다. 첫 번째는, 텔레비전이 종종 위대한 영화인들로부터 온 중요한 시도들을 함에도 불구하고 미학적 기능에 있어서는 자신의 특수성을 찾지 못했다는 점입니다. 오히려 사회적 기능으로는 통제와 권력의 기능을 가지고 있죠. 전문가의 눈이라는 이름으로 지각의 모든 모험을 부인하는 중경plan moyen의 체제로 말이죠. 결국 혁신이 있다면, 그것은 뜻밖의 구성에서, 예외적인 정황 속에서일 것입니다 : 당신에 따르면, 지스까르가 텔레비전에서 텅 빈 쁠랑을 발명했을 때, 혹은 휴지의 흔적이 미국식 코미디를 되살릴 때가 그런 때입니다. 두 번째 사실은, 영화가 사용했던(그리고 심지어 처음 시도했던) 모든 힘에도 불구하고, 영화는 항상 미학적이고 정신적인 기능을 '보존'했다는 것입니다. 이 기능이 취약하고 잘못 포착되었다 하더라도요. 그러므로 당신은 이미지의 유형들이 아니라, 영화의 미학적 기능과 텔레비전의 사회적 기능을 비교해야 한다고 보았습니다. 그것은 불안정한 비교일 뿐 아니라, 불안정하게 비교되어야 하고, 불안정한 비교일 경우에만 의미를 갖습니다.

또한 영화의 이러한 미학적 기능의 조건들을 확정해야 합니다. 내 생각에는 바로 여기에서 당신이 영화 비평이란 무엇인지를 물으면서 매우 흥미로운 것을 말합니다. 당신이 예로 든 영화 〈게걸스럽게 먹는 자들〉Les morfalous은 홍보를 위한 모든 언론 기획을 건너뛰고, 비평을 완전히 불필요한 것으로 부인하며, '사회적 교감'으로서 대중과 직접적으로 관계 맺기를 요구하였지요. 그건 완벽히 정당했어요. 왜냐하면 이 영화는 상영관을 채우기 위해서도 사회적 기능을 유지하기 위해서도 비평이 전혀 필요하지 않았으니까요. 그러므로 비평이 의미가 있는 것은 영화가 어떤 대리보충supplément을 제시하는 한도 내에서 입니다. 여전히 잠재적인 대중과의 일종의 간극 같은 것 말이에요. 그래서 시간을 벌고, 기다리면서 그 흔적들을 보존해야 하지요. 물론 이 '대리보충'이라는 개념은 단순하지 않아요. 그 개념은 아마도 데리다로부터 왔을 겁니다. 그리고 당신은 그것을 당신의 방식으로 재해석했지요. 대리보충, 그것은 진정으로 영화의 미학적 기능입니다. 약간의 예술과 약간의 사유인 이 기능은 불안정하지만, 몇몇 경우 몇 가지 조건에서는 분리가능한 기능이지요. 그래서 당신은 앙리 랑글루아와 앙드레 바쟁을 주요 쌍으로 만들었지요. 하나는[바쟁은] '영화가 보존될 가치가 있다는 것을 보여준다는 확고한 생각이 있었고', 다른 하나[랑글루아]는 '같은 생각이었지만 반대 방향이었습니다.' 영화가 보존한다는, 가치 있는 모든 것을 보존한다는 것을 보여준다는 것이죠. '이미지를 다시 취하는 특이한 거울의 행렬'입니다. 어떻게 그렇게 취약한 재료가 보존한다고 말할 수 있을까요? 그리고 상당히 조촐한 기능으로 보이는, 보존한다는 것은 무엇을 의미할까요? 재료가 문제가 아니라 이미지 자체가 문제입니다. 당신은 영화 이미지가 즉자적으로 보존된다는 것을 보여주었습니다. 드레이어의 〈게르트루드〉에서 한 남자가 울던 그 단 한 번을 보존하고, 사회적 기능을 가진 거대한 폭풍우가 아니라 쇼스트롬이나 스트로브에게서처럼 '카메라가 바람과 함께 놀고,

바람을 앞서고, 뒤에서 되돌아오는' 장면에서의 그 바람을 보존합니다. 이미지는 보존될 수 있는 모든 것을 보존하거나 지키죠. 바르다의 〈지붕도 법도 없는〉에서처럼 아이들, 빈집들, 플라타너스들, 그리고 오즈의 영화 어디에서나. 보존한다는 것은 항상 불의의 순간에 일어납니다. 왜냐하면 영화적 시간은 흐르는 시간이 아니라 지속하고 공존하는 시간이기 때문이죠. 보존하는 것은 이런 의미에서 작은 일이 아니죠. 그것은 창조하는 겁니다. 항상 대리보충을 창조하는 것입니다(자연을 아름답게 하기 위해서건, 자연을 정신화하기 위해서건 간에 말이죠). 대리보충은 창조될 수만 있습니다. 그것은 그 스스로 보충적인, 미학적이거나 정신적인 기능이지요. 그것으로 긴 이론을 만들 수도 있을 텐데, 당신은 그것에 대해 매우 구체적으로, 당신의 비평적 경험에 비추어 가장 정확하게 말하는 것을 선호합니다. 비평이 대리보충에 '밤새도록 주의를 기울이고' 이렇게 해서 영화의 미학적 기능을 끌어낸다는 조건하에서 말이죠.

왜 텔레비전에서는 이 동일한 대리보충의 역능, 혹은 보존적 창조의 역능을 식별하지 못하는 것일까요? 원칙적으로, 텔레비전의 사회적 기능들(게임, 정보)이 우발적인 미학적 기능을 질식시키지 않는다면, 다른 수단들을 동원해도 이 역능에 대립하는 것은 아무것도 없어야 할 겁니다. 이 상태에서 텔레비전은 탁월한 일치^{consensus}입니다. 그것은 즉각적으로 사회적인 기술이고, 사회적인 것과의 어떠한 간극도 허용하지 않지요. 그것은 순수한 상태의 사회적-기술입니다. 어떻게 하면 전문적인 교육, 전문적인 눈이 지각의 모험으로서의 대리보충을 존속하도록 할 수 있을까요? 또한, 당신 책의 가장 아름다운 부분들 중에서 한 곳을 선택해야 한다면, 내가 인용하고 싶은 부분은 다음과 같습니다: 당신이 텔레비전에서는 '재생'replay, 순간-재생이 대리보충 혹은 자동-보존을 대체하게 되었다는 점을 보여주는 부분입니다. 재생은 사실상 대리보충의 대립물인 것이죠: 또한 당신은 영화로부터 소통으로 건너뛰는, 혹은 영화에서 소통으로의 '중계'를 구축하는 모든 가능성을 부인하는데, 그것은 중계라는 것이 비소통적 대리보충을 갖춘 텔레비전과 함께 구축될 수밖에 없기 때문이지요. 이런 대리보충은 웰스라는 이름으로 불릴 수 있을 것입니다: 텔레비전의 전문적인 눈, 관객이 보도록 유도하는 그 유명한 기술-사회적인 눈이 순간적으로 통제 가능하고 또 통제되는, 즉각적이고 충분한 완성에 이른다는 부분을 언급하고 싶네요. 왜냐하면 당신이 텔레비전을 통해 어떤 유용함을 얻는 것도 아니지만, 텔레비전을 불완전하다고 비판하는 것이 아니라 오히려 그 순수하고 단순한 완전성에 대해 비판하기 때문입니다. 텔레비전은 기술적 완전성에 도달하는 수단을 찾았고, 그것은 미학적이고 정신적인 차원에서의 절대적인 무가치성에 대응합니다(이로부터 공장에 방문하는 것이 새로운 쇼가 되는 것이죠). 텔레비전이 예술에 기여할 수도 있으리라는 점을 매우 즐겁고 사랑스럽게 확인시켜 준 것은 바로 베르히

만입니다: 〈달라스〉는 완벽히 무가치하고, 기술적으로나 사회적으로는 완벽하죠. 다른 장르에서는 그것에 대해 문학적으로 (미학적으로, 정신적으로) 그만큼의 〈아포스트로프〉[프랑스 텔레비전 토크쇼를 말할 수 있습니다. 그것은 아무것도 아니지만, 기술적으로는 완벽하죠. 텔레비전에 영혼이 없다고 말하는 것은 그것이 대리보충을 가지고 있지 않다고 말하는 것과 같습니다. 당신이 호텔 방에서 일에 압도된 한 비평가를 묘사할 때 그에게 부여한 것을 제외하고는 말이죠. 그는 일단 텔레비전을 켜고, 모든 이미지들이 가치가 있다고 확인하면서, 유일하게 흐르는 시간을 위해서 현재와 과거 그리고 미래를 잃어버립니다.

정보에 대한 가장 철저한 비평이 이미 떠오르기 시작한 것은 영화로부터입니다. 예를 들어 고다르와 더불어 혹은 지버베르크 같은 다른 방식으로 (그들의 선언에서뿐만 아니라 구체적인 작품들에 의해서) 말이죠. 영화의 죽음이라는 새로운 위험이 떠오른 것은 텔레비전으로부터 입니다. 그래서 당신에게는 항상 비동등하거나 불균형한 이런 대결을 좀 더 가까이에서 '보러' 갈 필요가 있었던 것 같습니다. 영화는 파시즘에서 최고조에 이른 권위적 권력의 충격에 의해 최초의 죽음을 마주했지요. 첫 번째 죽음이 라디오를 경유했다면, 왜 두 번째 죽음은 텔레비전을 경유하는 것일까요? 그것은 텔레비전이 새로운 '통제' 권력이 즉각적이고 직접적이 될 수 있는 형식forme이기 때문입니다. 이 대결의 심장부에 들어간다는 것은, 거의 권력에 대립하는 대리보충 기능을 사용한다면 통제를 되돌이킬 수 있는지를 묻는 것일 겁니다:통제술을 발명한다는 것은 새로운 저항과 같은 것일 거예요. 영화의 심장부에서 투쟁한다는 것, 영화가 외부에서 문제를 마주하기보다는 투쟁을 자신의 문제로 삼도록 만드는 것. 이것은 버로스가 저자와 권위의 관점을 통제와 통제자의 관점으로 대체했을 때 문학에 대해 한 일입니다. 그런데 당신이 암시한 것처럼, 이것이 바로 코폴라가 그의 모든 불확실성과 애매함 속에서 영화에 대해 다시 시도한 것이자, 그의 실재적인 전투가 아니었을까요? 그리고 당신은 이러한 긴박 혹은 격동의 상태에 매너리즘이라는 아름다운 이름을 부여했습니다. 이런 상태에서 영화는 자신을 통제하거나 보충하는 시스템에 의지하여 되돌아가려고 했지요. 당신은 『램프』에서 이미지의 세 번째 상태를 이미 '매너리즘'으로 정의했습니다. 이미지의 뒤에 볼 것이 아무것도 없을 때, 이미지의 위나 그 내부에 더 이상 대단한 것이 없을 때, 그러나 이미지가 항상 기존의 전제된 이미지 위로 미끄러지고, '이미지의 근거가 항상 이미 하나의 이미지'일 때, 무한히, 그리고 바로 그것이 우리가 보아야 하는 것일 때, 그때가 바로 매너리즘입니다.

이것은 예술이 더 이상 자연을 미화하거나 정신화하지 않고, 오히려 자연과 경쟁하는 단계로서, 이는 세계의 상실입니다. 영화'로부터' 어떤 영화 한 편을 만들기 시작한 것은 세계 자체입니다. 그리고 당신이 여기에서 말했듯이, '이제 더 이상 인간에게 도래하는 것은 없으며, 모든 것이 이미지에 도래하도록' 한 것은 세계가 영화를 만들게 되었을 때 텔레비전을 구성한 바로 그것입니다. 자연-몸, 혹은 풍경-인간의 쌍이 도시-뇌의 쌍에 자리를 내주었다고 말할 수도 있을 것입니다. 스크린은 더 이상 문-창문(그 뒤에서는…)이 아니고, 틀-뽈랑(그 안에서는…) 도 아닙니다. 그것은 하나의 정보테이블로서 그 위에 이미지들이 '자료들'처럼 미끄러져 들어오지요. 그러나 정확히, 영화를 만드는 것이 세계이고, 세계는 영화로부터 모든 대리보충 기능을 배제하는 텔레비전에 의해 직접적으로 통제되고 즉각적으로 취급된다면, 어떻게 다시 한번 예술에 대해 말할 수 있을까요? 영화는 새로운 저항을 발명하기 위해서, 감시와 통제라는 텔레비전의 기능에 대립하기 위해서 영화로부터 만들기를, 영화 만들기를 멈췄다고, 그리고 비디오, 전자기기, 디지털 이미지들과 특수한 긴장 관계를 맺고 있다고 말해야 할 것입니다. 텔레비전을 따돌리는 것이 문제가 아닙니다. 어떻게 그것이 가능하겠습니까? 다만 텔레비전이 새로운 이미지들 속에서 영화의 발전을 배반하거나 단락시키는 것을 방해하는 것이 문제죠. 왜냐하면 당신이 보여준 것처럼, '텔레비전은 그 스스로 비디오가 되는 것을 경멸하고 억누르고 있습니다. 비디오는 텔레비전이 전쟁-이후의 현대 영화를 상속받을 기회를 준 유일한 것이죠…. 텔레비전은 비디오를 통해 해체되고 재구성된 이미지의 취향과, 연극과의 단절, 인간의 몸과는 다른 지각, 이미지와 소리의 원천을 상속받았습니다. 비디오-아트의 이러한 발전이 이제는 텔레비전을 위협하기를 바라는 수밖에 없습니다⋯.' 바로 여기에서 도시-뇌, 혹은 자연과 경쟁하는 새로운 예술이 싹틀 수 있을 것입니다. 그리고 이 매너리즘이 이미 많은 경로 혹은 다양한 오솔길들을 제시했을 것입니다. 어떤 길은 혹평을 받았고, 어떤 길은 희망에 가득 찬 모색 중입니다. 코폴라가 보여준 비디오로 '미리보기'의 매너리즘에서는 이미지가 이미 카메라 밖에서 제작됩니다. 그러나 지버베르그는 소박하고 간소한 기술로 아주 다른 매너리즘을 보여주는데, 여기에서 꼭두각시와 정면 투사는 이미지들의 토대 위에서 이미지가 전개되도록 하고 있습니다. 이것은 뮤직비디오, 특수효과, 영화-공간적인 것의 세계와 같은 세계일까요? 만약 뮤직비디오가 가요시장에 의해, 소뇌의 우둔함의 차가운 조직화, 미세하게 통제되는 간질 발작에 의해 즉시 포획되지 않았더라면(약간은 이전 시대에 영화가 거대한 프로파간다의 '히스테릭한 스펙타클'에 의해 자기를 상실했던 것처럼), 혹시 뮤직비디오는 몽환적인 시도들과 단절하면서 지버베르그가 주장한 '새로운 연합'에 대한 탐구에 참여하고, 미래의 영화를 구성하는 새로운 뇌수적 회로들의 윤곽을 그릴 수 있었을까요? 그리고 만약 영화-공간이 버로스가 바랐던 것처럼 여행에 새로운 존재 이유를 제공할 수 있었다면, '자신의 기도서를 잊지 않았던, 달 위의 용감한 젊은이'의 통제와 단절할 수 있었다면, 더 나아가서는 이미지를 이미지 쪽으로 회전시키고, 야생의 자연을 예술 쪽으로 돌리는 가장 간결한 기술을 발명하고, 영화를 순수한 공간 Spatium에 이르기까지 밀어붙이면서 〈중심지대〉 La région centrale(1971)에서 마이클 스노우가 보여준 마르지 않는 교훈을 이해할 수 있었다면, 혹시 영화-공간은 또한 미학적이고 정신적인 창조에 참여할 수 있었을까요? 그리고 레네, 고다르, 스트로브 그리고 뒤라스의 작품에서 간신히 시작된 이미지-소리-음악에 대한 탐구들을 어떻게 속단할 수 있겠습니까? 또한 몸의 자세들에 대한 매너리즘으로부터 어떤 새로운 극이 나오겠습니까? 매너리즘이 얼마나 다양하고 이질적인지를, 특히 공통의 가치 척도가 없다는 것을 고려하건대, 당신의 매너리즘 개념은 극도로 잘 근거 지어져 있습니다. 이 용어는 단지 예술과 사유가 영화와 함께 새로운 요소 속으로 뛰어드는 전투지를 가리킬 뿐입니다. 반면 통제 권력은 그들로부터 이 요소를 벗겨내고, 이 요소를 새로운 사회-기계적 임상으로 만들기 위해 점유하려고 노력하지요. 그 모든 대립하는 의미에서 매너리즘은, 가장 해로운 것과 희망이 이웃하는 영화-텔레비전의 격동입니다.

당신은 '거기에 보러' 가야 했을 거예요. 그래서 당신은 『까이에』와의 관계를 끊지 않은 채로 『리베라시옹』에서 기자로 활동했지요. 기자가 된다는 것의 가장 흥미로운 이유들 중 하나가 여행을 하고 싶다는 것이기 때문에, 당신은 새로운 비평 기사 시리즈를 앙케트, 르뽀 그리고 이주의 시리즈와 함께 진행했습니다. 그러나 거기에서도 다시 한번, 이 책을 권위 있는 책으로 만드는 것은 모든 것이 이 격렬한 문제를 둘러싸고 서로 얽혀 있다는 점이죠. 『램프』는 이 문제에 대해서 약간은 우울하게 결론 내렸습니다. 아마 여행에 관한 모든 반성은 다음 네 가지 관찰들로 통합니다. 피츠제럴드, 토인비, 베케트 그리고 프루스트의 것이죠. 피츠제럴드는 여행이란 섬이나 거대한 공간에서조차 결코 진정한 '단절'이 되지 않는다는 것을 확인했습니다. 성경과 어린 시절의 추억과 평소의 담론을 간직하는 한 말이죠. 토인비는 여행이란 이상적인 유목민을 따르는 것이라고 생각했습니다. 하지만 그것은 웃기는 소원 같은 것이죠. 왜냐하면 유목민은 반대로 움직이지 않는 자, 자신의 불우한 땅, 중심 지대에 못 박혀 떠나려 하지 않는 자이기 때문이지요(반 데르 퀘켄 Van der Keuken의 영화에 관해서 당신은 당신 스스로 이렇게 말했어요. 남쪽으로 간다는 것은 필연적으로 그들이 있는 곳에 머무르고자 하는 자들을 마주치는 것이라고). 가장 심오한 혹은 베케트의 관찰인 세 번째 관찰에 따르면, '내가 알기로는, 우리는 여행의 즐거움을 위해 여행하는 것이 아닙니다. 이 점에 있어서는 아니지만, 우리는 바보 같은 거죠.'… 그렇다면 마지막으로 또 어떤 이유가 있을까요? 중국인들이 사람들이 말하는 것만큼 노란색인지, 혹은 이를테면 초록 광선 같은 어떤 있음 직하지 않은 색이나 어떤 푸르거나 보랏빛의 대기가 어딘가 저 아래에 정말 존재하는지를 알고 싶은 게 아니라 하더라도, 그것이 영혼이든 꿈이든 악몽이든 그로부터 온 표현하기 어려운 어떤 것을 확인하러 가는 것 말고는 말이죠. 프루스트가 말했듯이, 진정한 몽상가는 어떤 것을 확인하러 가는 자입니다…. 그리고 당신은 또 당신대로, 당신의 여행에서 확인하려고 했던 것은 세계가 진정 영화로 이루어져 있는지 끊임없이 영화로 만드는지 그리고 세계 전체의 영화-만들기 그것이 바로 텔레비전이 아닌지를 확인하려고 한 것이죠. 그 결과 여행한다는 것은 그 도시가, 또는 어떤 도시가 '미디어들의 역사의 어떤 순간에' 속하는 지를 가서 보는 것입니다. 이렇게 해서 상파울루에 대한 당신의 묘사는, 스스로 집어삼키는 뇌-도시. 당신은 구로자와를 보기 위해서, 일본의 바람이 어떻게 〈란〉^{Ran}의 깃발을 부풀렸는지 확인하러 심지어 일본에 가게 되었죠. 그러나 그날 바람이 불지 않아서 당신은 바람을 대신하는 아이올리스의 비참함을, 그리고 이미지에 파괴 불능의 내적 대리보충을 가져다준 기적을 확인하였습니다. 기적이란 간단히 말해서, 이러한 것들이 이미지 안에서만 존재하기 때문에 그리고 이미지가 그것들을 창조했기 때문에만 이미지가 보존된다는 생각 혹은 그 아름다움입니다.

그것은 당신의 여행들이 모호하리라는 것을 뜻합니다. 한편으로 당신은 어디에서나 세계가 자신의 영화를 만든다고, 그리고 그것이 텔레비전의 사회적 기능, 거대한 통제 기능이라고 주장합니다. 그로부터 당신의 비관론과 심지어 비평적 절망까지 나오게 되는 것이죠. 다른 한편, 당신은 영화는 전적으로 줄곧 만들어지고 있으며, 다른 여행들이 텔레비전의 상태를 확인하는 것 외에 아무것도 아니게 된 지금, 바로 그것이 절대적인 여행이라고 주장합니다. 이로부터 비평적 낙관론이 나오지요. 이 두 길의 교차점에서 격동이, 그리고 당신의 조울증이, 그리고 예술의 본질이기도 하고 전투지이기도 한 현기증과 매너리즘이 있습니다. 그리고 한편에서 다른 한편으로, 사람들은 종종 사물들이 교환된다고들 말할 거예요. 왜냐하면 이런저런 텔레비전에서 여행자는 불가피하게 생각할 것이고, 정보에서처럼 게임에서도 그에게 속한 것을 뽑아내 그로부터 영화를 만들어볼 것이기 때문입니다. 이것은 일종의 내적인 파열로서 당신이 구성한 텔레비전 시리즈물에서 약간의 영화를 해방시킵니다. 예를 들어, 세 도시 시리즈 혹은 세 명의 테니스 챔피언 시리즈와 같은 것들에서요. 그리고 반대로, 당신이 비평처럼 영화로 되돌아 왔을 때, 그것은 당신이 가장 평평한 이미지가 거의 감각불가능하도록 접히고, 지층을 이루며, 당신이 여행하도록 강요하는 두께를 가진 영역을 형성한다는 것을 좀 더 잘 알아채기 위해서였지요. 이 강요된 여행은 결국 대리보충적이고 통제가 없는 여행입니다. 바이다^{Wajda}가 보여준 세 가지 속도, 혹은 무엇보다 미조구치의 세 가지 운동, 당신이 찾아낸 이마무라의 세 가지 시나리오, 〈파니와 알렉산더〉에서 그려진 세 가지 거대한 서클, 여기에서 당신은 베르히만이 말한 영화의 세 가지 상태, 세 가지 기능을 재발견했습니다. 삶을 아름답게 하는 연극, 얼굴들의 정신적인 반-연극, 마술과 경쟁하는 조작이 그것이죠. 당신 책의 분석들에서는 왜 그렇게 자주 3이 등장하는 것일까요? 그것은 아마도 3이 어떤 때는 모든 것을 다시 가두러 오고 2를 1로 몰고 가며, 어떤 때는 반대로 1을 몰아서 통일성으로부터 멀리 달아나도록 하고 그것을 개방하며 또 구제하기 때문일 것입니다. 3 혹은 비디오, 비평의 비관론과 낙관론의 놀이, 당신의 다음 책은 어떤 것이 될까요? 전투 자체는 수많은 다양성들을 가지고 있기 때문에 모든 지상에서의 사고들accidents을 향해 계속될 수 있습니다. 예를 들면, 미국 영화가 끊임없이 증가시키는 운동의 속도와 소비에트 영화가 측정하고 보존하는 물질들의 느림 사이. 당신은 아름다운 한 텍스트에서 다음과 같이 말했습니다. '미국인들은 연속하는 운동, 속도 그리고 도주선에 대한 탐구를 매우 멀리까지 밀어붙였습니다. 이미지로부터 그 무게와 질료를 비워낸 운동, 무중력 상태의 몸과 같은…. 반면 유럽과 U.R.S.S.[소련]에서는 심지어 죽음과 같은 소외의 위험을 감수하면서 몇몇은 다른 비탈을 향한 운동을 묻는 사치를 부렸습니다 : 속도를 늦춤 그리고 불연속. 파라자노프, 타르콥스키, 사실은 이미 에이젠슈타인이, 도브첸코Dovjenko 혹은 바넷은 질료가 축적되고 막히는 것을, 그리고 성분들, 오물들 그리고 보석들의 지질학이 늦춰지는 것을 보았습니다. 그들은 소비에트적인 침식면, 이 부동의 제국에 관한 영화를 만들었습니다….' 그리고 미국인들이 훨씬 더 빠르기 위해 (그리고 고속을 통제하기 위해) 비디오를 사용했던 것이 사실이라면, 어떻게 통제를 벗어나고 보존하도록 비디오를 느리게 만들 수 있을까요? 고다르가 코폴라에게 한 '조언'에 따라 어떻게 비디오가 천천히 가도록 가르칠 수 있을까요?

3부

— 사물들을 쪼개기, 단어들을 금가게 하기
— 작품으로서의 삶
— 푸코의 초상

미셸 푸코

사물들을 쪼개기^(fendre), 단어들을 금가게 하기^(fendre 1)

로베르 마지오리 언제 그리고 어떤 기회에 미셸 푸코를 알게 되셨습니까?

들뢰즈 날짜 말고는 어떤 제스처도 어떤 웃음도 더 이상 생각나지 않네요. 나는 그를 1962년경 알게 되었습니다. 그때 그는 『레이몽 루셀』과 『임상의학의 탄생』을 탈고했어요. 그리고 68 이후에 푸코와 다니엘 드페르를 그들이 만든 〈감옥정보그룹〉Groupe Information Prisons에서 다시 만났습니다. 나는 푸코를 자주 봤어요. 나에게는 비의지적 기억들, 나를 황망하게 만드는 기억들이 많습니다. 그들이 상기시키는 것이 주는 명랑함과 푸코가 사망했다는 고통이 뒤섞이기 때문이죠. 아… 나는 안타깝게도 그의 삶의 마지막 몇 년 동안 그를 보지 못했어요! 『앎의 의지』 이후에 그는 모든 수준에서 정치적인 위기, 삶과 사유의

---

1. 로베르 마지오리와의 대담 (*Libération*, 1986년 9월 2일과 3일).

위기를 겪었습니다. 모든 위대한 사상가처럼, 그의 사유는 항상 창조의 조건, 궁극적인 정합성의 조건인 위기와 혼란에 의해 진행되었지요. 나는 그가 몇몇 내밀한 친구들을 제외하고는 혼자 있기를, 사람들이 그를 따라올 수 없는 곳으로 가기를 바랐다는 인상을 받았습니다. 그가 나를 필요로 하는 것보다 나는 그를 더 많이 필요로 했어요.

마지오리 미셸 푸코는 생전에 당신에 관한 글을 몇 편 썼습니다. 당신도 역시 여러 차례 그에 관하여 썼지요. 그래도 당신이 푸코 사후에 푸코에 관한 책을 한 권 더 출간했다는 사실에는 우리가 모르는 무언가 상징적인 것이 있지 않나 하는 생각을 하게 하는군요. 수많은 가정이 가능합니다. '애도 작업'의 결과라고 보아야 하는가? 최근 좌우 양쪽에서 쇄도하는 반-인간주의에 대한 비판에 대해 '둘이 함께' 대답하는 하나의 방식인가? 어떤 '철학의 시대'의 끝에 대한 서명, 혹은 매듭짓기의 한 방식인가? 정반대로 홈패인 골을 따라가자는 하나의 호소인가? 아니면 그 아무것도 아닌가? 등이 가능합니다.

들뢰즈 이 책은, 우선 나를 위해 필요했습니다. 그것은 규정된 개념에 관한 글들과는 매우 달라요. 여기에서 나는 푸코 사유의 전모를 탐구했습니다. 전모, 그것은 푸코로 하여금 어떤 한 수준에서 다른 수준으로 넘어가도록 강요한 것을 뜻합니다. 무엇이 그로 하여금 지식의 수준 아래에서 권력을 발견하도록 강요한 것인가, 그리고 무엇이 권력의 영향권 밖에서 '주체화의 양상들'을 발견하도록 한 것인가? 하나의 사유의 논리는 그 논리가 횡단한 위기들의 전체이고, 그것은 고요하고 균형에 가까운 체계보다는 화산 지대를 더 닮았지요. 만약에 사람들이 이러한 푸코의 이행들, 돌발들, 논리를 잘못 이해한다는 인상이 없었다면, 이 책을 쓸 필요를 느끼지 않았을 거예요. 언표 개념과 같은 것조차 사람들이 충분히 구체적으로 이해하는 것 같지 않았습니다. 그러나 다른 독해들과 관련해서 내가 그만큼 옳은지는 확신하지 못해요. 현재 제기되는 반박들에 대해서 말하자면, 그것은 전혀 독자들의 것이 아니고 대단한 것이 못 됩니다. 그것은 푸코의 대답들이 가정하고 있는 문제들에 대해서 눈곱만큼도 이해하지 못하고 모호하게 파악한 채 비판하고자 할 뿐이죠. '인간의 죽음'에 대해서도 그렇습니다. 이는 흔한 현상이지요. 위대한 사상가가 죽을 때마다, 바보 같은 자들은 짐을 내려놓은 느낌이 들어 굉장한 소란을 피웁니다. 그러면 이 책은 현실적인 퇴보 의지들에도 불구하고 그의 작업을 계속하도록 호소하는 것일까요? 그럴 수도 있지요. 그러나 이 방향으로, 혹은 푸코와 가까운 방법에 따라 연구하는 사람들이 모인 푸코 센터가 이미 있습니다. 『복지국가』와 같은 에발드의 최근의 책은 심오하게 독창적이지만(권리에 대한 새로운 철학), 동시에 푸코가 없었다면 존재하지 않았을 책입니다. 내 책은 애도 작업은 아니에요. 비-애도가 오히려 더 많은 작업을 요구하지요. 만약 내 책이 또 다른 무엇일 수 있다면, 푸코에게 지속적으로 등장하는 개념인 이중적인 것^{double} 개념에 호소해볼 수 있을 것입니다. 푸코는 이중적인 것에 고유한 이타성^{altérité}도 포함해서, 이 개념에 사로잡혔어요. 나는 푸코로부터 하나의 이중적인 것을 추출해내고 싶었습니다. 푸코가 이 단어에 부여했던 '반복, 복제, 같은 것으로의 회귀, 흠집, 지각불가능한 차이, 양분, 치명적인 찢어짐'의 의미에서 말이죠.

마지오리 1960~70년대에 미셸 푸코와 당신은 원치도 않았고 애써 피하고 싶어 했지만, 특히 학생 세대들에게는 '사유의 대가'였습니다. 이것이 종종 두 사람 사이에 경쟁을 만들어 냈나요? 인격적인 평면, 직업적이거나 지적인 평면에서 푸코/들뢰즈의 관계는 들뢰즈/가타리, 사르트르/아롱 혹은 사르트르/메를로-퐁티와 같은 종류였나요?

들뢰즈 맙소사, 푸코의 이중적인 것이 되고자 한 것은 내가 아니라 이 책입니다. 펠릭스 가타리와 나의 관계는 아주 다를 수밖에 없지요. 왜냐하면 푸코와는 같이 작업하지 않았지만 우리는 아주 긴 공동작업을 했으니까요. 그럼에도 나는 우리의 작업과 그의 작업 사이에 많은 대응하는 점들이 있다고 생각해요. 방법과 심지어 목표에 있어서 큰 차이가 있는 상태에서 거리를 두고 유지된 것이지만요. 그 대응점들은 나에게 평가할 수 없을 정도로 귀한 것들입니다. 목표보다 더 나은, 어떤 공통의 원인이 있었어요. 나는 이렇게 말합니다. 그렇게도 강하고 그렇게도 신비로운 이런 성격을 가진 푸코가 존재한다고, 그는 그런 스타일로 그렇게 아름다운 책을 썼었다고, 나는 이에 대해서 즐거운 마음뿐이라고. 단순한 대화로 출판된 특별한 한 텍스트에서, 푸코는 정념을 사랑에 대립시켰어요. 그가 정의한 대로 한다면, 나는 그를 향한 어떤 정념의 상태에 있는 거예요('강한 계기들과 약한 계기들moments, 작열하는 순간들이 있다. 떠다니는 그것은 아마도 무기력에 의해서, 모호한 이유로 이어지는 일종의 불안정한 순간instant이다…'). 내가 그를 존경하는데 어떻게 내가 경쟁심이나 질투심을 가지겠습니까? 우리는 누군가를 존경할 때 고르지 않습니다. 이런저런 책을 다른 어떤 책보다 선호할 수는 있지요. 하지만 그래도 모두를 취합니다. 왜냐하면 당신에게는 덜 강력한 시간처럼 보이는 것이, 그의 실험과 그의 연금술을 뒤쫓는 다른 것에는 절대적으로 필수적인 계기라는 것을 사람들이 알아차리기 때문입니다. 그리고 만약 이런저런 우회가 필수적이라는 것을 당신이 즉각 이해하지 못하는 그 길을 푸코가 지나가지 않았더라면, 당신의 눈을 부시게 하는 새로운 발견에는 이르지 못할 그런 순간인 것이죠. 나는 하나의 작품에 대해서 이렇게 말하는 사람을 참 싫어합니다. '여기까지는 괜찮아, 그런데 그다음부터는 별로야. 무엇이든 그것이 이후에 흥미롭게 되돌아오더라도 말이야⋯.' 작품 전체를 취해야 합니다. 전체를 따라가고 심판하지 말아야 해요. 전체의 분기들, 답보 상태, 진전, 구멍들을 파악하고, 그것을 받아들이고, 전모를 수용해야 하지요. 그렇지 않으면 우리는 아무것도 이해하지 못합니다. 그의 해결들을 심판하려 하기 전에, 그가 맞선 문제들 속에서, 그에게 필요한 단절과 우회 속에서 푸코를 따라가는 것, 이것이 그를 '사유의 대가'로 대우하는 것이죠? 당신은 마치 이 개념이 자명하고 진실로 확인된 것처럼 말하는군요. 나에게 이것은 의심스럽고 유치한 개념입니다. 사람들이 푸코를 따를 때, 그들이 푸코에 매료될 때, 그것은 그들 고유의 작업에서 그들의 자율적인 존재가 푸코와 함께해야 할 무엇인가가 있기 때문입니다. 이것은 단순히 지적인 이해 혹은 동의의 문제가 아니고, 강도, 공명, 음악의 코드 문제입니다. 결국, 아름다운 강의는 설교보다는 콘서트를 더 닮았습니다. 다른 것들이 '동반하는' 솔로예요. 그리고 푸코는 경탄할 만한 강의들을 했지요.

마지오리 『잃어버린 관념들의 연대기』에서 프랑수아 샤틀레는 당신과 가타리, 쉐레 그리고 리오따르의 아주 오랜 우정을 환기시키면서 당신이 '같은 입장'에 속해 있고, '적이 같다'고 썼습니다. 진정한 공모의 기호랄까요? 미셸 푸코에 대해서 같은 말을 할 수 있을까요? 두 사람은 같은 입장입니까?

들뢰즈 내 생각에는 그렇습니다. 샤틀레는 그 모든 것에 대한 생생한 느낌을 가졌지요. 입장이 같다는 것은 같은 것에 대해서 웃거나 침묵한다는 것, '서로 설명할' 필요가 없다는 것이죠. 설명할 필요가 없다는 것은 정말 기분 좋은 일이에요. 우리는 아마도 철학에 대해서 같은 개념틀을 가지고 있었던 것 같습니다. 우리는 일자, 전체, 이성, 주체 등 추상화의 취향이 없었어요. 우리의 일은 뒤섞인 상태들, 푸코가 장치들dispositifs이라고 부른 배치들agencements을 분석하는 것이었죠. 점들로 거슬러 올라가는 것이 아니라 선들을 따라가고 풀어내야 했어요. 그것은 미시분석을 함축하는 지도제작법이에요(푸코는 권력의 미시물리학이라 불렀고, 가타리는 욕망의 미시정치라고 부른 것이죠). 동요하는 선을 한층 더 멀리 따라가기 위해서는 배치들 속에서 발견하는 상대적이면서도 통일하는 초점들, 전체화하는 매듭들, 주체화하는 과정들을 해체해야 합니다. 우리는 잃어버렸거나 삭제된 것이라 해도 사물들의 근원을 찾으려는 것이 아니라, 그것들을 그것이 싹트는 환경 속에서 취하려는 것입니다. 사물들을 쪼개고, 단어들을 금가게 하는 것이죠. 우리는 그것이 비록 시간의 영원이라 하더라도 영원한 것을 찾는 것이 아니고, 새로운 것의 형성을, 푸코가 '현실성'actualité이라 부르는 것의 출현을 찾는 것입니다. 현실적인 것 혹은 새로운 것, 그것은 아마도 아리스토텔레스에게 가까운, 니체에게 한층 더 가까운(니체가 그것을 비현실적인 것inactuel이라고 불렀다 해도) 에

네르게이아입니다.

마지오리 그것은 또한 '표면들'의 예술 아닌가요? 당신은 '가장 심오한 것, 그것은 피부'라는 발레리의 표현을 좋아했습니다….

들뢰즈 네, 아주 아름다운 표현이죠. 피부과 의사들은 이 표현을 그들의 문에 새겨야 할 거예요. 일반 피부병리학으로서의 철학, 혹은 표면의 예술(나는 이 표면들을 『의미의 논리』에서 기술하려고 애썼습니다). 새로운 이미지들은 일정한 문제를 다시 던집니다. 푸코에게서는 표면이 본질적으로 정확히 기입의 표면이 되었어요. 그것이 '가시적이지 않으면서 동시에 은폐되어 있지도 않은' 언표의 전체 주제입니다. 고고학은 기입 표면의 구성constitution입니다. 만약 기입 표면을 구성하지 않는다면, 그 비-은폐는 비가시적인 것으로 남아 있을 거예요. 표면은 깊이에 대립하는 것이 아니라(우리는 표면으로 되돌아와요), 해석에 대립합니다. 푸코의 방법은 항상 해석의 방법에 대립합니다. 결코 해석하지 말고, 실험하시오…. 푸코에게 그렇게도 중요한 주름과 굴곡의 주제는 피부와 관련됩니다.

마지오리 당신은 어느 날 미셸 푸코에게 이렇게 말했습니다. '당신은 우리에게 어떤 근본적인 것, 타자를 대신해 말하는 것의 부적격성을 가르쳐준 최초의 사람입니다.' 그것은 1972년 경, 1968년 5월보다 한층 더 뜨거운 시대였지요(1968년 5월에 대해서 더구나 당신은 당신의 책에서 '몇 개의 분석을 읽어보면 사람들은 그것이 파리 지식인들의 머리에서 일어났다고 생각할 것'이라고 썼습니다). 내 생각에 당신에게는 다른 이들을 대신해 말하지 않는 이 위엄이 지식인에게 속하는 것이 분명한데요. 이제 당신은 이 동일한 용어들을 지식인의 지위를 정의하느라 다시 취하는 건가요? 주간지들은 지식인들이 벙어리가 되었다고 말하고 있는데요.

들뢰즈 네, 대의에 대한 비판을 매우 멀리 밀어붙인 현대철학이 다른 이들을 대신해서 말하려는 모든 시도를 거부하는 것은 당연합니다. 매번 이런 말을 듣습니다 : 아무도 거절할 수 없었다…, 모두 인정할 것이다…, 거짓 혹은 슬로건이 뒤따르리라는 것을 우리는 안다. 심지어 68 이후에도, 예를 들어 감옥에 대한 텔레비전 프로그램에서 사람들은 흔히 판사, 간수, 방문자, 지나가는 자들이 말하도록, 감금된 사람 혹은 옛 포로를 제외한 모두가 말하도록 했습니다. 오늘날은 더 어려워졌습니다. 그리고 그것은 68로부터 배운 것이지요. 사람들은 이제 자기를 위해 말합니다. 이것은 지식인들에게서도 마찬가지입니다. 푸코는 지식인이 특수spécifique해지기 위해서 보편적이기를 멈췄습니다. 즉 지식인은 더 이상 보편적인 가치의 이름으로 말하지 않고, 자기의 고유한 능력과 상황의 이름으로 말합니다(푸코는 물리학자들이 핵무기에 대항하기 위해 일어났을 때 변화를 감지했지요). 정치적, 법적, 산업적, 환경적 문제들에 대해서, 이를테면 의사들은 의사 자격으로 말할 의무를 갖지만, 환자를 대신해 말할 권리가 없지요. 이것은 68 운동이 바랐던 [각 목소리의] 그룹들이 필요한 이유입니다. 예를 들면 의사, 환자, 간호사를 각기 통합해 각각의 단체들이 만들어지는 거지요. 이는 예를 들어 의사들, 환자들, 간호사들을 통합시켰지요. 이것은 다양한-목소리의 그룹들입니다. 푸코와 드페르Defert가 조직한 〈감옥정보그룹〉G.I.P.은 이러한 그룹들 중 하나입니다. 이는 어떤 사람이 다른 사람들의 이름으로 말하는 위계화된 단체들에 반대하는 것으로, 가타리가 '횡단성'이라고 부른 것입니다. 에이즈를 위해서 드페르는 안내, 정보 그리고 투쟁을 동시에 수행하는 이런 유형의 단체를 구성했습니다. 자, 자기를 위해 말하고 다른 이들을 대신해 말하지 않는다는 것, 이것은 무엇을 의미할까요? 물론 그것은 각자 자신의 진실한 시간이 있다거나 자기의 기억 혹은 자기의 정신분석이 있다는 것은 아닐 겁니다. 일인칭은 아닌 거예요. 사람들이 목표에 이르기 위해 애쓰자마자 맞서게 되고 싸우게 되는, 그리고 전투 안에서만 목표에 대한 의식을 갖게 되는, 비인격적이고 물리적이며 정신적인 역능을 지명nommer하는 것입니다. 이런 의미에서 존재 자체가 정치입니다. 이 책에서 나는 푸코를 대신해 말하려고 하지 않았어요. 나는 필연적으로 그로부터 나로 가게 될(나로서는 선택의 여지가 없었어요), 그리고 내가 인지했던 것 같은 그의 목표들과 전투들에 대해서 말하게 될 횡단선, 대각선의 흔적을 따라가려고 했습니다.

마지오리 '하나의 섬광이 번쩍였고 그것의 이름은 들뢰즈이다. 새로운 사유가 가능하고, 다시 한번 사유가 가능하다. 그것이 거기에, 들뢰즈의 텍스트가, 우리 앞에서 우리 가운데서 튀어 오르고 춤춘다. … 언젠가, 아마도, 이 세기는 들뢰즈의 세기가 될 것이다.' 이것은 미셸 푸코의 문장들입니다. 당신은 이 문장들에 대해 한 번도 언급한 적이 없는 것 같은데요.

들뢰즈 나는 푸코가 말하려고 했던 것이 무엇인지 모르겠어요. 물어본 적도 없고요. 그는 악마적 유머를 가지고 있어요. 그가 말하려고 했던 것은 아마도 내가 우리 세대의 철학자들 중에 가장 고지식하다는 것이었을 수 있습니다. 우리들 모두에게는 다수성, 차이, 반복과 같은 주제를 찾아볼 수 있지요. 다른 이들은 더 많은 매개들과 함께 작업한 반면 나는 거의 날것의 개념들을 제안했습니다. 나는 형이상학의 극복이나 철학의 죽음, 그리고 전체, 일자, 주체의 포기에 영향받은 적이 전혀 없고, 이를 과장한 적도 전혀 없었습니다. 나는 개념들에 대한 직접적인 설명에 의해 진행되는 일종의 경험론^{empirisme}과 단절된 적이 없습니다. 나는 구조나 언어학 혹은 정신분석, 과학, 심지어 역사를 거친 적도 없어요. 왜냐하면 나는 철학이 다른 분과 학문들과 그만큼 더 필수적인 외적인 관계에 돌입하도록 하는 자기만의 날것의 재료를 가지고 있다고 생각했기 때문입니다. 아마 이것이 푸코가 말하려고 했던 것일 겁니다 : 내가 최고는 아니었는데 가장 고지식했다. 말하자면 가장 심오하지는 않지만 가장 순수한, 일종의 소박한 미술 art brut이죠('철학을 한다'는 유죄성이 가장 적은).

마지오리 여기에서 푸코의 철학과 당신의 철학 사이의 모든 수렴점들(반-헤겔주의로부터 미시물리학 혹은 미시논리에 이르는 수많은 수렴점들)과 분기점들을 열거하는 것은 가능하지 않습니다. 이에 대한 논문들이 이미 작성되었고 다른 작업들이 아마도 준비 중입니다. 그래서 몇 가지 지름길을 취하는 것에 대해서 양해를 구합니다. 당신은 어느 날 이와 같은 맥락에서 철학의 특수한 임무는 개념들을 만들어내는 것이라고 말했습니다. 푸코의 어떤 개념이 당신의 고유한 철학적 구상에 가장 유용했고 또 가장 낯설었습니까? 반대로, 푸코가 당신을 따라 당신의 철학으로부터 이끌어 낼 수 있었던 주요한 개념들은 무엇일까요?

들뢰즈 아마도 『차이와 반복』이 그에게 영향을 미쳤을 수 있지만, 그는 이미 그전에 『레이몽 루셀』에서 이 주제들에 대한 가장 아름다운 분석을 해냈습니다. 아마도 또한 펠릭스와 내가 제안한 배치 개념이 그 자신의 '장치' 개념에서 그를 도왔을 수 있지요. 그러나 그는 그가 건드리는 모든 것을 깊이 변환시켰습니다. 그가 만들어 낸 방식의 언표 개념은 나를 완전히 사로잡았어요. 왜냐하면 그것은 언어학을 갱신할 수 있는 언어의 화용론을 함축했기 때문이었지요. 더구나 바르트와 푸코가 각기 하나는 에피쿠로스적 의미에서 다른 하나는 스토아적 의미에서 일반화된 화용론을 점점 더 강조하게 되는 것이 기묘했지요. 그리고 단순한 폭력을 넘어서는 힘들의 관계라는 그의 개념화는 니체로부터 온 것이지만, 그는 그것을 연장하여 니체보다 훨씬 더 멀리 밀고 나갔습니다. 푸코의 모든 저작들에는 힘과 형태의 어떤 관계가 있는데, 그것은 정치뿐만 아니라 인식론과 미학에 관한 그의 개념화에 본질적인 것이었고, 나에게 영향을 주었어요. 종종 '작은' 개념이 커다란 반향을 일으키기도 했습니다. 명예를 박탈당한 인간 개념은 니체의 최후의 인간 개념만큼이나 아름다우며, 철학적 분석이 어느 지점까지 재미있을 수 있는지를 보여주었지요. 명예를 박탈당한 인간들의 삶에 대한 논문은 걸작이지요. 푸코를 위한 소수 텍스트로서 이 텍스트를 다시 읽는 것을 나는 좋아합니다. 틀림없이 이것은 푸코 사유의 효과를 느낄 수 있는, 고갈되지 않는 활동적이고 효과적인 그런 텍스트지요.

마지오리 사람들이, 특히 이탈리아에서 '니체-르네상스'에 대해 많이 이야기합니다. 푸코와 당신이 여러 다른 사람들 사이에서 그 현상을 일으킨…장본인들이지요. 직접적으로 연결되어 있는, 차이와 니힐리즘의 문제들('능동적인' 니힐리즘과 그 '긍정적인' 가치전환)과 더불어서요. 다른 관점에서는 '당신의' 니체와 푸코의 니체 사이의 차이와 유사성들에 대해 물을 수도 있을 것 같습니다. 여기에서는 이렇게 묻는 걸로 만족하겠습니다. 매우 니체적인 '인간의 죽음'에 대한 푸코의 표현은 왜 그렇게 많은 오해를 불러일으켰을까요? 인간과 그의 권리들을 무시한다는 비난을 낳는 데까지 이르렀습니다. 그리고 당신의 철학을 특징짓는다고 말들을 하는 '철학적 낙관론' 혹은 생명의 힘에 대한 신뢰를 푸코에게 부여하는 일은 매우 드뭅니다.

들뢰즈 오해는 종종 증오에 가득 찬 어리석음의 반응들입니다. 위대한 사상가에게서 '모순들'을 발견할 때만 스스로 지적이라고 느끼는 사람들이 있어요. 사람들은 마치 푸코가 실존하는 인간들의 죽음을 선포했다는 듯이(그리고 이렇게 말하지요, '그가 과장했다'), 혹은 반대로 그가 단지 인간 개념의 변화를 지적했다는 듯이('그건 그런 것일 뿐이야') 생각합니다. 그러나 이것도 저것도 아닙니다. 그것은 힘이 그로부터 흘러나오는 지배적인 형태와 맺는 관계예요. 인간의 힘들을 생각해 봅시다. 상상하다, 고안하다, 의지하다…등 : 이 힘들이 어떤 다른 힘들과 관계를 맺게 되는가? 어떤 시대에? 그리고 어떤 형태를 구성하기 위해서? 인간의 힘들이 인간이 아닌 동물 혹은 신적인 형태의 합성composition 속으로 들어가는 일이 있을 수 있습니다. 예를 들어, 고전 시대에는 인간의 힘들이 무한의 힘들, '무한의 질서들'과 관계를 맺습니다. 그 결과 인간은 신의 이미지로 형성되고, 인간의 유한성은 단지 무한의 제한일 뿐이죠. 인간Homme-형태가 떠오른 것은 19세기입니다. 왜냐하면 인간의 힘들이 삶, 일, 언어에서 발견되는, 유한성의 다른 힘들과 함께 합성되었기 때문이죠. 그래서 오늘날 우리는 인간이 새로운 힘과 대면했다고 흔히들 말합니다: 단순히 탄소뿐 아니라 규소, 세계뿐 아니라 우주···. 왜 합성된 형태가 여전히 인간이어야 할까요? 인간의 권리는? 그러나 에발드가 보여준 것처럼, 형태의 이러한 변화를 증언하는 것은 권리의 변화들 자체입니다. 푸코는 인간의 죽음이라는 질문을 갱신하면서 니체와 재조우합니다. 그리고 만약 인간이 생명을 가두는 하나의 방식이라면, 생명은 필연적으로 인간으로부터 벗어난 다른 형태로 있는 것 아닙니까? 이 점과 관련해서, 당신은 내가 푸코를 그 자신의 저서에서 거의 나타나지 않은 생기주의를 향해 끌어당기지 않았는지 묻고 있군요. 모든 '낙관론'과는 독립적으로, 내가 푸코에게 생기론이 존재한다고 생각하는 적어도 두 가지 본질적인 점에 대해서 말해볼 수 있습니다. 한편으로는, 힘들의 관계가 사유의 한계 자체를 더듬으면서 끊임없이 접히고 되접히는 생명과 죽음의 선에서 실행된다는 것입니다. 그리고 비샤Bichat가 푸코에게 위대한 저자로 보였다면, 그것은 아마도 비샤가 부분적인 죽음들을 다수화하고, 죽음을 생명과 공외연적인 힘으로 만들면서 죽음에 대한 최초의 위대한 책을 썼기 때문일 것입니다. 푸코는 '죽음론에 근거한 생기론'이라고 말했죠. 다른 한편, 푸코가 이로부터 '주체화'라는 궁극적인 주제에 이르렀을 때, 주체화는 니체가 말한 것처럼 본질적으로 생명의 새로운 가능성에 대한 발명, 삶의 진정한 스타일의 구성에 달려 있는 것입니다. 이번에는 미학에 근거한 생기론이죠.

마지오리 당신의 책에서 권력에 대한 푸코의 분석이 그렇게 중요한 자리를 차지하고 있다는 것에 놀라는 사람은 아무도 없을 겁니다. 당신은 특히 『감시와 처벌』에 나오는 다이아그램 개념을 강조했습니다. 다이아그램은 더 이상 『지식의 고고학』의 아카이브가 아니라, 지도, 지도제작법, 권력을 구성하는 힘들의 관계들에 대한 전시인 것으로요. 그러나 푸코는 드레퓌스와 라비노우Rabinow의 책 — 『미셸 푸코. 철학적 여정』(갈리마르) : 당신이 많이 인용한 탁월한 저서 — 에 부록으로 달린 에세이에서, 그의 연구들의 일반적인 주제는 권력이 아니라 주체, 인간 존재의 주체화의 양상들이었다고 썼습니다. 지도제작자 푸코는 동일성의 … 지도들을 만들었을까요? 당신은 그것이 '동일성들의 지도라기보다는 동일성이 없는' 지도들이라고 말했지요. 다른 말로

하자면, 푸코를 이해한다는 것은 『감시와 처벌』로부터 『자기에의 배려』와 '나는 누구인가'라는 질문으로의 '이행'을 이해한다는 것으로 되돌아가야 하지 않을까요?

들뢰즈 푸코의 철학이 주체의 철학이라고 말하는 것은 어쨌든 어렵습니다. 기껏해야 푸코가 세 번째 차원으로서 주체성을 발견하게 될 때, 그의 철학이 주체의 철학'일 수도 있을 거예요.' 이는 그의 사유가 창의적인 필요에 따라 그가 더듬고 탐험한 연속적인 차원들로 이루어져 있다는 것을 말합니다. 그러나 그 차원들은 서로의 차원들 속에 포함되어 있지 않지요. 그것은 마치 부러진 선들의 다양한 방향들이 예측 불가능하고 예기치 않은 사건들을 보여주는 것과 같습니다(푸코는 항상 그의 독자들에게 '놀랐지요'). 두 차원이 모두 구체적으로는 분리 불가능한 혼합물들을 구성하지만, 이미 권력이 지식의 차원으로 환원 불가능한 두 번째 차원을 고안합니다. 권력은 힘들, 힘들의 관계들, 다이아그램으로 되어 있는 반면, 지식은 가시적인 것, 언표가능한 것, 간단히 말해서 아카이브의 형태들로 되어 있는 것이죠. 왜 그는 지식에서 권력으로 넘어갔을까요. 우리는 그가 일반적인 주제 하나로부터 다른 주제로 넘어가듯이 하나로부터 다른 하나로 넘어간 것이 아니라, 지식으로부터 만들어낸 독창적인 개념으로부터 권력에 대한 새로운 개념의 발명으로 넘어갔다고 말해야 하며, 그런 조건에서 이행을 말할 수 있습니다. '주체'에 대해서는 말할 것도 없이, 최후의 책들에서 이 세 번째 차원에 이르기까지 그에게는 몇 년간의 침묵이 필요했을 거예요. 이해해야 할 것은, 이 '이행'이라는 당신의 말은 맞습니다. 푸코가 세 번째 차원을 필요로 한 것은, 그가 권력의 관계들 안에 갇혔다고 느꼈고 선이 끝났거나 그 선을 '돌파하는 데' 이르지 못했으며 그가 도주선을 가지고 있지 않았기 때문입니다. 이것이 바로 그가 『명예를 박탈당한 인간들의 삶』에서 빛나는 용어들로 말한 것입니다. 저항의 초점들을 내세워도 소용없습니다. 그런 초점들이 어디로부터 옵니까? 그러므로 그에게는 해결책을 찾기 위한 긴 시간이 필요했을 거예요. 왜냐하면 사실은 그것을 창조해 내야 했으니까요. 그래서 우리는 이 새로운 차원이 주체의 차원이라고 말할 수 있을까요? 푸코는 주체라는 단어를 인격이나 동일성의 형태로 사용하지 않았습니다. '주체화'는 과정으로, '자기'는 관계(자기와의 관계)로 사용했지요. 그리고 무엇이 문제인가요? (권력이 힘과 다른 힘들의 관계였던 반면) 이제는 힘의 자기와의 관계가 문제인 것이죠. 힘들의 선을 접는 방식을 따르면, 존재의 양상들을 구성하는 것, 혹은 죽음과도 관련된 삶의 가능성들, 즉 죽음과 우리의 관계들을 발명하는 것이 문제입니다. 주체로서의 존재가 아니라, 작품으로서의 존재를요. 임의의 규칙들을 따라서 지식으로부터 탈피하듯이 권력에 저항할 수 있는 존재의 양상들을 발명하는 문제예요. 지식이 이 양상들에 침투하려 하고 권력이 이들을 전유하려고 하더라도 말이죠. 그러나 존재의 양상들 혹은 삶의 가능성들은 끊임없이 스스로를 재창조하고, 다시 한번 떠오릅니다. 그리고 이 차원을 발명한 것이 그리스인들이라는 것이 사실이라 하더라도, 오늘날 모습을 드러내는 자들을 찾기 위해, 지식과 권력으로 환원되지 않는 우리의 예술가-의지를 찾기 위해 그리스인들에게로 되돌아갈 필요는 없습니다. 그리스인들에게로의 회귀가 없는 만큼, 푸코에게 주체로의 회귀도 없지요. 푸코가 처음에 부정했던 주체성을 다시 발견하거나 되찾았다고 생각하는 것은, '인간의 죽음'에 대한 오해만큼이나 깊은 오해입니다. 나는 심지어 주체화조차 주체와 거의 아무런 관련이 없다고 생각합니다. 인격들이나 동일성들이 아니라, 오히려 전기적이거나 자기적인 장, (높고 낮은) 강도들에 의해 작동하는 개체화, 개체화된 장들의 문제이지요. 이것은 다른 기회에 푸코가 정념이라고 부른 것입니다. 푸코에게 주체화의 관념은 권력과 지식의 관념만큼이나 독창적이지요. 이 세 가지 관념들에 대해 말하자면 그것들은 가장 위대한 현대철학을 구성할 뿐 아니라 삶의 방식과 세 차원들에 낯선 형상을 구성합니다(그리고 이것은 진지한 선언입니다).

작품으로서의 삶[1]

I

디디에 에리봉 당신은 이미 푸코의 작품에 대해 많은 논평을 했습니다. 그가 사망한 지 2년이 지난 지금 왜 이 책입니까?

들뢰즈 나를 위한 필요, 그에 대한 존경, 그의 죽음과 함께 중단된 작품에 대한 감정 때문이죠. 네, 이전에 나는 몇 가지 규정들(언표, 권력)에 대해서 논문들을 썼습니다. 그때 나는 가장 위대한 현대철학 중 하나로 보이는 그의 사유의 논리를 탐구한 것이었어요. 이 사유의 논리는 균형 잡힌 합리적 체계가 아닙니다. 언어조차 푸코에게는 언어학자들과 반대로 균형과는 거리가 먼 체계입니다. 한 사유의 논리는 등 뒤에서 부는 바람과 같은 것으로, 일련의 돌풍과 흔들림이지요. 라이프니츠의 표현에 따르면, 우리는 항구에 있다고 생각하지만 바다 한가운데 내던

---

1. 디디에 에리봉과의 인터뷰 (*Le Nouvel Observateur*, 1986년 8월 23일).

져져 있는 거예요. 탁월하게도 푸코의 경우가 그렇습니다. 그의 사유는 차원에 있어서 끊임없이 팽창했고, 그 차원들 중 어떤 차원도 앞선 차원에 포함되지 않습니다. 그러면 푸코가 그런 방향으로 내던져지도록 강요한 것, 항상 예기치 않은 길을 내도록 강요한 것은 무엇일까요? 위기를 거치지 않은 위대한 사상가는 없습니다. 위기는 사유의 시간에 흔적을 남기지요.

II

에리봉 많은 사람이 그의 역사적 연구들을 강조하는데, 당신은 그를 무엇보다 철학자로 간주했습니다.

들뢰즈 역사가 그의 방법의 일부라는 것은 확실합니다. 그러나 푸코는 결코 역사가가 되지 않았어요. 푸코는 역사와 더불어 역사철학들의 이야기와는 전혀 다른 이야기를 발명한 철학자입니다. 푸코에 따르면 역사는 우리를 둘러싸고 제한합니다. 역사는 우리가 누구인지를 말해 주는 것이 아니라, 우리가 그로부터 차이 나는 중인 바의 무엇이며, 우리의 정체성을 구축하는 것이 아니라 우리와 다른 것을 위해 우리의 정체성을 흐트러뜨리는 무엇입니다. 그래서 푸코는 최근의 짧은 역사적 계기들을 사유한 것입니다(17세기에서 19세기 사이). 그리고 심지어 그가 그의 마지막 책들에서 그리스인들과 기독교인들로부터 일련의 긴 기간을 고려한 것은, 우리가 어떤 점에서 그리스인들과 기독교인들이 아닌지, 어떤 점에서 우리가 다르게 되는지를 찾기 위해서입니다. 간단히 말해서, 역사는 우리를 우리 자신으로부터 분리하는 것, 그리고 우리 자신에 대해 사유하기 위해 넘어서고 가로지르게 되는 것입니다. 폴 베인이 말하듯이, 영원만큼 시간에 대립하는 것은 우리의 현재^{actualité}이지요. 푸코는 동시대 철학자들 중에 가장 현재적인, 19세기와 철저히 단절한(이로부터 19세기를 사유할 수 있는 그의 자격이 따라 나오지요) 철학자입니다. 푸코가 흥미로워했던 것은 현재성입니다. 그것은 또한 니체가 비현실적인 것 혹은 반시대적인 것^{intempestif}이라 불렀던 바로 그것으로서, **행위 중인**$^{in\ actu}$, 사유의 행위로서의 철학입니다.

III

에리봉 그런 의미에서 당신은 푸코에게 '우리가 사유한다는 것은 무엇인가?'라는 질문이 본질적이라고 말할 수 있는 거군요.

들뢰즈 그렇죠. 그는 사유한다는 것은 까다로운 행위라고 했지요. 푸코는 확실히 하이데거와 함께, 그러나 아주 다른 방식으로, 사유의 이미지를 가장 깊이 갱신한 철학자입니다. 그리고 이 이미지는 수많은 차원에서 푸코 철학의 연속적인 층들 혹은 지층들을 따릅니다. 사유한다는 것은 우선 보고 말하는 것이죠. 하지만 눈은 사물들의 수준에 머물러서는 안 되고 '가시성'으로까지 고양되어야 하며, 언어는 단어와 구문에만 머물러서는 안 되고 언표로까지 올라가야 합니다. 아카이브와 같은 사유지요. 그러고 나서 생각한다는 것은 할 수 있다는 것, 힘의 관계들이 폭력으로 환원되지 않고 행동에 대한 행동으로, 다시 말해서 행위로 구성된다는 것을 이해한다는 조건하에서, 힘의 관계들을 펼친다는 것입니다. 이를테면 '격려하다, 유도하다, 우회하다, 쉽거나 어렵게 만든다, 확장하거나 제한한다, 다소 그럴법하게 만든다…' 등의 행위들로요. 그것은 전략으로서의 사유입니다. 결국, 마지막 책들에서 그는 '주체화의 과정'으로서의 사유를 발견한 것이죠. 여기에서 주체로의 회귀를 본다는 것은 어리석은 일입니다. 실존 양상들의 구성이 문제인 것이죠. 혹은 니체가 말했듯이 삶의 새로운 가능성들을 발명하는 문제이기도 하고요. 주체로서의 실존이 아니라 예술작품으로서의 실존을 말합니다. 그리고 이 마지막 단계, 그것은 예술가의-사유입니다. 분명 중요한 것은 우리가 어떻게 이러한 규정들 중 하나로부터 다른 하나로 반드시 넘어가는가를 보여주는 것입니다. 이 행들은 이미 준비되어 있던 것이 아니고, 푸코가 더듬어 가는 길들에 대응한 것이며, 그 길들은 그가 오르면서 만들어지는 계단들과 그가 느끼는 만큼 탄생하는 흔들림과 함께 갑니다.

IV

에리봉 순서에 따라 계단들을 오르자. '아카이브'는 무엇입니까? 당신은 푸코에게 아카이브가 '시청각적'이라고 말했는데요.

들뢰즈 고고학, 계통학, 그것은 또한 지질학이기도 합니다. 고고학이 반드시 과거에 관한 것이 아니에요. 현재의 고고학이 있지요. 고고학은 어떤 방식으로는 항상 현재에 관한 것입니다. 그것은 아카이브이고, 아카이브는 청각-시각의 두 부분으로 되어 있어요: 문법에서 배우는 것과 사물에서 배우는 것. 단어mots와 사물의 문제가 아닙니다(푸코의 책은 반어적으로만 그 제목을 달고 있을 뿐이에요). 사물은 그로부터 가시성을 추출하기 위해서 취해야 합니다. 그리고 한 시대의 가시성은 빛의 체제입니다. 빛의 흔들림, 번쩍거림, 섬광은 빛과 사물들의 접촉에서 만들어지는 것입니다. 마찬가지로, 단어들 혹은 구문들로부터 언표들을 추출하기 위해 그것들을 금가게 해야 합니다. 그리고 한 시대의 언표가능한 것은, 언어의 체제입니다. 그리고 언어의 체제는 그에 내재하는 변이들에 따라 하나의 등질적인 체계로부터 다른 체계로 건너뛰면서 끊임없이 이행하지요(언어는 항상 불균등한 상태에 있습니다). 푸코의 역사적인 거대 원칙은 모든 역사적 형성이 그것이 말할 수 있는 모든 것을 말하고, 그것이 볼 수 있는 모든 것을 본다는 것입니다. 예를 들어, 17세기

광기의 경우: 어떤 빛 아래에서 광기를 볼 수 있는가, 그리고 어떤 언표 속에서 광기가 말해질 수 있는가? 그리고 오늘날의 우리: 오늘날 우리가 말할 수 있는 것은 무엇인가, 우리가 볼 수 있는 것은 무엇인가? 철학자들은 일반적으로 비의지적 인격에 대한, 삼인칭의 철학을 합니다. 푸코를 만났던 사람들을 사로잡았던 것은 그의 눈과 목소리, 그리고 그 둘[눈과 목소리] 사이의 바른 자세였습니다. 단어들을 뽑아내는 섬광과 번쩍임, 언표들, 심지어 푸코의 웃음도 언표지요. 보는 것과 말하는 것 사이에 이접이 있다면, 어떤 간극과 환원불가능한 거리에 의해 둘이 분리된다면, 그것이 의미하는 것은 단지 다음과 같은 것입니다. 대응이나 일치를 통해 인식connaissance(혹은 오히려 '앎'savoir)의 문제를 해결할 수는 없으리라는 점. 본다와 말하다를 엮고 짜는 근거는 다른 데서 찾아야 할 것입니다. 그것은 마치 아카이브가 서로 환원이 불가능한 두 가지, 다시 말해서 한편으로는 가시적인 것의 형태를, 다른 한편으로는 언표가능한 것의 형태를 만드는 거대한 단층으로부터 가로지른 것과 같습니다. 그리고 하나와 다른 하나를 꿰매고 둘-사이를 점령하는 실이 지나가도록 하는 것은, 다른 차원에 있는 형태들 바깥입니다.

V

에리봉 거기에 모리스 블랑쇼와의 어떤 닮은 점, 심지어 블랑쇼의 영향이 있지 않습니까?

들뢰즈 푸코는 항상 블랑쇼와 관련된 어떤 빚을 인정했습니다. 아마 다음과 같은 세 가지 점일 거예요. 우선, '말한다는 것, 그것은 보는 것이 아니다….' 이 차이는 사람들이 볼 수 없는 것에 대해 말할 때, 언어를 자신의 극단적인 한계까지 가져가도록 하며, 말할 수 없는 것indicible의 역능에까지 고양시킵니다. 다음으로는 삼인칭의 우월성입니다. '그' 혹은 중성인 'on'은 앞선 두 인칭과 관련해볼 때, 모든 언어적 인칭론을 거부하지요. 마지막으로, 바깥이라는 주제입니다. 모든 외부 세계보다 더 멀고, 바로 그것 때문에 모든 내면적 세계보다 심지어 더 가까운 바깥Dehors과의 '비-관계', 그리고 그만큼의 관계. 그리고 푸코가 어떤 점에서 이 주제들이 자율적으로 전개되도록 하였는지를 인지한다고 해도, 이것이 블랑쇼와의 만남의 중요성을 감소시키지는 않습니다. 본다-말하다의 이접은 레이몽 루셀에 대한 책과 마그리트에 대한 텍스트와 더불어 정점에 달했고, 가시적인 것과 언표가능한 것의 새로운 지위를 이끌어내게 됩니다. '누군가 말한다'on parle는 언표이론을 활성화시키게 되고요. 가까운 것과 먼 것이 바깥 선ligne으로 전환되어, 삶과 죽음의 시련으로서, 접힘과 펼침이라는 (하이데거와도 역시 매우 다른) 푸코의 고유한 사유 행위를 견인하게 되고, 결국 주체화의 과정의 토대로 자리 잡게 됩니다.

VI

에리봉 아카이브 혹은 앎에 대한 분석 이후에, 푸코는 권력을, 이후에는 주체성을 발견하게 됩니다. 앎과 권력 사이에, 그리고 권력과 주체화 사이에는 어떤 관계가 있습니까?

들뢰즈 권력은 정확히 앎의 형태들 사이 혹은 그 아래로 지나가는 비정형의 요소입니다. 그래서 미시물리학이라고 말한 것이죠. 그것은 힘, 힘들의 관계이지 형태가 아닙니다. 그리고 니체를 연장하여 푸코가 생각한 힘들의 관계라는 개념은 푸코 사유의 가장 중요한 점들 중 하나입니다. 앎과 권력이 구체적으로는 분리불가능한 혼합체를 구성한다고 해도, 그것은 앎의 차원과는 또 다른 차원입니다. 그러나 모든 질문은 이런 것이 되죠. 왜 푸코에게 또 다른 차원이 필요할까? 왜 그는 앎과 권력으로부터 동시에 구분되는 주체화를 발견하게 되는가? 그래서 사람들은 이렇게 말합니다 : 푸코가 주체로 되돌아왔다, 그가 항상 부정했던 주체 개념을 재발견했다. 전혀 그런 것이 아닙니다. 그의 사유는 모든 점에서 위기를 가로질렀으나, 그것은 회개가 아니라 창조적인 위기였습니다. 푸코가 『앎의 의지』 이후에 점점 더 크게 느꼈던 것은, 그가 권력관계 안에 갇히는 중이라는 것이었어요. 권력의 초점들과 '1 : 1 대면하는'vis-à-vis 저항의 지점들을 환기한다고 해도 소용없었어요. 어디에서 이 저항들이 온다는 겁니까? 푸코는 자문했습니다. 어떻게 선을 넘을 것인가, 어떻게 그들의 경우 힘들의 관계를 극복할 것인가? 또는 우리는 권력을 억류하든지 권력에 시달리든지 간에 권력에 머리를 맞대도록 저주받은 것인가? 이것은 '명예를 박탈당한 인간'에 대한 푸코의 가장 격렬하고 가장 재미있는 텍스트들 중 하나에서 [던진 질문들입니다]. 푸코는 이 질문에 대답하기 위해 오랜 시간을 보냈습니다. 힘의 선을 넘어선다는 것, 권력을 극복하는 것, 그것은 다른 힘들을 촉발하는 대신, 힘을 굴복시키거나 스스로 촉발되도록 하는 것일 겁니다. 푸코에 따르면, '접힘'은 힘이 자기와 맺는 관계입니다. 힘들의 관계를 '이중화'하는 것이 관건이지요. 우리가 권력에 저항하고, 권력으로부터 벗어나고, 권력에 대항하여 삶 혹은 죽음으로 되돌아갈 수 있도록 만드는 자기와의 관계가 문제인 것입니다. 푸코에 따르면, 이것은 그리스인들이 발명한 것입니다. 이것은 앎에서처럼 더 이상 규정된 형태들의 문제가 아니고, 권력에서처럼 강제하는 규칙들의 문제도 아닙니다. 실존을 예술작품으로 생산하는 **임의**의 **규칙**들, 실존의 양태들 혹은 삶의 스타일들을 구성하는(심지어 자살조차 일부가 될 수 있습니다) 윤리적이고 동시에 미학적인 규칙들의 문제입니다. 이것은 니체라면 힘의 의지의 예술가적 조작으로서 발견했을 새로운 '삶의 가능성들'의 발명입니다. 모든 종류의 근거들로 인해, 우리는 이것을 주체로의 회귀라고 부르기를 삼가야 합니다. 왜냐하면 주체화의 과정들은 시대에 따라 완전히 가변적이고, 아주 다른 규칙들에 따라 이루어지기 때문이지요. 권력이 그 과정들을 매번 끊임없이 회수하고 힘의 관계들에 복속시키지만 그만큼이나 가변적입니다. 새로운 삶의 양태들을 무한히 발명하느라 재생하기도 하지만요. 그러므로 그리스인들에게로의 회귀도 아닌 겁니다. 주체화의 과정, 다시 말해서 실존 양태의 생산은 주체를 그 내면 전체에 대해, 그 동일성 전체에 대해 파면하지는 않는다고 해도, 주체와 혼동될 수 없지요. 주체화는 '인격'과는 전혀 아무런 관계가 없습니다. 사건(어느 낮의 한 시간, 어떤 강, 어떤 바람, 어떤 삶…)을 특징짓는 것은 특수한 것이든 집단적인 것이든 개체화입니다. 이것은 강도적인 양태이지 인격적 주체가 아닙니다. 이것은 특정한 차원으로서, 이 차원이 없이는 앎을 넘어서지도 권력에 저항하지도 못할 것입니다. 푸코는 그리스인들, 기독교인들의 실존 양태들을 분석하게 됩니다. 그들은 어떻게 앎으로 진입했는가, 그들은 어떻게 권력과 타협했는가. 그러나 그들 자체로 보자면, 그들은 다른 본성을 가지고 있습니다. 예를 들어, 목회권력으로서 교회는 기독교적 실존 양상들을 끊임없이 정복하고자 하겠지만, 실존의 양상들은 **종교개혁 전이라도** 교회의 권력에 끝없이 의문을 제기하겠지요. 그리고 푸코의 방법에 부합하게도, 그가 본질적으로 관심을 가진 것은 그리스인들에게로의 회귀가 아니라 오늘날의 우리입니다:우리의 실존 양태들, 우리의 삶의 가능성들 혹은 주체화의 과정들은 무엇인가, 우리는 앎과 권력을 넘어서서 우리를 '자기'로서 구성할 방식들을, 니체라면 말할 법한 충분히 '예술적인' 방식들을 가지고 있는가? 여기에서 문제가 되는 것이 어떤 방식으로는 삶과 죽음인데, 우리는 그러한 것을 할 수 있는가?

Ⅶ

에리봉 푸코는 앞서 인간의 죽음이라는 주제를 전개했고 이는 많은 논란을 낳았습니다. 이 주제가 창조적인 인간 존재라는 생각과 함께 갈 수 있을까요?

들뢰즈 인간의 죽음은 주체보다 상황이 훨씬 더 나쁩니다. 거기에서 푸코의 사유에 대한 오해들이 증폭되었지요. 그러나 오해들은 결코 순수하지 않았어요. 그것은 어리석음과 악의가 뒤섞인 것이죠. 사람들은 사상가를 이해하기보다는 모순을 찾는 것을 훨씬 좋아합니다. 그래서 그들은 푸코가 인간을, 그러므로 인간의 권리를 믿지 않았는데… 어떻게 정치적인 투쟁을 이끌어나갈 수 있었을지에 대해 말합니다. 사실, 인간의 죽음은 푸코가 니체를 다시 취한, 매우 단순하고 엄격한 주제입니다. 그러나 푸코는 이 주제를 아주 독창적인 방식으로 전개했죠. 그것은 형태와 힘의 문제입니다. 힘은 항상 다른 힘들과의 관계 속에 있습니다. 인간의 힘들(예를 들어, 오성, 의지를 가지다…)이 주어졌다고 할 때, 그 힘들은 어떤 다른 힘들과 관계를 맺게 될까, 그리고 그로부터 '합성되어' 나오는 형태는 어떤 것일까? 『말과 사물』에서 푸코는 고전 시대에 인간은 그렇게 사유되지 않았으며, 신의 '이미지에 따라' 사유되었다는 것을 보여주었지요. 그것은 정확히 인간의 힘들이 무한의 힘들과 합성되었기 때문입니다. 반대로 19세기에는 인간의 이 힘들이 그 자체로 유한성의 힘들인 삶, 생산, 언어와, 인간이라는 형태로 된 구성체의 방식으로 대면했습니다. 그리고, 인간이라는 형태가 이미 존재하지 않았던 것처럼, 인간의 힘들이 새로운 힘들과 다시 한번 관계를 맺게 된다면 인간 형태가 살아남을 이유가 전혀 없는 것이죠. 예를 들어, 19세기의 인간은 생명과 대면하고 탄소의 힘으로서 그것과 합성되었지요. 그러나 인간의 힘들이 규소의 힘과 합성되면 무슨 일이 일어날까요? 그리고 어떤 새로운 형태가 탄생하고 있을까요? 푸코에게는 두 명의 선구자가 있었습니다. 니체와 랭보지요. 푸코는 그들에 대해 훌륭한 자기의 판본을 덧붙였습니다. 우리는 삶과 언어와 어떤 새로운 관계를 갖게 될까요? 권력과는 어떤 새로운 투쟁들이 가능할까요? 그것이 주체화의 양태들에 이른다면, 그것은 같은 문제를 쫓는 하나의 방식이 될 것입니다.

VIII

에리봉 당신이 '실존의 양태들'이라고 부르고 푸코가 '삶의 스타일'이라고 부른 것에는 삶의 미학이 있습니다. 당신은 그것을 예술작품으로서의 삶이라고 다시 불렀지요. 그러나 거기에는 윤리도 있습니다.

들뢰즈 네, 실존의 양태들 혹은 삶의 스타일들의 구성은 단순히 미학적이기만 한 것이 아닙니다. 푸코는 그것을 도덕과 대립하여 윤리라 불렀습니다. 그 차이는 이런 것입니다. 도덕은 특별한 유형의 억압적 규칙들의 집합으로 제시되며, 행동들과 의도들을 초월적인 가치들과 관련시켜 심판하는 것이 관건이지만(그것은 잘한 일이고, 그것은 나쁜 일이야…), 윤리는 우리가 한 일, 우리가 말한 것을 그것이 함축하는 실존 양태에 따라 평가하는 임의의 규칙들의 집합이지요. 사람들은 이런 말을 하고, 저런 행동을 합니다 – 이것은 어떤 실존 양태를 함축할까요? 영혼의 천박함, 증오에 가득 찬 삶 혹은 삶에 대한 복수에 의해서만 말하거나 행동할 수 있는 것들이 있습니다. 가끔은 몸짓 하나 혹은 단어 하나로도 충분하지요. 우리를 이러저러하게 구성하는 것은 항상 함축되어 있는 삶의 스타일들입니다. 스피노자에게서 이미 찾을 수 있는 '양태'의 관념이 그것이었습니다. 그리고 그것은 푸코가 철학을 시작한 때부터 그의 철학에 현존했죠. 우리는 무엇을 볼 '수 있고', (언표의 의미에서) 말할 '수 있는가'? 그러나 거기에 어떤 윤리 전체가 있다고 해도, 그것은 역시 미학의 문제이기도 한 것입니다. 위대한 작가에게 스타일은 항상 삶의 스타일이기도 하지만, 스타일은 결코 인격적인 무엇이 아니라 삶의 가능성, 실존의 양태의 발명입니다. 철학자들이 스타일이 없다거나 글을 잘 못 쓴다고 종종 말하는 것은 이상하지요. 그 철학자의 글을 읽지 않았기 때문에 그렇게 말하는 것이 분명해요. 프랑스에 머물렀다는 이유로, 데카르트, 말브랑슈, 멘드비랑, 베르그손, 심지어 발자크의 한 면을 가진 오귀스트 꽁트조차 스타일리스트입니다. 그런데 푸코 역시 이 라인에 있는 위대한 스타일리스트입니다. 푸코의 개념은 리듬적 가치, 혹은 자기와의 기묘한 대화 속에서처럼 대위법적인 가치를 지닙니다. 그는 자신의 책들 중 몇 권을 그런 대화로 마무리했지요. 그의 구문은 가시적인 것의 번쩍거림과 흔들림을 거두어들였지만, 또한 가죽 줄처럼 뒤틀리고 접히고 풀립니다. 또는 언표들의 흐름에 따라 펄럭이지요. 그리고 나서 이 스타일은 마지막 책들에서, 점점 더 어둡고 점점 더 순수한 선을 찾으면서 일종의 평정을 향해 갔습니다….

푸코의 초상[1]

끌레르 파르네 이 책은 어떤 생각으로 쓰셨나요? 미셸 푸코에 대한 오마주입니까? 그의 사유가 제대로 이해되고 있다고 평가하시는지요? 푸코와 당신의 닮은 점들과 차이들, 그에게 빚졌다고 평가하는 것을 분석하셨습니까? 혹은 푸코에 대한 정신적인 초상화를 그리고 싶으셨나요?

들뢰즈 나는 이 책을 쓸 진정한 필요를 느꼈습니다. 우리가 사랑하고 존경하는 어떤 사람이 죽었을 때, 우리는 종종 그에 대한 그림을 그릴 필요를 느끼지요. 그를 찬양하기 위해서가 아니고, 그를 변호하기 위해서는 더더욱 아니고요. 그를 기억하기 위해서라기보다는, 그의 죽음으로부터만 도래할 수 있고 '이것이 그다'라고 말할 수 있도록 하는 궁극적인 닮음을 그로부터 이끌어내기 위해서죠. 하나의 마스크, 혹은 그 자신이 이중적인 것이라고 부른 그것, 대역^{doublure}. 각각이 자신의 방식으로 이

---

1. 끌레르 파르네와의 대담 (1986년).

닮음 혹은 이 대역을 이끌어낼 수 있습니다. 그러나 결국 우리 모두로부터 그렇게도 닮지 않게 되면서 자신에게 스스로 닮아 간 것이죠. 문제는 내가 그와 함께 가지고 있다고 생각하는 공통점 혹은 차이점이 아닙니다. 내가 그와 공통으로 가지고 있는 것은 필연적으로 무정형이었고, 그것은 내가 그와 함께 말할 수 있도록 해준 어떤 근거fond였죠. 나에게 있어서 그는 계속해서 가장 위대한 현재의 사상가입니다. 우리는 한 인간의 초상화처럼 하나의 사유의 초상화를 그릴 수 있습니다. 나는 그의 철학에 대한 하나의 초상화를 그리고 싶었습니다. 선들이나 특질들은 어쩔 수 없이 나로부터 오겠지만, 그가 이 그림을 엄습해 올 때에만 성공하겠지요.

파르네 당신은 이미 『디알로그』에서 다음과 같이 썼습니다. '나는 푸코에 대해 말하고, 그가 나에게 이것 또는 그것을 말했다고 이야기하고, 내가 그를 본대로 상세히 말할 수 있습니다. 그러나 그가 극도로 주의를 기울이고 갑작스럽게 닫아버리며 힘주어 발음한 소리들, 단호한 몸짓들, 완전히 건조한 나무와 불로 된 생각들, 우리가 부드러움을 느끼는 순간에조차 위험하게 느껴지는 그의 웃음과 미소의 전부를 실재로 만날 줄 모르는 한, 그런 것들은 아무 의미도 없습니다….' 푸코의 사유에는 '위험한' 어떤 것이 있어서, 그것이 계속해서 정념을 자극한다는 것입니까?

들뢰즈 네, 위험하지요. 왜냐하면 거기에는 푸코의 맹렬함이 있기 때문입니다. 푸코는 제압되고 지배되어 용기가 되어버린 극단적인 맹렬함을 가지고 있었습니다. 어떤 시위에서는 그 맹렬함으로 흔들렸지요. 그는 참을 수 없는 것을 지각했습니다. 아마도 그것이 주네Genet와의 공통점이었어요. 그는 열정적인 사람이었고, '정념'passion이라는 단어에 정확한 의미를 부여했습니다. 사람들은 그의 죽음을 폭력적인 죽음으로밖에는 생각할 수 없어요. 그의 작품을 중단시켰기 때문이지요. 그리고 적어도 마지막 저서들에 이르기까지 일종의 압도적인 고요함을 보여준 그의 스타일은 하나의 채찍 같습니다. 그것은 뒤틀리고 풀어지는 가죽끈이었어요. 폴 베인은 전사인 푸코의 초상을 그렸어요. 푸코는 항상 전투의 먼지 혹은 귓속말을 불러일으켰습니다. 사유 자체가 그에게는 하나의 전쟁기계였어요. 이미 사유의 바깥으로 한 걸음 디디자마자, 인지가능한 것과 안심되는 것 바깥으로 모험을 떠나자마자, 알려지지 않은 땅에 대한 새로운 개념을 발명해야 한다고 생각하자마자, 방법과 도덕이 무너지고, 푸코의 표현을 따르자면, 사유는 하나의 '까다로운 행위', 우선 자기 자신에 대해 실행하는 폭력이 됩니다. 사람들의 반박 혹은 질문들조차 항상 [사유의] 가장자리로부터 오는데, 그것은 사람들이 던지는 구명대 같은 것이지만, 그것은 당신을 돕기보다는 오히려 녹초가 되게 하고 앞서나가는 것을 방해합니다. 반박은 항상 별것 아닌 것들 그리고 게으른 것들로부터 오고, 푸코는 다른 모든 것보다 이를 잘 알았습니다. 멜빌은 이렇게 말했지요. '논쟁의 필요 때문에 그가 미쳤다고 말한다면, 그러면 나는 현명하기보다는 미치는 것을 택하겠다. … 나는 잠수하는 모든 이들을 사랑한다. 어떤 물고기도 표면 가까이에서 헤엄칠 수 있지만, 5,000미터 그리고 그 이상 깊이 내려가기 위해서는 커다란 고래여야 한다. … 사유의 잠수사들은 세계의 시작으로부터 핏발이 선 눈으로 표면에 되돌아온다.' 사람들은 극한의 육체 훈련에는 위험이 따른다는 것을 기꺼이 인정합니다. 그러나 사유 역시 극한의 드문 훈련입니다. 사유를 시작하자마자 사람들은 필연적으로 삶과 죽음, 이성과 광기가 노니는 선과 대면하고, 이 선은 당신을 이끕니다. 반드시 패배자가 되는 것은 아니고, 반드시 광기나 죽음의 선고를 받는 것은 아니라고 하더라도, 우리는 이 마법사의 선 위에서만 사유할 수 있습니다. 푸코는 이것에, 이 전복에, 죽음과 광기의 가깝고도 먼 끝없는 붕괴에 끊임없이 매료되었습니다.

파르네 『광기의 역사』는 이미 모든 것을 함축하고 있었나요, 아니면 연속적인 돌발들, 위기들, 방향의 변화들이 있습니까?

들뢰즈 광기의 질문은 푸코의 저작 전체를 가로지릅니다. 그리고 아마도 그는 『광기의 역사』가 '광기의 경험'을 너무 믿었다는 것을 아쉬워했을 겁니다. 그는 현상학보다는 인식론을 선호했어요. 인식론에서 광기는 이러저러한 역사적 형성에 따라 다른 '앎' 속에서 취해지지요. 푸코는 항상 역사를 이런 식으로 이용했고, 거기에서 미치지 않는 방식을 보았습니다. 그러나 사유의 경험은 앎의 서로 다른 형상들을 통과하는 부러진 선과 분리불가능합니다. 광기의 사유는 광기의 경험이 아니라 사유의 경험입니다. 그것은 와해 속에서만 광기가 되지요. 이것은, 『광기의 역사』가 예를 들어 푸코가 만들게 될 담론, 지식, 권력의 개념이 모든 것을 원칙적으로 이미 내포하고 있다는 말일까요? 그것은 확실히 아닙니다. 위대한 작가들에게는 종종 모험이 도래합니다. 사람들은 어떤 책에 대해 그들을 칭송하고 그 책을 존경하더라도 만족하지 않지요. 왜냐하면 그들은 그들이 원하고 찾는 것으로부터 여전히 얼마나 멀리 있는지를, 그리고 그것에 대해 겨우 하나의 모호한 관념밖에는 가지고 있지 않다는 것을 알고 있기 때문입니다. 그래서 그들은 논쟁들, 반박들, 토론들에 허비할 시간이 없는 것이죠. 나는 푸코의 사유가 진화하지 않은 사유가 아니라 위기들에 의해 진행된 사유라고 생각합니다. 나는 사상가가 위기를 가로지르지 않을 수는 없다고 생각합니다. 사상가는 지나치게 요동치지요. 라이프니츠의 멋진 고백이 있어요. '이것들을 구축하고 나서 나는 항구에 접어들었다고 생각했습니다. 그러나 내가 영혼과 몸의 결합union에 대해 숙고하기 시작했을 때, 나는 바다 한가운데에 내던져진 것 같았어요.' 심지어 사상가들에게 우월한 정합성을 제공하는 것이 바

푸코의 초상 **193**

로 이러한 선을 부수는 능력, 방향을 바꾸는 능력, 바다 한가운데에 스스로를 내던지는 능력, 즉 발견하고 발명하는 능력입니다. 『광기의 역사』는 이미 위기의 한 출구였을 겁니다. 푸코는 그로부터 앎의 개념틀 전체를 전개했는데, 이는 『지식의 고고학』(1969)에, 즉 언표이론에 이르렀습니다. 그리고 이는 다시 68이라는 새로운 위기로 통하게 되지요. 이때가 푸코에게는 힘과 기쁨, 창조적인 즐거움의 위대한 시기였던 것 같습니다. 『감시와 처벌』이 그 지표이고, 거기에서 그는 지식으로부터 권력으로 넘어갑니다. 그가 이전에 지적했고 표시해 두었지만 탐험하지 않은 이 새로운 영역으로 침투하는 겁니다. 네, 급진화한 것이죠. 68은 권력의 모든 관계들을 그것이 실행되는 모든 곳에서, 즉 어디에서나 적나라하게 드러냈습니다. 푸코는 이전에는 무엇보다 형태들을 분석했습니다만, 지금은 형태들의 기반이 되는 힘의 관계들로 넘어간 것입니다. 그는 무정형한 것, 그가 '미시물리적'이라 부른 요소 속으로 뛰어들었습니다. 그리고 이것은 『앎의 의지』에 이르기까지 진행됩니다. 그러나 이 책 이후에 또 다른 위기가 있었을까요? 이전과는 매우 다르고 더 내부적인, 그리고 아마도 더 우울하고 더 비밀스러운 위기, 막다른 골목에 처한 느낌? 많은 이유가 연결되었습니다. 우리는 아마 이 점으로 되돌아오겠지만, 나는 푸코가 사람들이 그를 조용히 내버려두기를, 몇몇 측근과 함께 혼자 있기를, 제자리에서조차 스스로부터 멀리 있기를, 어떤 단절의 지점에 이르기를 바랐다고 느겼어요. 나는 인상들을 말하는 것뿐입니다. 완전히 잘못된 것일 수도 있습니다.

표면적으로 그는 성의 역사에 대한 작업을 계속했어요. 그러나 그것은 완전히 다른 선에서였지요. 그때까지 그는 짧은 기간(17~19세기)의 형성들로 만족한 반면, 이번에는 긴 기간(그리스 시대로부터)의 역사적 형성들을 발견했을 거예요. 그는 자신의 모든 연구를 주체화의 양상들이라고 부른 것에 따라 재정위했습니다. 그것은 전혀 주체로의 회귀가 아닙니다. 그것은 지식과 권력의 이전 관계들이 바뀌는 어떤 새로운 창조, 단절하는 선, 새로운 탐험이었지요. 새로운 급진화라고 말해도 좋아요. 그의 스타일조차 변했습니다. 번쩍임과 굉음들을 포기하고 점점 더 어둡고, 점점 더 순수하여 거의 잠잠해진 선형성을 발견했어요. 다시 말해서 그 모든 것은 단순히 이론의 문제가 아니었던 것이죠. 그의 사유는 전혀 이론의 문제였던 적이 없어요. 삶의 문제들이었죠. 삶 그 자체였어요. 그것은 푸코가 이 새로운 위기로부터 빠져나오는 방식이었습니다. 위기로부터 빠져나오도록 하고 지식과 권력의 새로운 관계를 이끌어낼 수 있는 선을 추적한 것이죠. 그것 때문에 사망했다고 해도요. 바보 같은 분위기가 있지요. 그러나 그를 죽게 한 것은 주체화의 발견이 아닙니다. 그렇다고 해도… '가능하다는 것, 그것이 없다면 숨이 막힐 거예요…' 푸코의 저서 한 끝에서 다른 한 끝에 이르는 본질적인 어떤 것이 있습니다. 그는 항상 역사적인 형성들을 다루었지요(짧은 기간이든 결국은 긴 기간이든 간에). 그러나 항상 오늘날의 우리와 관계가 있었습니다. 그는 이것을 책에서 명시적으로 말할 필요가 없었어요. 그건 너무 명백했고, 이를 한층 더 잘 말하는 수고는 잡지와의 대담들에 맡겼습니다. 그래서 푸코의 대담들은 그의 작품의 완벽한 일부가 됩니다. 『감시와 처벌』은 18세기와 19세기를 불러들이지만 오늘날의 감옥, 그리고 푸코와 드페르가 68 이후에 창립한 정보 그룹과 엄격하게 분리될 수는 없습니다. 역사적인 형성들에 관심을 갖는 것은, 오로지 그것이 우리가 그로부터 빠져나온 곳과 우리를 아우르는 것, 우리를 표현하는 새로운 관계들을 찾기 위해 우리가 그 관계들을 끊는 중인 그 무엇을 표시하고 있을 때뿐입니다. 그가 진정 관심을 가진 것은 광기와 오늘날 우리의 관계, 처벌들과 우리의 관계, 권력과, 성욕과 우리의 관계입니다. 그리스인들이 아니라, 주체화와 우리의 관계, 스스로를 주체로 구성하는 우리의 방식이 문제인 것이죠. 사유한다는 것은 항상 실험하는 것입니다. 해석하는 것이 아니라 실험하는 것, 실험입니다. 그것은 항상 현재적인 것이고, 태어나는 것이며, 새로운 것이고, 지금 만들어지고 있는 것이죠. 역사는 실험이 아니고, 역사를 피해 가는 어떤 것에 대한 실험을 가능하게 하는 거의 소극적인 조건들의 총체일 뿐입니다. 역사가 없다면, 실험은 규정되지 않고 조건 지어지지 않은 채로 남을 것입니다. 그러나 실험은 역사적인 것이 아니죠. 그것은 철학적인 것입니다. 푸코는 20

세기의 가장 전적인 철학자 le plus pleinement philosophe, 아마도 유일한 철학자입니다. 그는 19세기로부터 완벽히 빠져나왔기 때문에 19세기에 대해 그렇게 잘 말할 수 있는 것입니다. 이런 의미에서 푸코는 자신의 삶을 자신의 사유에 집어넣은 것입니다. 권력과의 관계, 이어서 자기와의 관계, 이 모든 것이 삶 혹은 죽음, 광기 혹은 새로운 이성의 문제였습니다. 주체화는 푸코에게 주체로의 이론적 회귀가 아니었고, 삶의 새로운 양태, 새로운 스타일에 대한 실천적인 연구였습니다. 그것은 머리에서 일어나는 일이 아닙니다만, 오늘날에는 머리에서 공동체적이거나 개인적인 실존의 새로운 양태의 싹들이 나타납니다. 자아에는 그런 싹들이 있을까요? 그리스인들에게 물론 물어야 하지만, 그것은 단지 그들이, 푸코에 따르자면, 이 개념을, 삶의 양태라는 이 실천을 발명했기 때문입니다. 그리스의 경험, 기독교인들의 경험들 등이 있었지만, 우리를 위해 오늘날의 경험을 만드는 것은 그리스인들도 기독교인들도 아닙니다.

파르네 푸코의 사유에서는 모든 것이 그렇게도 비극적인가요? 유머가 스며 있는 사유이기도 하지 않았습니까?

들뢰즈 모든 위대한 작가들에게서 우리는 그런 유머 혹은 희극적 수준을 발견합니다. 그것은 심각함뿐 아니라 심지어 잔혹함과 같은 다른 수준들과 공존하지요. 푸코에게는 어떤 보편적인 익살이 있습니다. 『감시와 처벌』의 위대한 페이지들을 희극적으로 만드는, 처벌에 대한 익살뿐 아니라, 사물과 말에 대한 익살이 그것입니다. 푸코는 그의 책들에서만큼이나 삶에서도 많이 웃었을 겁니다. 그는 특히 루셀Roussel과 브리세Brisset를 사랑했는데, 이들은 19세기 말에 단어들과 구문들을 다루기 위해 엉뚱한 '절차들'을 발명했습니다. 그런데 루셀에 대한 푸코의 책(1963)은 이미 푸코가 『지식의 고고학』(1969)에서 창조한 언표이론의 시적이고 희극적인 판본으로 여겨집니다. 루셀은 전혀 같은 의미를 갖지 않지만 아주 약간 다른 두 구문을 취하고 ('늙은 약탈자의 무리들'les bandes du vieux pillard, '낡은 당구대의 쿠션들'les bandes du vieux billard), 이 구문들 중 하나가 다른 구문과 결합하거나 다른 구문 위로 접히도록 하기 위한 시각적인 장면들, 예외적인 광경들을 끌어들입니다. 브리세는 다른 수단들, 광기에 이른 어원학과 더불어 한 단어의 해체에 대응하는 장면들을 끌어오지요. 푸코는 이로부터 이미 가시적인 것과 언표 가능한 것의 관계에 대한 모든 개념들을 이끌어냅니다. 그리고 독자는 푸코가 하이데거 혹은 메를로-퐁티에 가까운 주제들과 재조우하는 것처럼 보이는 데 놀라게 되지요. '가시성, 시선의 바깥… 눈은 사물들이 그 존재의 은총에 의해 보이도록 한다….' 푸코가 말하지는 않았지만, 사람들은 그가 루셀에게서 하이데거의 원형을 발견한 거라고 말할 수도 있을 거예요. 그리고 하이데거에게 광기에 가까운 어떤 어원학적인 모든 절차가 있는 것도 사실입니다. 나는 루셀에 대한 푸코의 페이지들을 많이 좋아했습니다. 왜냐하면 나는 어떤 점에서 루셀의 다른 이웃한 작가인 자리Alfred Jarry(1873~1907)와 하이데거의 유사성에 대해서 더 혼란한 느낌을 가지고 있었거든요. 자리는 파타피지크pataphysique 2를 어원적으로 형이상학 너머로의 재상승이라 정의합니다. 그리고 그것을 명시적으로 가시적인 것 혹은 현상의 존재 위에 근거 짓습니다. 단순히 하이데거로부터 루셀로(혹은 자리로) 교체하는 것이 무슨 소용이 있을까요? 그것은 푸코에게 가시적인 것과 언표가능한 것의 관계들이 '절차들'을 가로질러 나타나는 대로 그 관계들을 완전히 변화시키는 데 이용되었습니다. 어떤 일치 혹은 상동(협화음) 대신에, 보는 것과 말하는 것 사이의 영구적인 전투, 짧은 옥죄임, 맞대결, 포획이 있을 것입니다. 왜냐하면 우리는 결코 보는 것을 말하지 않고, 말하는 것을 보지 않기 때문이죠. 두 사물 사이에서 언표가 떠오르듯이, 두 명제 사이에서 가시적인 것이 떠오릅니다. 지향성은 극장에, 가시적인 것과 언표가능한 것의 일련의 놀이에 자리를 완전히 내줍니다. 하나가 다른 하나를 쪼갭니다. 현상학에 대한 푸코의 비판은, 그가 그것을 말할 필요도 없이, 『레이몽 루셀』에 있는 것이죠.

---

2. * 알프레드 자리의 조어로 형이상학 너머의 의미, 예외적이고 부대적인 것에 대한 학문.

그리고 나서 푸코는 블랑쇼가 삼인칭을 내세운 것처럼 'on'[비인칭 주어]을 강조했습니다. 분석해야 할 것은 바로 이런 것이죠. On이 말하고, on이 보고, on이 죽는다. 네, 주체들이 있지요. 그것은 가시적인 것의 먼지 속에 춤추는 씨앗들이고, 익명적인 중얼거림 속에 있는 움직이는 자리들places입니다. 주체, 그것은 항상 빗나간 것입니다. 그것은 말하고 보는 것의 두께에서 탄생하고 사라집니다. 푸코는 그로부터 '명예를 박탈당한 인간'이라는 매우 흥미롭고, 어떤 신중한 쾌활함으로 가득 찬 개념을 이끌어내게 되지요. 그것은 조르주 바따이유와 반대되는 것입니다. 명예를 박탈당한 인간은 악의 과잉으로 정의되는 것이 아니고, 어원적으로 이웃들의 불평, 경찰의 소환, 재판…등의 다양한 사태에 의해서 갑자기 주위의 주목을 받게 되었을 때의 보통의 인간, 어떤 인간을 말합니다. 그는 권력과 대면한 인간으로서, 말하도록 촉구되고 보여주도록 명령받습니다. 그는 카프카보다는 체홉에 더 가깝지요. 체홉에게는 밤마다 아이를 재우지 못하는 하녀가 아이를 질식시킨다는 이야기, 자기의 낚싯대를 싣기 위해 레일의 볼트를 해체했다는 이유로 재판에 넘겨진 농부의 이야기가 있습니다. 명예를 박탈당한 인간, 그는 현존재Dasein입니다. 명예를 박탈당한 인간, 그는 빛의 다발과 소리의 파동 속에서 포착된 입자입니다. '명예'는 다르게 진행되지 않지요. 그것은 우리를 보여주고 말하게 하는 권력, 권력의 심급에 의해 포획되는 것입니다. 푸코가 알려지는 것을 잘 견디지 못하던 때가 있었습니다. 그가 무엇을 말하든, 사람들은 그를 칭송하기 위해 또는 그를 비판하려고 그를 기다렸지요. 사람들은 이해하려는 노력조차 하지 않았습니다. 어떻게 예기치 않은 것을 재정복할까요? 예기치 않은 것은 작업의 조건입니다. 명예를 박탈당한 인간이라는 것은 푸코의 꿈같은 것이었지요. 그의 코믹한 꿈이자 혼자 짓는 웃음이죠 : 나는 명예를 박탈당한 인간인가? 그의 텍스트, 「명예를 박탈당한 인간들의 삶」은 걸작입니다.

파르네 당신은 또한 이 글이 어떤 위기를 표현한다고 말하려는 것인가요?

들뢰즈 네, 완벽히 그렇죠. 이 글은 여러 가지 차원들을 가지고 있습니다. 푸코가 『앎의 의지』(1976) 이후에 8년간 책을 출판하지 않았다는 것은 사실입니다. 그는 『성의 역사』의 후속 작업을 중단했지요. 계획하고 있었지만요. '어린이 십자군' 등, 매우 진전된 연구를 가정하는 열정적인 진전이 있었지요. 이 순간에 그리고 이 몇 년 동안에 무슨 일이 있었던 것일까요? 위기가 있었다면, 아주 다양한 많은 요소들이 동시에 작용했음이 틀림없습니다. 아마 좌절은 더 멀리에서 왔을 겁니다. 감옥 운동이 결국 실패했지요. 다른 차원에서는 이란과 폴란드에서의 더 가까운 희망이 좌절되었고, 프랑스 사회와 문화적인 삶을 견디기가 점점 더 힘들어졌어요. 작업에 있어서도 『앎의 의지』, 『성의 역사』의 기획에 대한 오해의 느낌이 점점 더 커졌습니다. 마지막으로, 아마 가장 사적인 요소일 것 같은데, 그 자신이 막다른 골목에 처했다는 인상, 그의 사유뿐 아니라 삶과 관련해서도 어떤 출구를 찾기 위해 고독과 힘이 필요했다는 인상이 있었지요. 어떤 막다른 골목이었을까요? 푸코는 그때까지 지식의 형성과 권력의 장치들을 분석해 왔습니다. 그는 그 안에서 우리가 살아가고 말하는 지식-권력 혼합체에 이르렀지요. 그리고 그것이 바로 『앎의 의지』의 관점이었습니다 : 19세기와 20세기 성욕에 대한 언표들의 자료체를 구성하고, 어떤 권력의 초점들을 둘러싸고 이 언표들이 구성되는지를 찾기. 그 언표들이 표준적인 것이든, 반대로 논쟁적인 것이든 간에. 이런 의미에서 『앎의 의지』는 푸코가 이전부터 구성할 줄 알았던 방법에 여전히 속합니다. 그러나 나는 그가 권력 '너머에' 아무것도 없는가, 라는 질문에 막힌 것이라고 가정합니다. 그는 막다른 골목처럼 권력관계들에 갇혀 있지 않았을까요? 그는 그가 증오한 것에 매료되었다가 되던져진 것 같습니다. 권력에 봉착하는 것은 현대인(명예를 박탈당한 인간)의 몫이고 우리로 하여금 보고 말하도록 하는 것은 권력이기 때문에, 푸코는 그 질문에 대답하려고 해도 소용없었습니다. 그는 만족할 수 없었고, 그에게는 '가능한 것'이 필요했지요…. 그는 그가 발견한 것 속에 갇혀만 있을 수는 없었어요. 그리고 『앎의 의지』는 권력에 대한 저항 지점들을 끌어냈습니다. 그러나 모호하게 남아있었던 것은 정확히 그 지점들의 지위, 기원, 생성이지요. 푸코는 아마도 어떤 대가를 치르더라도 이 선을 넘어야 한다는 느낌, 다른 쪽으로 넘어가서 지식-권력의 너머로 한 번 더 가야 한다는 느낌을 가졌을 겁니다. 『성의 역사』의 프로그램 전체를 다시 의문에 부쳐야 한다고 해도 말이죠. 그리고 바로 이것이 그가 명예를 박탈당한 인간에 대한 그렇게 아름다운 텍스트에서 스스로에게 말한 바입니다. '선을 넘고 다른 쪽으로 넘어가지 못하는 항상 똑같은 무능력… 권력의 쪽, 권력이 말하거나 말하도록 하는 것을 항상 똑같이 선택….' 이것은 전혀 이전 작품을 포기하는 것이 아닙니다. 반대로, 이 새로운 대면을 향해 그를 밀어붙인 것은 그의 이전 저작들 전체이지요. 푸코의 연구를 '동반해 온' 독자들만이 이해할 수 있습니다. 그래서 이런 말을 듣게 되는 것은 참으로 우스꽝스러운 일이지요: 그가 잘못 생각했다는 것을 알아차렸다든가, 그가 주체를 재도입했다든가 하는 말들 말입니다. 그는 전혀 주체를 재도입하지 않았고, 지식과 권력의 혼합체들과 더불어 끝냈던 자기의 저서가 그에게 부과하는 불가피성 외에 다른 불가피한 것은 전혀 없었습니다. 그는 궁극적인 선으로 진입했고, 라이프니츠처럼 '바다 한가운데 내던져진' 것이죠. 그에게는 이 새로운 발견 외에 다른 선택의 여지가 없었어요. 그게 아니라면 글쓰기를 그만둬야 하는 거예요.

파르네 이 '선'은 무엇입니까? 혹은 더 이상 권력관계가 아닌 이 관계는 무엇인가요? 그것에 관한 이전의 예감을 찾을 수 없을까요?

들뢰즈 그건 말하기가 어렵습니다. 그 선은 윤곽이 없다고 해도 추상적인 것은 아닙니다. 선은 사물들 안에 있는 것이 아닌 것처럼 사유 안에 있는 것도 아니에요. 그것은 사유가 광기와 같은 어떤 것, 삶, 그리고 죽음과 같은 어떤 것을 마주치는 곳이라면 어디에나 있는 것이죠. 밀러는 사람들이 이 선을 신경 섬유에서, 거미줄의 선들에서, 그리고 어떤 분자에서든 발견한다고 말했죠. 그것은 아마 멜빌이 『모비 딕』에서 말한 고래가 그리는 끔찍한 선일 수 있어요. 그 선은 우리를 몰고 가거나, 선을 펼치면서 우리의 목을 조를 수 있습니다. 미쇼에게는 마약의 선, '선적인 가속', '격분한 수레꾼의 채찍'일 수 있지요. 칸딘스키의 선들, 혹은 반 고흐를 죽음에 이르게 한 선과 같은, 화가의 선일 수 있습니다. 나는 우리가 충분히 현기증 나게 생각할 때마다, 혹은 충분히 애쓰면서 살 때마다 그런 선들을 따라간다고 생각해요. 그것은 지식 너머에 있는 선들(어떻게 이 선들이 '알려질' 수 있을 것인가?)이고, 권력관계(이를 '지배하려는 의지'라고 부르고 싶어 했을 니체가 말한 것처럼) 너머에 있는 선들과 우리가 맺는 관계들입니다. 당신은 이 선들이 이미 푸코의 모든 저작에 드러나 있다고 말합니다. 맞습니다. 그것은 바깥

Dehors의 선이죠. 푸코는 이 단어를 블랑쇼에게서 빌렸는데, 블랑쇼에게서처럼 푸코에게 바깥은 모든 외부 세계보다도 더 먼 것입니다. 그래서 그것은 또한 모든 내면세계보다 더 가까운 것이기도 합니다. 그 결과 가까운 것과 먼 것 사이의 영구적인 역전이 일어나지요. 사유는 안^{dedans}으로부터 오는 것이 아닙니다. 그렇다고 해서 사유가 외부 세계의 기회^{occasion}를 확장하는 것도 아니죠. 사유는 이 바깥으로부터 오고, 그리고 되돌아갑니다. 사유는 바깥과 대면하는 것이지요. 바깥의 선, 그것은 모든 이질성을 갖춘 우리의 이중적인 것^{double}입니다. 푸코는 『레이몽 루셀』에서, 블랑쇼에 대한 찬사의 글에서, 『말과 사물』에서 바깥에 대해 말하기를 멈추지 않았죠. 『임상의학의 탄생』에는 푸코의 방법 혹은 절차의 범형처럼 보이는 비샤^{Bichat}에 대한 모든 이행이 있습니다. 그는 비샤의 죽음 개념에 대한 인식론적 분석을 수행하는데, 이 분석은 사람들이 상상할 수 있는 가장 진지하고 가장 빛나는 분석입니다. 그러나 그것이 텍스트를 온전히 드러내지 못한다는 인상을 받지요. 이 텍스트에는 이미 옛 저자의 서평을 넘어서는 정념이 있습니다. 그것은 비샤가 죽음을 폭력적이고 다수적이며 삶과 공외연적인 것으로 제시하면서, 틀림없이 죽음에 관한 최초의 현대적인 위대한 개념을 제안했기 때문이지요. 푸코는 고전적인 학자들처럼 이로부터 어떤 점이 아니라 선을 만들어 냈고, 우리는 끊임없이 그 선과 대면하며 그 선이 끝나는 순간에 이르기까지 두 가지 의미에서 그 선을 넘어섭니다. 이것이 바로 바깥의 선과의 대면이지요. 열정적인 인간은 어느 정도 선장 에이하브^{Achab}처럼 죽습니다. 혹은 오히려 고래를 쫓다가 파시 교도^{le Parsee}[조상이 페르시아계 조로아스터 교도인 사람]처럼 죽지요. 그는 선을 뛰어넘어요. 푸코의 죽음에는 이와 같은 어떤 것이 있습니다. 지식과 권력 너머에, 세 번째 쪽, '체계'의 세 번째 요소가… 극단적인 경우에, 죽음과 자살을 더 이상 구분할 수 없도록 만드는 어떤 가속이 있습니다.

파르네 이 선은, 만약 그것이 '끔찍하다'면, 어떻게 그것을 견딜 만한 것으로 만들 수 있습니까? 그것이 이미 주름의 주제인가요? 그 선을 휘어야 할 필요성?

들뢰즈 네, 이 선은 치명적이죠. 지나치게 폭력적이고 너무 빨라서, 우리를 숨 막히는 분위기로 이끕니다. 그것은 미쇼가 포기한 마약처럼 모든 사유를 무너뜨려요. 그것은 에이하브 선장의 '편집광'에서처럼, 더 이상 망상이나 광기이기만 한 것은 아닙니다. 선을 건너뛰는 것과 동시에 선을 견딜 만한 것으로, 실천 가능하고 사유 가능한 것으로 만들어야 할 거예요. 그것을 가능한 한 많이, 가능한 한 길게 삶의 기술^{art}로 만듭니다. 전적으로 선과 대면하면서 어떻게 스스로 구원하고 스스로 보존할 수 있을까요? 바로 여기에서 푸코에게서 자주 등장하는 주제가 나타납니다. 우리가 거주하고, 맞서고, 버팀목을 만들고, 숨 쉬고 — 간단히 말해서, 사유할 수 있는 견딜 만한 지대를 구성하기 위해, 선을 접을 수 있어야 해요. 선 위에서, 그리고 선과 함께 살기 위해 선을 구부리는 것은, 삶과 죽음의 문제입니다. 선, 그것은 미친 속도로 끊임없이 다시 펼쳐지고, 우리는 '우리 같은 느린 존재들'을 구성하기 위해, '태풍의 눈'에 이르기 위해 선을 구부리려고 노력합니다. 미쇼가 말한 것처럼, 그 둘을 동시에. 접힘(그리고 펼침)이라는 생각은 항상 푸코를 따라다녔어요. 그의 스타일과 그의 구문들이 접힘과 펼침으로 되어 있을 뿐 아니라, 루셀에 대한 책(『단어들을 접다』)에서 언어의 작용도 그랬습니다. 그것은 『말과 사물』에서 사유의 작용이고, 무엇보다 푸코가 자신의 마지막 저서들에서 삶의 기술의 작동(주체화)으로서 발견한 것입니다.

접힘 혹은 펼침. 하이데거의 독자들은 이것을 잘 알고 있습니다. 그것은 틀림없이 하이데거의 철학 전체에 대한 열쇠입니다('사유에 접근하는 것은 존재와 존재자의 **주름**^{Pli}을 향해 가는 것이다'). 하이데거에게는 개방성, 현상의 모든 가시성의 조건으로서 존재와 존재자의 주름, 먼 것들의 존재라는 인간의 현실이 있지요. 푸코에게는 바깥, 바깥 선의 주름, 바깥 존재라는 인간의 현실이 있지요. 이로부터 아마도 푸코는 자신의 마지막 인터뷰들에서 스스로를 하이데거와 접근시킨 것이겠죠. 그러나 두 사유는 전체로 볼 때 너무 다르고, 제기된 문제들이 그렇게도 다르기 때문에, 둘의 닮음은 매우 외부적인 채로 남게 되지요. 푸코에게는 현상학적 의미의 경험이 없습니다. 그에게는 항상 이미 바깥의 선에서 그 한계와 소멸을 동시에 발견하는 지식과 권력이 있지요. 나는 푸코가 미쇼와, 가끔은 심지어 꼭또Cocteau와 더 가깝다는 인상을 받아요. 푸코는 생명, 호흡의 문제와 관련하여 그들과 만납니다(그가 하이데거의 주제를 더 잘 변화시키기 위해 그 주제를 루셀에게로 옮긴 것처럼 말이죠). 정확히 『존재의 어려움에 대하여』라고 이름 붙인 유작에서, 꿈은 경이로운 속도로 작동하고 '우리가 영원을 견딜 수 있도록 중재하는 주름'을 펼치지만, 불면은 영원을 살아낼 수 있기 위하여 세계를 접어야 할 필요가 있으며, 모든 것은 단번에 주어지지 않는다고 설명한 것은 바로 꼭또입니다. 또는, 더 낫게는, 심지어 제목들과 부제들이 푸코에게 영감을 줄 수 있었던 것은 미쇼입니다. 『내면의 공간』, 『내부적인 멂』, 『주름 속의 삶』, 『빗장과 대면하여』(부제로는 '힘pouvoir을 위한 시', '지식 한 조각'…). 『내면의 공간』에서 미쇼는 다음과 같이 썼습니다. '아이는 스물두 개의 주름을 가지고 태어난다. 문제는 그것을 펼치는 것이다. 그렇게 되면 인간의 삶은 완성된다. 이런 형태하에서 그는 죽는다. 그에게 풀어야 할 주름은 전혀 남지 않는다. 한 인간이 풀어야 할 또 다른 몇 개의 주름 없이 죽는다는 것은 드문 일이다. 그러나 그런 일이 일어난다.' 나는 이 텍스트가 푸코와 가장 가까워 보입니다. 접힘과 펼침이 그에게도 같은 방식으로 공명합니다. 스물두 개 대신, 네 개의 원칙이 있다는 것만 제

외하고요 : (우리가 그리스인들이라면) 우리의 몸이 만드는 주름, (혹은 우리가 기독교인들이라면 우리의 살, 그러므로 각 주름마다 가능한 많은 변이들이 있는 것이죠), 힘이 다른 힘들에 실행되지 않고 스스로에 대해 실행될 때 그 힘이 만드는 주름, 진실이 우리와 관계 맺을 때 접히는 곳^{pliure}, 마지막으로 '기다림의 내면성^{intériorité}'을 구성하기 위한 바깥의 선 자체의 주름잡기로서, 궁극적인 주름잡기. 그러나 루셀에게서 미쇼에 이르기까지 시^{poésie}-철학을 구성하는 것은 항상 같은 질문입니다 : 숨막히는 텅 빔, 죽음 속에 떨어지지 않으면서 어디까지 선을 펼칠 수 있는가? 바깥과 공-현존하고 바깥에 적용할 수 있는 안을 구성하는 동시에, 어떻게 선과의 접촉을 잃지 않으면서 선을 접을 수 있는가? 이것은 '실천들'입니다. 나는 푸코에 대한 다소 비밀스러운 하이데거의 영향에 대해 말하는 것보다는 오히려 한편으로는 횔덜린-하이데거 사이의 수렴에 대하여, 다른 한편으로는 루셀 혹은 미쇼-푸코의 수렴에 대하여 말해야 하리라고 생각합니다. 그러나 그들은 아주 다른 길을 지나가지요.

파르네 이것이 그 '주체화'입니까? 왜 그 단어일까요?

들뢰즈 네, 선이 접히면서 만드는 주름진 곳, 그것이 정확히 푸코가 그것에 대해 연구하기 시작하면서 결국 '주체화의 과정'이라고 부른 바로 그것입니다. 그가 마지막 두 권의 저서에서 왜 그리스인들에게 경의를 표했는지를 보면 좀 더 잘 이해할 수 있을 겁니다. 이는 하이데거적이라기보다는 니체적인 경의이고, 무엇보다 그것은 그리스인들의 매우 명확하고 독창적인 관점입니다. 그리스인들은 정치에서(그리고 다른 곳에서) 자유인들 사이의 권력관계를 발명했습니다. 자유인에게 명령하는 것은 자유인이지요. 그렇게 되면, 힘이 다른 힘들에 실행되는 것, 혹은 다른 힘들의 효과를 견디는 것만으로는 충분하지 않고, 힘이 자기 자신에 대해 실행되는 것도 필요합니다. 자기에 대한 모든 지배를 획득한 자가 다른 자들에게 명령할 만한 자격이 있는 것이지요. 힘을 자기 자신에게로 휘게 하고, 자기 자신과 관계 맺도록 하면서, 그리스인들은 주체화를 발명한 것입니다. 이것은 더 이상 지식으로 코드화된 규칙들의 영역(형태들 사이의 관계)도 아니고, 권력이 강제하는 규칙들의 영역(힘과 다른 힘들 사이의 관계)도 아니지요. 그것은 어떻게 보면 임의적인 규칙들(자기와의 관계)입니다. 가장 훌륭한 자는 권력을 스스로에 대하여 실행하는 자일 것입니다. 그리스인들은 미학적인 실존 양태를 발명한 것이죠. 바로 그것이 주체화입니다: 선을 구부리는 것, 선이 자기 자신에게로 되돌아오도록 하는 것, 혹은 힘이 스스로 촉발되도록 하는 것. 그렇게 되면 우리는 다른 방식으로는 살아낼 수 없을 것을 살아낼 수단을 갖게 됩니다. 푸코가 말한 것은, 우리가 실존을 하나의 '양태'로, 하나의 '기술'art로 만드는 경우에만 죽음과 광기를 피할 수 있다는 것입니다. 푸코가 주체를 부정했다가 숨겨져 있던 주체를 발견했다거나 재도입했다고 말하는 것은 바보 같은 일입니다. 주체는 없고, 주체성의 생산이 있지요. 주체성이란 시간이 되면, 정확히 주체가 없기 때문에 생산되는 것입니다. 우리가 지식과 권력의 단계들을 건너뛸 때 시간이 된 것이고, 우리로 하여금 새로운 질문을 던지도록 강제하는 것이 바로 이 단계들입니다. 사람들은 그 이전에는 새로운 질문을 던질 수 없었습니다. 주체성은 푸코가 이전에 보지 못했을 수도 있는, 지식의 형태 혹은 권력의 기능이 전혀 아닙니다. 주체화는 지식과 권력으로부터 구분되는 예술적인 작용이며, 지식과 권력에는 자리 잡지 못합니다. 푸코는 이 점에서 니체주의자이고, 궁극적인 선 위에서 예술가-의지를 발견한 것입니다. 사람들은 주체화가, 다시 말해서 바깥의 선을 접는 작용이 단순히 스스로를 보호하고 피난처로 몸을 피하는 방식이라고 생각하지는 않을 것입니다. 반대로, 그것은 선을 대면하고 선에 올라타는 유일한 방식이지요. 사람들은 아마 죽음으로, 자살로 선을 몰고 갈 수 있습니다. 그러나 푸코가 슈뢰터 Schroeter와의 기묘한 대화에서 말한 것처럼, 자살은 이때 모든 삶을 취하는 하나의 기술입니다.

파르네 어쨌든 이것은 그리스인들에게로 되돌아간 것인가요? 그리고 '주체화'는 그래도 주체를 재도입한 모호한 단어 아닙니까?

들뢰즈 아니요, 물론 그것은 그리스적인 것으로의 회귀가 아닙니다. 푸코는 회귀를 몹시 싫어했어요. 그가 살아온 바로부터 자기 관리 혹은 자기의 생산 외에는 전혀 아무것도 말하지 않았다는 것이 하나의 증거입니다. 그가 말한 것은, 그리스인들이 주체화를 '발명했다'는 것이고, 그것은 그들의 체제, 자유인들의 경쟁이 그것을 허용했기 때문(경기들, 웅변, 사랑 등…)이라는 것입니다. 그러나 주체화의 과정은 특히 다양합니다. 그리스인들의 양태들은 그리스적 양태와 완전히 다르지요. 그리고 종교개혁과 더불어서뿐 아니라 원시 기독교로부터, 개인적이든 집단적이든, 주체성의 생산은 모든 종류의 길을 취합니다. 기독교인들에게서 관찰되는 실존의 새로운 미학에 대한 르낭Renan의 페이지들을 상기할 필요가 있습니다. 이것은 네롱Néron이 자신의 방식으로 협업하고, 나중에 프랑수아 다시즈François d'Assise에게서 그의 가장 고상한 표현을 찾게 되는 미학적 실존 양태이지요. 광기 및 죽음과의 대면. 푸코에게 중요한 것은 주체화란 모든 도덕, 모든 도덕적 코드들과 구분된다는 것입니다. 주체화는 지식과 권력에 참여하는 도덕과는 정반대로, 윤리적이고 미학적이지요. 결국 두 가지 종류의 투쟁 혹은 타협 사이에는 기독교적 도덕이 있지만 기독교적 윤리-미학도 있는 것입니다. 우리는 오늘날에도 이에 대해 같은 말을 할 수 있을 것입니다. 우리의 윤리는 무엇인가, 우리는 어떻게 예술적 실존을 생산할 수 있는가, 도덕적 코드들로 환원되지 않는 우리의 주체화의 과정은 무엇인가? 새로운 주체성들은 어떤 장소에서 어떻게 생산되는가? 현재의 공동체들로부터 기대할 수 있는 무언가가 있는가? 푸코는 그리스인들에게로까지 거슬러 올라가 봐야 소용없었습니다. 다른 저서에서와 마찬가지로 『쾌락의 활용』에서 그가 관심 있었던 것은, 오늘날 무슨 일이 일어나는가, 우리는 누구인가 그리고 우리는 무엇을 하는가 하는 점입니다. 가깝거나 먼, 역사적인 형성은 우리와의 차이에 의해서만, 그리고 이 차이의 윤곽을 드러내기 위해서만 분석되었지요. 우리의 몸과 그리스인의 몸에는 어떤 차이가 있는가, 기독교인의 살 la chair과는? 주체화, 그것은 실존의 양태들, 삶의 스타일들의 생산입니다.

'인간의 죽음'이라는 주제와 예술적 주체화라는 주제 사이에 있는 모순을 어떻게 볼 수 있는가? 또는 도덕에 대한 거부와 윤리의 발견 사이에서는? 거기에는 문제의 변화, 새로운 창조가 있습니다. 정확히 주체성이 생산되었든 하나의 '양태'이든 이 단어는 매우 신중하게 취해야 한다는 것이지요. 푸코는 이렇게 말합니다. '자기 자신에 대한 기술은 자기 자신에 대해 완전히 정반대일 것이다…'. 주체가 있다면, 그것은 동일성 없는 주체입니다. 과정으로서의 주체화는 개인적이든 집단적이든, 하나이든 여럿이든 개체화 individuation입니다. 그런데 개체화에는 많은 유형이 있습니다. '주체(그건 너…이건 나…)'라는 유형의 개체화들이 있고, 주체가 없는 사건 유형의 개체화들도 있지요: 한 줄기 바람, 어떤 분위기, 어느 날 한 시간, 어떤 전투…. 반대로, 하나의 삶, 혹은 하나의 예술작품이 하나의 주체로 개체화되는지는 분명치 않습니다. 푸코 자신, 사람들은 그를 정확히 하나의 인물로 파악하지 않았지요. 어떤 중요하지 않은 계기들에서조차, 이를테면 그가 방에 들어갔을 때, 그것은 무엇보다 분위기의 변화, 일종의 사건, 전자기적인 장, 또는 당신이 원하는 무엇으로 여겨지지요. 그것이 어떤 부드러움 혹은 안락함을 배제하는 것은 전혀 아니지만, 그것이 인격적인 질서에 속하는 것은 아닙니다. 그것은 어떤 강도들의 집합입니다. 그것은 가끔 이렇게 존재하는 것, 혹은 이런 결과를 만들어내는 것을 방해했지요. 그러나 그의 작품 전체는 그것들을 자양분 삼아 성장한 것이죠. 그에게 가시적인 것은 번쩍거림, 점멸, 섬광, 빛의 효과들입니다. 언어는 삼인칭의, 즉 인격에 반대되는 거대한 '일리아'il y a[there is], 즉 강도적 언어이고 이것이 그의 스타일을 구성합니다. 여전히 슈뢰터와의 대화에서 그는 '사랑'과 '정념' 사이의 대립에 대한 이야기를 전개하고, 자기 자신을 사랑이 아닌 정념의 존재로 제시합니다. 이것은 정확히 그 대화가 즉흥적이었다는 이유로 매우 특별한 텍스트입니다. 푸코는 이 구분에 어떤 철학적 지위를 부여하려고 노력하지 않았어요. 그는 이 점에 대해서 긴요하고 직접적인 수준에서 말했습니다. 그것은 항구적이냐 불안정하냐의 구분이 전혀 아닙니다. 그렇다고 해서 동성애와 이성애의 구분인 것도 아니고요. 물론 이 텍스트에는 이에 관한 질문이 있습니다. 그것은 오히려 개체화의 두 유형의 구분이지요. 하나는 인격들 사이에서 일어나는 사랑이고, 다른 하나는 강도에 의한 것으로 이는 마치 정념이 무차별적이라기보다는 항상 서로를 함축하면서 연속하고 변이하는 강도들의 장에서 인격들의 근거가 되듯이 이루어집니다('그것은 항상 움직이는 상태였으나, 어떤 주어진 지점을 향하여 가는 것은 아니다. 강한 순간들과 약한 순간들이 있는데, 그것은 이 순간들에 열광에 도달하고, 떠다닌다. 그것은 어떤 모호한 이유로 서로를 쫓는 일종의 불안정한 상태이며, 아마도 무기력에 의해 극단적으로는 스스로를 유지하고 또 사라지려고 애쓴다. … 그것은 자기 자신으로 존재한다는 의미는 더 이상 갖지 않는다 … '). 사랑은 인격들, 주체들의 상태와 그 관계입니다. 그러나 정념은 생명만큼 길게 지속할 수 있는 하위인격적 subpersonnel 사건이자('나는 18년 전부터 어떤 이와 마주한, 어떤 이에 대한 정념의 상태에서 살았습니다'), 주체 없이 개체화하는 강도들의 장입니다. 트리스탄과 이졸데, 그것은 아마도 사랑이겠지요. 그러나 어떤 사람은 나에게 푸코의 이 텍스트에 대해서 이렇게 말했습니다. 『폭풍의 언덕』에서의 캐서린과 히스클리프, 이것은 사랑이 아니라 정념, 하나의 순수한 정념에 속한다고요. 실제로 영혼의 어떤 가혹한 친근성이 있지요. 더 이상 인간적이라고는 전혀 말할 수 없는 무엇(그는 누구일까? 늑대 …). 정서적인 상태들 속에서 새로운 구분을 표현하고 느끼게 하는 것은 매우 어려운 일입니다. 우리는 이런 지점에 부딪히지요. 푸코의 중단된 작품. 그는 아마도 이 구분에 삶과 동일한 철학적 범위를 제공하려 했었을 겁니다. 우리는 이로부터 적어도 그가 '주체화의 양태'라고 부른 것에 대한 커다란 신중함을 이끌어내야 합니다. 이러한 양태들은 실제로 주체 없는 개체화들을 포함합니다. 아마 그것이 본질적일 것입니다. 그리고 정념, 정념의 상태는 아마도 바깥의 선을 접고, 그 선을 살아낼 만한 것으로 만들고, 숨 쉴 수 있다는 것, 그것일 것입니다. 푸코의 죽음으로 그렇게도 슬픈 모든 이들은 아마 하나의 즐거움을, 그렇게도 위대한 이 작품이 정념에 대해 호소하면서 중단됐다는 사실에 대한 즐거움을 누릴 겁니다.

파르네 니체에게서와 마찬가지로 푸코에게서 우리는 진리에 대한 비판을 찾아볼 수 있습니다. 두 사람에게 이것은 포획, 죄기, 투쟁의 세계지요. 그러나 푸코에게는 임상적이고-회화적인 위대한 묘사들에서 보여지는 것처럼 모든 것이 더 차갑고 더 금속적이라고 할 수 있을 것입니다….

들뢰즈 니체의 영감이 푸코에게 현존하지요. 구체적인 예를 들자면요. 니체는 최초로 사제의 심리학을 만들고 사제권력의 본질을 분석했다는 사실에 만족했습니다(사제는 공동체를 '무리'troupeau로 다루고, 그 무리에 원한과 가책을 심어주면서 무리를 이끕니다). 푸코는 '사목적' 권력이라는 주제를 재발견하지만 그는 이 분석을 다른 방향으로 이끌고 가지요. 그는 이를 '개체화'로, 다시 말해서 무리의 일원들을 개체화의 메커니즘으로 전유하고자 의지하는 것으로 정의합니다. 『감시와 처벌』에서 그는 17세기 정치권력이 '규율' 덕분에 어떻게 개체화하는지를 보여주었지요. 그러나 결국 그는 사목권력에서 이 운동의 기원을 발견하는 것이죠. 당신 말이 맞습니다. 푸코와 니체의 본질적인 연결은 다음과 같이 이해된 진리에 대한 비판이지요. 즉, '참된' 담론이 감출 수밖에 없고 또 가정하는 진리의 의지는 무엇인가? 다른 말로 하자면, 진리는 그것을 발견하기 위한 어떤 방법을 가정하는 것이 아니라, 진리를 원하는 어떤 절차들, 방식들 그리고 과정들을 가정한다는 것이죠. 우리는 지식의 절차들(그리고 특히 언어적 절차들), 권력의 방식들, 우리가 사용할 수 있는 주체화 혹은 개체화의 과정들에 따라, 항상 우리가 가질 만한 자격이 되는 그런 진리들을 가지게 됩니다. 그 결과, 진리 의지를 직접적으로 발견하기 위해서는 참이 아닌 담론들을 상상해야 하지요. 이 담론들은 루셀 혹은 브리세의 절차들과 같은 담론에 고유한 절차들과 혼동됩니다. 그 담론들의 참이-아님은 야생적인 참이기도 한 것이죠.

푸코와 니체의 세 번의 위대한 만남이 있습니다. 첫 번째는 힘force의 개념화입니다. 푸코에 따르면 권력pouvoir은 니체의 역능puissance과 마찬가지로 폭력으로, 다시 말해서, 힘이 어떤 존재 혹은 어떤 대상과 관계 맺는 것으로 환원되지 않습니다. 권력은 힘과 그것이 촉발하는 다른 힘들의 관계, 혹은 심지어 다른 힘들이 거꾸로 그 힘을 촉발하는 상태에서 두 힘의 관계에 달려 있는 것이죠(자극하다, 불러일으키다, 초래하다, 유혹하다, 등. 이러한 것은 정서들이죠). 두 번째로, 힘들이 형태와 맺는 관계입니다. 모든 형태는 힘들의 합성체입니다. 이것은 이미 푸코의 위대한 회화적 묘사들 속에 나타나 있습니다. 그러나 한층 더 나아가, 이것은 푸코에게서 발견되는 인간의 죽음이라는 주제가 말하는 모든 것이고, 니체의 초인을 푸코와 연결하는 것입니다. 인간의 힘들은 인간이 그 안에 거주할 수 있는 어떤 지배적인 형태를 구성하는 데 있어서, 그 힘만으로는 충분치 않습니다. 인간의 힘들은 (오성, 의지, 상상력 등) 다른 힘들과 조합되어야 합니다. 그렇게 되면 위대한 형태가 이 조합으로부터 탄생하겠지만, 모든 것은 인간의 힘들이 연합되는 다른 힘들의 본성에 달려 있지요. 그로부터 흘러나오는 형태는 그러므로 반드시 인간의 형태는 아닐 겁니다. 인간은 단지 그 아바타에 불과한 동물 형태가 될 수도 있고요, 인간이 그 반영일 뿐인 신적인 형태일 수도 있습니다. 유일한 신의 형태일 수도 있지요. 이때 인간은 그 한계일 뿐일 거예요(이렇게 해서 17세기에 인간의 오성은 무한한 오성의 한계로 여겨졌지요). 다시 말해서 인간-형태는 매우 특수하고 취약한 조건에서만 나타나는 것입니다. 이것이 바로 푸코가 『말과 사물』에서 19세기의 모험으로서, 그 당시에 인간의 힘들과 함께 조합된 새로운 힘들에 따라 분석한 것입니다. 그런데 오늘날에는 모두가 말하기를, 인간이 또다시 다른 힘들과 관계를 맺게 되었다고 합니다(공간에서는 우주, 물질에서 입자들, 기계에서는 규소…). 그로부터 새로운 형태가 탄생하고, 이것은 이미 더 이상 인간의 형태가 아니지요…. 니체에게서처럼 푸코에게서도, 그렇게 단순하고 엄밀하며 거대하기까지 한 주체가 그렇게 많은 어리석은 반응들을 불러일으킨 적이 없었습니다. 마지막으로, 세 번째 만남은 주체화의 과정과 관련된 것입니다. 다시 한번 더, 그것은 전혀 주체의 구성이 아닙니다. 그것은 니체가 삶의 새로운 가능성들의 발명이라 부른 것이며 그가 이미 그리스인들에게서 그 기원을 발견했던, 실존의 양태들의 발명인 것이죠. 니체는 여기에서 힘의 의지의 궁극적인 차원을 보았습니다. 예술가-의지가 그것이지요. 푸코는 이 차원을 힘이 자기 자신을 촉발하는 방식 혹은 스스로를 접는 방식으로 나타낸 것입니다. 그리스인 혹은 기독교인들의 역사를 다시 취하여 역사를 이 길 쪽으로 방향 지은 것이죠. 왜냐하면 그것이 본질적인 것이기 때문입니다. 니체는 한 명의 사상가는 항상 빈 공간에서처럼 화살을 던지며 다른 사상가는 그것을 회수하여 다른 방향으로 던진다고 말했습니다. 푸코가 바로 그 경우입니다. 푸코는 그가 받은 것을 깊이 변화시키고 끊임없이 창조했습니다. 당신은 그가 니체보다 더 금속적이라고 말했지요. 그것은 아마 그가 화살의 재료마저 변화시켰기 때문입니다. 이 두 사람은 각자가 쓰는 악기들의 차원에서 음악적으로 비교해야 합니다(절차, 방식 그리고 과정). 니체는 바그너를 거쳤지만, 그것은 그로부터 빠져나오기 위한 것이었습니다. 푸코는 베베른Anton Webern을 거쳤지만 그로부터 빠져나오기 위함이었죠. 바레즈Edgar Varese가 아마도 가장 가깝죠. 네, 금속적이고 날카롭죠. 이는 우리 '현재성'의 악기들에 대한 호소입니다.

4부

— 중재자들
— 철학에 대하여
— 라이프니츠에 대하여
— 스피노자에 대하여, 레다 벤스마이아에게 보내는 편지

철학

중재자들[1]

 만약 오늘날의 사유가 잘못되고 있다면, 그것은 모더니즘의 이름으로 추상으로의 회귀, 기원의 문제의 재발견 등, 이런 모든 것들 때문입니다…. 결국, 운동, 벡터의 용어로 이루어진 모든 분석들이 막혔지요. 매우 취약한 기간이자, 반동의 기간입니다. 그러나 철학은 기원의 문제를 끝냈다고 생각했지요. 더 이상 떠나는 것도, 도착하는 것도 문제가 아니었습니다. 문제는 오히려 이런 것이었죠. '사이에서는' 무슨 일이 일어나는가? 그리고 물리학적 운동에 대해서도 정확히 동일합니다.

 스포츠와 관습의 수준에서 운동은 변합니다. 우리는 오랫동안 운동에 대한 에너지 개념을 바탕으로 살아왔습니다. 방어의 거점이 있거나 우리가 운동의 원천인 것이죠. 달리기, 무게 추 던지기 등. 이것은 기점, 지렛대와 함께하는 노력, 저항입니다. 그런데 오늘날 우리는 운동이 힘점의 삽입으로부터 정의되는 일이 점점 덜하다는 것을 알고 있습니다. 모든 새로운 스포

---

1. 앙뜨완느 뒬로르, 끌레르 파르네와 인터뷰 (*L'Autre Journal*, 8호, 1985년 10월).

츠 – 서핑, 윈드서핑, 글라이더… – 는 기존의 파동에 근거한 삽입의 유형에 속합니다. 그것은 더 이상 출발점으로서 기원이 아닙니다. 그것은 궤도에 올리는 하나의 방식이지요. 커다란 파도, 상승기류 기둥의 운동에서 노력의 기원을 찾는 대신 [그것이] '사이에 도래한다는 것'을 받아들이게 되는 것, 그것이 근본적입니다.

그러나 철학에서 사람들은 영원한 가치들, 그리고 그 가치들을 수호하는 지식인이라는 관념으로 되돌아옵니다. 이것이 바로 이미 벤다Benda가 베르그손에 대하여 비난했던 점이죠:운동을 사유하느라 자기 자신의 계급, 성직자 계급을 배반한 것이라고요. 오늘날 영원한 가치의 기능을 하는 것은 인간의 권리들입니다. 권리의 상태 그리고 다른 개념들이야말로 매우 추상적이라는 점을 모두 알고 있지만, 그 이름으로 모든 사유가 중단되고 운동이라는 용어로 수행되는 모든 분석이 막혔습니다. 그러나 억압은 영원한 것을 모욕해서가 아니라 운동을 방해하기 때문에 그렇게도 가혹한 것입니다. 빈곤한 시대가 되면 철학은 '~에 대한' 반성이라는 피난처에 숨습니다. 철학이 스스로 아무것도 창조하지 못한다면, '~에 대한' 반성 외에 무엇을 잘 할 수 있겠습니까? 그러면 철학은 영원한 것에 대해서, 혹은 역사적인 것에 대해서 반성하며 더 이상 그 스스로 운동하지 않게 되지요.

철학자는 반성하는 자가 아니라 창조자이다

사실 중요한 것은, 철학자로부터 '~에 대해' 반성할 권리를 빼는 것입니다. 철학자는 창조자예요, 반성하는 자가 아닙니다.

사람들은 내가 베르그손에 대한 분석을 다시 시작한 것에 대해서 비난하죠. 사실, 베르그손이 한 것처럼, 지각, 정서 그리고 행동을 운동의 세 가지 종으로 구분하는 것은 매우 새로운 절단입니다. 내가 보기에 그것은 전혀 제대로 소화된 적이 없고, 베르그손의 사유에서 가장 어렵고 가장 아름다운 부분이기 때문에 여전히 새롭습니다. 그런데 이 분석을 영화에 적용하는 것은 스스로 이루어진 일입니다. 영화가 발명된 것과 베르그손의 사유가 형성된 것은 동시에 일어난 일이니까요. 개념에 운동을 도입한 것은 이미지에 운동을 도입한 것과 정확히 같은 시대에 이루어진 일입니다. 베르그손은, 사유의 자기-운동의 최초의 경우들 중 하나입니다. 개념들이 운동한다고 말하는 것만으로는 충분하지 않기 때문이죠. 지적인 운동을 할 수 있는 개념들을 다시 구축해야만 합니다. 마찬가지로, 그림자 연극으로는 충분하지 않아요. 자기-운동이 가능한 이미지들을 구축해야 합니다.

[영화에 대한] 나의 첫 권에서, 나는 영화 이미지를 자기-운동을 획득한 이미지로 다루었습니다. 두 번째 권에서는 자기-시간성을 획득한 영화 이미지를 다루었지요. 그러므로 그것은 영화에 대한 반성이 아니고, 나의 흥미를 끄는 요소들이 실제로

실행되는 영역을 택한 것입니다. 즉, 어떤 조건에서 이미지의 자기-운동 혹은 자기-시간화가 있을 수 있을까, 그리고 19세기 말부터 이 두 요소들에 어떤 진화가 있었던 것일까. 왜냐하면 영화가 더 이상 운동이 아니라 시간에 근거하기 시작했을 때, 영화의 첫 시대와 관련해볼 때 본질에서 변화가 있는 것은 분명하기 때문입니다. 그리고 정확히 운동과 시간이 이미지 자체의 구성 요인이 되는 한에서 영화만이 유일하게 우리가 그것을 감각할 수 있도록 하는 실험실이 될 수 있지요.

그러므로 영화의 첫 단계는 이미지의 자기-운동입니다. 이것은 서사가 있는 영화에서 구현될 거예요. 그러나 강제되지 않았죠. 이 점에서 본질적인 노엘 버치 Noël Burch의 원고가 있습니다. 서사는 영화에 시작부터 포함된 것은 아니었습니다. 운동-이미지가, 다시 말해서 이미지의 자기-운동이 서사를 생산하도록 한 것은 감관-운동적 도식입니다. 영화는 본성에 의해 서사적인 것은 아닙니다. 영화는 감관-운동적 도식을 대상으로 삼으면서 서사적인 것이 되었지요. 즉, 스크린에 한 인물이 지각한다, 느낀다, 반응한다. 이것은 많은 믿음을 가정합니다 : 주인공은 이런 상황에 있고, 그는 반응하며, 항상 어떻게 반응해야 할지 알고 있을 것이다. 이는 영화의 어떤 개념을 가정합니다. 왜 영화는 미국적으로, 할리우드적으로 되는가? 단순한 이유 때문입니다. 감관-운동 도식의 소유권을 미국이 가지고 있기 때문이지요. 모든 것이 2차 세계대전과 함께 끝납니다. 결과적으로 사람들은 이러한 상황들에 반응할 가능성이 있다는 것을 더 이상 전처럼 믿지 않게 되었습니다. 전쟁 이후는 이들을 넘어서지요. 그리고 더 이상 반응으로, 행동으로 연장할 수 없는 상황들에 놓인 사람들을 보여주는 이탈리아의 네오-리얼리즘이 등장하게 됩니다. 반응하는 것이 가능하지 않다는 것, 그것은 모든 것이 중립적으로 된다는 뜻일까요? 아뇨, 전혀 아니죠. 이제 상황들은 순수하게 시각적이고 청각적인 것이 될 거예요. 그것은 완전히 새로운 유형의 이해와 저항의 양태들을 낳게 되지요. 그리고 네오-리얼리즘, 누벨바그, 할리우드와 단절한 미국 영화가 그런 것들입니다.

물론, 운동은 이미지에 계속 현존합니다. 그러나 순수하게 시각적이고 청각적인 상황들이 출현하면서 시간-이미지들을 풀어놓게 되고, 중요한 것은 더 이상 운동-이미지가 아니며 그것은 그저 지표index로서 거기에 있게 되지요. 시간-이미지, 이는 연속의 이전과 이후를 말하려는 것이 전혀 아닙니다. 연속은 서사의 법칙으로서 처음부터 존재했지요. 시간-이미지는 시간 속에서 일어나는 것이 아닙니다. 그것은 공존, 계열화, 변화의 새로운 형태들이지요….

제빵사의 변형

내가 관심 있는 것은 예술, 과학 그리고 철학 사이의 관계들입니다. 어떤 분과도 다른 분과에 대한 특권이 없지요. 각 분과가 창의적입니다. 과학의 진정한 대상은 함수를 창조하는 것이고, 예술의 진정한 대상은 감각가능한 집적물들agrégats을 창조하는 것이며, 철학의 진정한 대상은 개념들을 창조하는 것입니다. 이로부터, 거칠고 또한 간략하기도 한 이 항목들, 즉 함수, 집적물, 개념을 받아들인다면, 이 항목들 사이의 메아리와 공명의 문제를 표명해볼 수 있습니다. 완전히 다른 선들 위에서 완전히 다른 생산의 리듬들과 운동들과 함께, 개념, 집적물 그리고 함수가 만나는 것이 어떻게 가능할까요?

첫 번째 예입니다. 수학에는 리만공간이라고 불리는 유형의 공간이 있습니다. 함수들과의 관계 속에서 수학적으로 매우 잘 정의되는 이러한 유형의 공간은 이웃하는 작은 조각들의 구성을 함축합니다. 그 조각들의 연결은 무한한 방식으로 일어날 수 있고, 이것이 다른 많은 것들과 더불어 상대성이론을 가능하게 합니다. 이제 현대영화를 취해 보자면, 나는 작은 조각들이 가능한 무한한 방식으로 연결되지만 미리 결정되어 있지는 않은 채로 이웃관계에 의해 나아가는 공간 유형이 전쟁 이후에 나타난다는 것을 확인합니다. 그것은 연결이 끊긴 공간들이지요. 말하자면 그것은 리만 공간이고 쉬운 느낌을 주지만 사실은 어떤 방식으로 정확한 것입니다. 그러나 이것은 영화가 리만이 했던 것을 한다는 말이 아닙니다. 만약 우리가 공간에 대한 이 규정만을 즉, 가능한 무한한 방식으로 연결된 이웃관계들, 촉각적인 방식으로 연결되어 있는 시각적이고 청각적인 이웃관계들만을 유일하게 취한다면, 그렇다면 그것은 브레송의 공간입니다. 물론 브레송은 리만이 아니지요. 그러나 그는 수학에서 생산된 것과 같은 것을 영화에서 만들어 낸 것이고, 메아리가 친 것입니다.

다른 예입니다. 물리학에는 내가 정말 흥미롭게 생각하는 어떤 것이 있습니다. 그것은 프리고진과 스탕제Stengers가 분석하였고, 사람들이 '제빵사의 변형'이라고 부르는 것이죠. 사각의 형태가 있다고 합시다. 이것을 끌어당기면 직사각형이 되지요. 직사각형을 둘로 나누고 둘 중 하나의 부분을 다른 부분 위로 접을 수 있습니다. 이를 다시 끌어당겨서 계속 사각의 형태를 변형시킬 수 있지요. 이것은 반죽의 작업입니다. 몇 차례의 변환 끝에 최초 사각에서의 두 점은 그것이 아무리 가깝더라도 반드시 마주 보는 두 반쪽 안에 있을 거예요. 이것이 모든 계산의 대상을 제공합니다. 그리고 프리고진은 그의 개연적 물리학physique probabilitaire에 따라 여기에 커다란 중요성을 부여하지요.

여기에서 나는 레네Resnais에게로 넘어갑니다. 그의 영화 〈너를 사랑해, 너를 사랑해〉에서 주인공은 그의 삶의 어느 한 순간으로 거슬러 올라가는데, 이 순간은 매번 다른 전체 속에서 자리 잡게 됩니다. 마치 항상 뒤섞이고, 변하고, 재분배되는 층들처럼, 한 층에서 가까운 것이 다른 층에서는 반대로 매우 먼 것과 같은 방식으로. 이것은 시간에 대한 매우 놀랍고, 영화적으로 매우 기묘한 개념으로, '제빵사의 변형'에 대한 메아리가 됩니다. 고다르가 다른 이유들 때문에 톰^{Thom}과 가까운 것과 똑같이 레네는 프리고진과 가깝다고 말한다 해도 나로서는 충격적이지 않을 정도이지요. 이것은 레네가 프리고진으로, 고다르가 톰으로 작업했다고 말하는 것이 아니라, 함수를 창조하는 과학자들과 이미지를 창조하는 영화인들 사이에는 특별한 닮음이 있다는 점을 확인하는 것입니다. 그리고 이것은 철학적인 개념들에 대해서도 마찬가지입니다. 왜냐하면 이 공간들에 대한 차이 나는 개념들이 있기 때문이지요.

결국, 철학, 예술 그리고 과학은 상호 공명하는 관계, 교환 관계에 들어가게 되는데, 매번 그 이유는 내재적^{intrinsèques}입니다. 각자의 고유한 진화에 따라 서로 충돌하지요. 그러므로 이런 의미에서 철학, 예술 그리고 과학을 서로에게 낯설고 끊임없이 간섭하는 선율적인 선들[로 구성된] 종들^{espèces}로서 잘 고려해야 합니다. 철학은 그 안에서 반성에 관한 어떠한 의사^{pseudo}-우위도 없고, 그렇게 되면 창조에 대한 어떠한 열등성도 없습니다. 개념들을 창조하는 것은 시각적이고 청각적인 새로운 조합을 창조하는 것 혹은 과학적 함수들을 창조하는 것만큼이나 어려운 일입니다. 눈여겨보아야 하는 것은 선들 사이의 간섭이 감시나 상호 반성과 관련되지 않는다는 것입니다. 어떤 학문이 다른 분과로부터 오는 창조적인 운동을 따라가는 것을 임무로 삼는다면 그 학문은 스스로 모든 창조적인 역할을 포기하는 것입니다. 중요한 것은 이웃의 운동을 동반하는 것이 전혀 아니고 자기 고유의 운동을 하는 것입니다. 아무도 시작하지 않으면 아무도 움직이지 않지요. 간섭은 더 이상 교환으로부터 오는 것이 아닙니다. 모든 것은 증여 혹은 포획으로 이루어지지요.

본질적인 것은 중재자들intercesseurs입니다. 창조는 중재자들이지요. 중재자들 없이 작품은 없습니다. 그것은 사람들일 수도 있습니다. 어떤 철학자에게 그것은 예술가들 혹은 지식인들일 수 있지요. 어떤 지식인에게 그것은 철학자들이거나 예술가들뿐만 아니라 사물들, 식물들, 심지어 동물들도 될 수 있습니다. [미국인 문화인류학자] 카스타네다Castaneda에서처럼요. 허구적인 것이든 실재적인 것이든, 생명체든 아니든, 그 중재자들을 만들어내야 합니다. 그것은 하나의 계열이지요. 완전히 상상적인 것일지라도 계열을 형성하지 않는다면 길을 잃게 됩니다. 나는 나를 표현하기 위해 나의 중재자들을 필요로 하고, 그들은 나 없이는 결코 표현되지 못하지요. 사람들은 보이지 않는 순간에도 항상 여럿이 작업합니다. 그것이 가시적인 때는 말할 필요도 없고요. 펠릭스 가타리와 나, 우리는 서로에게 중재자입니다.

공동체 내부에서 중재자들을 만드는 것은 캐나다의 영화인 피에르 페로Pierre Perrault에게서 잘 나타납니다 : 나에게는 중재자들이 있어요. 내가 말해야 할 것을 말할 수 있는 것은 바로 이런 식이죠…. 페로는 그가 완벽히 혼자 말한다면 소설을 만들어 낸다고 해도 반드시 지적인 담론을 끌어내게 될 거라고, '지배자 혹은 식민통치자 담론' 즉 기존의 담론을 피할 수 없을 거라고 생각했습니다. 우리가 해야 할 일은 '전설이 되고' 있는 중인 다른 누군가, '전설을 만드는 현행범'을 체포하는 겁니다. 이렇게 해서 둘이서 혹은 여럿이 어떤 소수 담론을 형성합니다. 우리는 여기에서 베르그손적인 허구만들기fabulation의 기능을 되찾게 됩니다…. 전설을 만드는 중인 그 현행범을 체포하는 것, 그것은 민중의 구성 운동을 포착하는 것이지요. 민중은 미리 존재하지 않습니다. 어떤 방식으로 민중은, 파울 클레가 말했듯이, 결핍되어 있는 것입니다. 팔레스타인 민중이 있었을까요? 이스라엘은 아니라고 말하죠. 틀림없이 있었어요. 그러나 본질적인 것은 그것이 아니죠. 본질적인 것은 팔레스타인 사람들이 그들의 영토에서 쫓겨나는 순간부터 그들이 저항하는 한, 민중의 구성 과정으로 들어간다는 것입니다. 이것은 페로가 전설을 만드는 현행범이라 부른 것과 정확히 대응하지요. 이런 식으로 구성되지 않는 민중은 없습니다. 그래서 항상 식민지 담론을 참조하는 기존의 허구들에 소수 담론이 대립하는 것입니다. 소수 담론은 중재자들과 함께 만들어지지요.

진리vérité는 미리 존재하고 발견해야 하는 것이 아니라 각 영역에서 창조해야 하는 것이라는 생각은, 예를 들어 과학에서 명백합니다. 심지어 물리학에서도, 그것이 좌표라 하더라도, 어떤 상징적인 체계를 가정하지 않는 진리는 없습니다. 기존 관념들을 '틀리게' 하지 않는 진리는 없습니다. '진리는 창조'라고 말하는 것은 진리의 생산이 물질을 다루는 일련의 조작들, 문자 그대로 일련의 위-변조를 통해 이루어진다는 점을 함축합니다. 가타리와 함께한 나의 작업에서 각자는 다른 사람의 위조자입니다. 이는 각자가 다른 이가 제안한 개념을 자기의 방식으로 이해한다는 것을 말하는 것입니다. 두 항목으로 된 반성의 계열이 형성되는 것이죠. 다수의 항목으로 된 계열이나 분기점을 가진 복잡한 계열들도 배제되지 않습니다. 참vrai을 생산하게 되는 거짓의 역능, 그것이 바로 중재자입니다….

좌파는 중재자들을 필요로 한다

정치적인 여담입니다. 사회주의 체제와 관련하여 많은 사람들이 새로운 유형의 담론을 기대해 왔습니다. 실재적인 운동과 매우 가까운 담론으로서, 운동들과 양립할 수 있는 배치들을 구성하고 이 운동들이 화해하게 되면 유능해지는 그런 담론을요. 예를 들면, 뉴칼레도니아처럼요. 피사니Pisani가 '아무튼, 독립할 것'이라고 말했을 때, 그것은 이미 새로운 유형의 담론이었습니다. 그것은 실재적인 운동들을 논쟁의 대상으로 만들기 위해 그것들을 무시하는 척하는 대신, 궁극적인 지점을 즉시 인지하는 것을 의미했습니다. 논쟁은 미리 부여된 이 궁극적인 지점의 각도 아래에서 이루어지게 됩니다. 사람들은 양태들, 수단들 그리고 속도에 대해 논쟁하게 되겠지요. 이로부터 우파에 대한 비난이 흘러나옵니다. 오래된 방법인 우파는 무엇보다 독립에 대해 말해서는 안 되죠. 독립이 불가피하다는 것을 알고 있다고 해도 말입니다. 왜냐하면 우파에게 문제는 그것을 아주 어려운 논쟁거리로 만드는 것이기 때문이에요. 내가 보기에 우파들은 착각하지 않아요. 그들이 다른 사람들보다 더 바보 같은 것은 아닙니다. 다만 그들의 테크닉이 운동에 대립하는 것일 뿐입니다. 철학에서 베르그손에 대한 대립과 같은 것입니다. 모든 것이 비슷해요. 운동과 결합하거나 운동을 정치적으로 중단시키는 것, 이는 절대적으로 다른 논쟁의 두 가지 테크닉입니다. 좌파의 편에서 그것은 말하는 새로운 방식을 함축합니다. 문제는 설득하는 것이 아니고 명확히 하는 것에 속합니다. 명확하다는 것, 그것은 상황뿐만 아니라 문제의 '주어진 것들'을 확인하고 부과하는 것입니다. 다른 조건들에서라면 보이지 않았을 것들을 가시화하는 것입니다. 칼레도니아의 문제에 대해서 사람들은 우리에게 이렇게 말했습니다. 이 영토가 한동안 식민지로 다루어져 왔기 때문에 결과적으로 칼레도니아 토착민들이 그들의 고유 영토에서 소수가 되었다고요. 며칠부터? 어떤 리듬으로? 누가 그렇게 했습니까? 우파는 이 질문들을 거부할 거예요. 만약 주어진 것들을 규정하면서 이 질문들을 근거 지운다면, 이는 우파가 감추고 싶은 문제를 표현하는 것이죠. 일단 문제가 제기되면 그것은 더 이상 삭제될 수 없기 때문입니다. 우파

자체가 담론을 바꾸어야 할 것이고요. 그러므로 좌파의 역할은 권력을 잡았든 그렇지 못했든 간에, 우파가 어떤 값을 치르더라도 감추고 싶어 하는 유형의 문제를 발견하는 것입니다.

불행히도 사람들은 이 점과 관련하여 정보를 전하는 데 대해서는 진정으로 무능력하다고 말할 수 있을 것 같습니다. 물론 좌파를 상당히 면피하게 해 주는 것이 있습니다. 그것은 프랑스에는 공무원 집단, 책임자 집단이 항상 우파라는 것이죠. 결과적으로 선의를 가진다 해도 심지어 게임을 하면서도 그들은 사유하는 그들의 양태, 존재의 양태를 변경할 수 없습니다.

사회주의자들은 그들의 정보, 문제를 제기하는 그들의 방식을 이전할 사람이, 심지어 이를 구상할 사람이 없었습니다. 이 방향에서 이루어졌던 모든 것은 우호적인 접촉, 그것도 매우 모호한 접촉이었던 것이죠. 우리에게 질문의 최소한의 상태를 제공하지 않았어요. 매우 다른 세 가지 예를 들어보겠습니다. 뉴칼레도니아의 토지대장은 전문지에는 알려져 있었지만 공적인 이슈가 되지는 못했을 거예요. 교육 문제에 대해서 사람들은 사립학교가 가톨릭 교육이라고 믿도록 내버려 둡니다. 나는 사립학교에서 비종교적 교육의 비율이 어떻게 되는지 전혀 알 수 없었어요. 다른 예로는, 우파가 많은 지방자치단체를 장악했을 때부터 지역적인 모든 종류의 크고 작은 문화적 기획들을 위한 대출이 종종 취소되었습니다. 이런 일들이 많이 일어나고 또 작은 것들이기 때문에 그만큼 더 흥미롭지요. 그러나 그 자세한

리스트를 얻을 수단은 없습니다. 이러한 종류의 문제들은 우파를 위해 존재하지 않아요. 왜냐하면 우파는 이미 만들어진, 직접적이고, 직접적으로 독립적인 중재자들이 있기 때문이죠. 그러나 좌파는 간접적이거나 자유로운 중재자들이 필요합니다. 그것은 좌파가 이를 가능하게 한다는 조건에서, 하나의 다른 스타일이에요. '여정의 동반자'라는 우스꽝스러운 이름하에 공산당 때문에 저평가되어 왔던 것이 좌파에게 진정으로 필요한 것입니다. 왜냐하면 좌파가 필요로 하는 것은 사람들이 생각하는 것이기 때문이죠.

모방자의 음모

오늘날 문학의 위기를 어떻게 정의할까요? 베스트-셀러의 체제, 그것은 빠른 회전이죠. 많은 서점들이 이미 탑 차트나 히트작 퍼레이드에 오르는 상품만을 진열하는 음반 판매상의 뒤를 따르고 있습니다. 이것이 [프랑스 TV 토크쇼] 〈아포스트로프〉Apostrophes의 의미입니다. 빠른 회전은 필연적으로 기대 시장을 구성하지요. '대담한 것', '스캔들을 일으키는 것', 이국적인 것, 등… 마저도 시장의 예견된 형태들로 흐릅니다. 문학적 창조의 조건들은 예기치 않은 것, 느린 회전 그리고 점진적 확산 속에서만 해방될 수 있는데, 이 조건들은 취약합니다. 미래의 베케트들 혹은 미래의 카프카들은 정확히 베케트도 카프카도 닮지 않을 것인데, 정의상 아무도 알아채지 못하고 이들의 글을 출판해줄 편집자를 찾지 못할 위험이 있지요. 랭동Lindon이 말하는 것처럼, '사람들은 알려지지 않은 것의 부재를 알아차리지 못합니다.' 소련은 어느새 자신의 문학을 잃어버렸습니다. 책의 양적인 확대와 발행 부수의 증가를 자랑스러워할 수도 있을 거예요 : 젊은 작가들은 창작의 가능성을 남기지 않는 문학적인 공간에서 주조될 겁니다. 괴기스러운 표준 소설이 풀려나오는 거지요. 그것이 발자크를 모방한 것이든, 스탕달, 셀린느, 베케트, 뒤라스를 모방한 것이든 중요하지 않습니다. 또는 오히려 이렇게 말해야 하지요. 발자크 그 자신은 모방이 불가능하다고. 셀린느는 모방이 불가능하지요 : 그것은 '예기치 않은 것'이고, 새로운 문장들이었습니다. 사람들이 모방하는 것은 이미 항상 복사입니다. 모방자들은 그들끼리 모방합니다. 그 결과 그들의 모방은 확산하는 힘을 가지며 모방 대상보다 더 인상적이지요. 왜냐하면 그들은 방법 혹은 해답을 알고 있기 때문입니다.

〈아포스트로프〉에 나온다는 것은 끔찍한 일이죠. 그것은 커다란 기술적인 힘을 가진 프로그램이고, 편성이며, 레이아웃입니다. 그러나 이는 또한 문학비평의 제로 상태, 예능의 쇼가 된 문학입니다. 피보Pivot는 그가 진정으로 사랑했던 것이 풋볼과 미식이었다는 것을 전혀 숨기지 않았지요. 문학은 방송되는 게임이 되었습니다. 텔레비전 프로그램의 진정한 문제는 게임의 범람이지요. 두 사람이 9개의 글자로 단어 하나를 만드느라 경쟁하는 것을 보면서 이것을 문화적 기획에 참여하는 것이라고 확신하는, 열정적인 시청자가 있었다는 것은 어쨌든 걱정스러운 일입니다. 영화인 로셀리니가 그것에 대해 이미 모두 말한 바 있는 이상한 일들이 일어나고 있어요. 잘 들어보십시오:'오늘날 세계는 지나치게 부질없이 잔인한 세계입니다. 잔인함, 그것은 어떤 이의 인간성을 모독하게 되는 것, 어떤 이를 어떤 전적으로 성의 없는 고백에 이르도록 하는 조건에 처하게 하는 것입니다. 만약 이것이 어떤 규정된 목표를 위한 고백이라면 받아들일 수 있지만, 그것은 그저 관음증 환자, 악취미를 가진 자의 연습일 뿐이고, 솔직하게 말해 그것은 잔인합니다. 나는 이 잔인함이 유치함의 표명이라는 생각이 확고합니다. 오늘날의 모든 예술은 매일 더 유치해지고 있습니다. 각 예술은 가능한 가장 유치해지고자 하는 광적인 욕망을 가지고 있습니다. 천진난만하다는 것이 아니고요, 유치하다고 말하는 겁니다…. 오늘날, 예술은 불평하거나 잔인하거나입니다. 다른 측량이 없어요. 불평하거나, 절대적으로 부질없는 작은 잔인함을 연습하거나. 소통 불가능성에 대해서, 소외에 대해서 하는 이 생각(그를 그의 이름으로 불러야 한다)을 예로 들어봅시다. 나는 여기에서 어떤 부드러움도 찾을 수 없어요. 오히려 환심을 사려는 거대한 겉치레가 보이지요…. 그리고 당신에게 이미 말했지만, 그것으로 나는 더 이상 영화를 만들지 않겠다고 결심했습니다.' 그리고 이는 우선 더 이상 인터뷰하지 않겠다는 결심을 하도록 했겠지요. 잔인하고 유치한 것은 이를 즐기는 사람에게조차 억지 시련이고, 심지어 이를 피하고 싶었을 사람들에게도 부과됩니다.

커플이 범람하다

우리는 종종 마치 사람들이 스스로를 표현할 수 없었던 것처럼 행동합니다. 그러나 사실 그들은 스스로를 끊임없이 표현하지요. 혐오스러운 커플은 이렇습니다. 남편이 '무슨 일이야? 표현을 해…'라고 말하지 않으면 아내는 멍하거나 피곤할 수 없다는 듯이 행동하고, 아내가 '~않으면' 남편이 '~수 없다'는 듯이 행동합니다. 라디오와 텔레비전은 커플로 넘쳐나고, [이런 표현들을] 모든 곳으로 분봉합니다. 그리고 쓸데없는 말들, 많은 양의 무분별한 말과 이미지가 우리의 뼛속까지 파고들지요. 어리석음은 벙어리도 맹인도 아닙니다. 문제는 더 이상 사람들이 표현하도록 하는 것이 아니고, 고독과 침묵의 숨구멍들을 관리하여 그 숨구멍들로부터 결국 말할 무언가를 찾아내도록 하는 것입니다. 억압하는 힘들은 사람들이 표현하는 것을 방해하지 못합니다. 오히려 반대로 표현하도록 강제하지요. 말할 것이 아무것도 없다는 부드러움, 말할 것이 아무것도 없을 권리. 왜냐하면 이것은 약간은 말할 만한 가치가 있는 어떤 드문 것 혹은 드물어져 가는 것이 형성되는 조건이기 때문이지요. 오늘날 우리를 녹초로 만드는 것은 통신의 혼선이 아니라, 아무 관심사가 없는 명제들입니다. 그런데 우리가 명제의 의미라고 부르는 것은, 그것이 제시하는 관심이거든요. 의미에 대한 다른 정의가 없습니다. 그리고 그것이 명제의 새로움이죠. 우리는 몇 시간 동안 아무 관심도 없이 사람들의 말을 들을 수 있습니다…. 바로 그것 때문에 토론하는 것이 그렇게도 어렵고, 바로 그것 때문에 토론하는 것이 전혀 필요하지 않은 겁니다. 우리는 누군가에게 '네가 말하는 건 전혀 재미없어!'라고 말하지 않습니다. 그런데 그에게 '그건 잘못된 거야'라고는 말할 수 있지요. 그러나 그건 전혀 잘못된 것이 아니에요. 어떤 이가 말한 것은 잘못된 것이 아니라 바보 같거나 전혀 중요하지 않은 거예요. 그건 이미 천 번도 넘게 말해진 것이거든요. 중요성, 필요성, 재미라는 개념은 진리 개념보다 천배는 더 결정적입니다. 그것은 그 개념들이 진리 개념을 대체하기 때문이 아니고, 내가 말하는 것의 진실성을 가늠하기 때문이지요. 수학에서조차도 그렇습니다. 포앵카레는 수학의 많은 이론들이 어떤 중요성, 어떤 재미도 없다고 말했어요. 그는 그 이론들이 잘못됐다고 말하는 것이 아니었습니다. 그보다 더 나쁜 것이죠.

식민지의 오이디푸스

어쩌면 저널리스트들이 문학의 이 위기에 일부 책임이 있을지 모릅니다. 저널리스트들이 책을 쓰는 것은 자연스러운 일이지요. 그러나 그들이 책을 쓸 때는 신문의 형식과는 다른 형식으로 들어가는 것이며, 작가가 되는 것입니다. 상황이 달라지는 것이죠. 왜냐하면 저널리스트는 책-형식에 이르기 위해 해야 하는 어떠한 특수한 작업도 하지 않았음에도, 이 형식에 대한 정당한 권리를 가지고 있다는 확신을 얻었기 때문입니다. 저널리스트들은 즉각, 그리고 양적으로 문학을 장악했습니다. 이로부터 표준 소설의 형상들 중 하나가 따라 나옵니다. 『식민지의 오이디푸스』와 같은 것, 여자들에 대한 개인적인 탐구 혹은 아버지에 대한 연구를 담은 리포터의 여행들과 같은 것. 이런 상황은 모든 작가에게 파급됩니다. 작가는 자기 자신과 자신의 작품에 대해서 저널리스트가 되어야 하는 거죠. 극단적인 경우에 모든 것이 저자 저널리스트와 비평가 저널리스트 사이에서 일어납니다. 책은 이 둘 사이를 이어주는 중재자이며 거의 존재할 필요가 없는 것이죠. 이는 책이 다른 곳에서 펼쳐지는 활동들, 경험들, 의도들, 합목적성들의 보고서일 뿐이라는 것입니다. 책은 그 스스로 기록이 되었지요. 그렇게 되자, 각자는 그가 어느 직업을 가졌든, 단순히 한 가족이 있을 뿐이든, 병든 부모가 있든, 부당한 상관이 있든 그 스스로 한 권의 책을 쓸 만큼 충분하다고 생각하는 것 같아요. 각자 자신의 가족 혹은 직업에 관한 자신의 소설이 있는 것이죠…. 문학은 모든 사람에게 특별한 탐구와 노력, 특별히 창조적인 의도를 함축한다는 것을 사람들은 잊어버렸어요. 이러한 노력과 의도는 문학 자체에서만 만들어지며, 문학은 활동들과 의도들의 직접적인 찌꺼기를 수용하는 것이 아닙니다. 이것은 시장의 판촉이라는 모습을 갖게 된, 책의 '이차화'secondarisation지요.

문학이 죽는다면, 그것은 살해일 것이다

매클루언을 잘 읽지도 않았고 이해하지도 못한 사람들은 오디오비주얼이 책을 대신하는 것이 당연하다고 생각할 수 있습니다. 오디오비주얼이 이미 고인이 된 문학 혹은 다른 표현 양태들만큼이나 많은 창조적인 잠재성potentialités을 가지고 있기 때문이지요. 그러나 그것은 사실이 아닙니다. 만약 오디오비주얼이 책을 대체하게 된다면, 그것은 경쟁하는 표현 수단으로서가 아니라, 오디오비주얼의 창조적 잠재성조차 질식시키는 교육의 독점 때문일 겁니다. 만약 문학이 죽는다면 그것은 필연적으로 폭력적인 죽음 그리고 정치적 살해일 것입니다(소련에서처럼요, 아무도 알아채지 못한다고 하더라도요). 장르들을 비교하는 문제가 아닙니다. 양자택일은 글로 된 문학과 오디오비주얼 사이에 있는 것이 아니라, (문학만큼이나 오디오비주얼에도 존재하는) 창조적인 역능과 길들이는 권력 사이에 있지요. 문학이 확보하지 못한 창조의 조건들을 오디오비주얼이 스스로 확보할 수 있을지 매우 의심스럽습니다. 창조의 가능성들은 표현 양태에 따라 매우 다를 수 있습니다. 그 가능성들이 시장과 순응의 문화공간, 다시 말해서 '시장을 위한 생산'의 공간이 창설되는 것에 전면적으로 대립한다고 해서 시장과 덜 소통하는 것은 아닙니다.

테니스 치는 프롤레타리아트에 대하여

스타일, 그것은 문학적인 개념이고, 하나의 통사론입니다. 그러나 사람들은 통사론이 없는 과학에서도 스타일에 대해 말하지요. 스포츠에서도 스타일에 대해 말합니다. 그리고 스포츠에서는 이에 관한 매우 성숙한 연구들이 있습니다. 내가 아는 바는 많지 않지만, 그 연구들은 아마도 새롭다는 것이 곧 스타일임을 보여주는 것으로 귀결되는 것 같습니다. 물론, 스포츠는 기록으로 남겨지는 양적인 등급을 제시합니다. 그리고 이는 기구의 고도화, 신발, 장대…에 의해 지탱되지요. 그러나 또한 질적인 변이 혹은 아이디어들이 있고, 이것은 스타일의 문제가 됩니다. 포스베리 플롭(높이뛰기 중 배면뛰기)에서 사람들은 어떻게 양다리의 가위식 개폐에서 벨리 롤로 넘어가는가? 장애물 경기는 어떻게 장애물 표시를 하는 대신 좀 더 길어진 보폭을 형성하게 되었는가? 왜 사람들은 거기에서 시작하지 않았을까? 왜 양적인 진보로 표시되는 역사를 통과해야 했을까? 완전히 새로운 스타일은 어떤 새로운 '타격'이 아니라 자세들의 연쇄, 다시 말해서 어떤 통사에 비견되는 것을 함축합니다. 이것은 앞선 스타일의 기초 위에서 그리고 그것과 단절하면서 이루어지지요. 기술적인 개선은 그것이 새로운 스타일 속에서 취해지고 선택될 때만 효과가 있습니다. 기술을 규정하는 것으로는 충분하지 않지요. 그 결과 스포츠에서 '발명자들'이 중요해집니다. 이들은 질적인 중재자들이지요. 테니스를 예로 들어보겠습니다. [내가] 보낸 공이 네트로 쇄도하는 상대의 발에 떨어질 때, 서비스 리턴은 언제 솟아올랐는가? 나는 브로미치Bromwich가 전쟁 전, 확실하진 않습니다만, 호주의 위대한 선수라고 생각합니다. 보리Borg가 테니스를 일종의 프롤레타리아트에게 개방한 새로운 스타일을 발명했다는 것은 분명합니다. 다른 곳에서처럼 테니스에서도 발명가들이 있는 것이죠. 매켄로McEnroe는 발명가, 즉 스타일리스트입니다. 그는 테니스에 이집트적인 자세(그의 서비스)와 도스토옙스키의 반사작용('만약 네가 기꺼이 네 머리를 벽에 박으면서 시간을 보낸다면, 인생은 불가능해질 것이다')을 테니스에 도입했지요. 그 이후로는 모방자들이 발명가들을 이기고 그들보다 더 잘할 수도 있습니다. 그들은 스포츠에서의 베스트셀러들이지요. 보리는 모호한 프롤레타리아트들[로 이루어진] 어떤 인종을 낳은 사람이고, 멕켄로는 양적인 지표의 챔피언에게 질 수도 있습니다. 사람들은 다른 곳에서 온 운동을 이용하여 복사하는 자들이 더 강하다고 말하고, 스포츠 연맹들은 그들을 먹여 살리고 영광을 누리도록 한 발명가들을 배신하지요. 그러나 그것은 아무것도 할 수 없습니다. 스포츠의 역사는 이러한 발명가들에 의해 쓰여집니다. 이들은 매번 예기치 않은 것, 새로운 통사, 변이들을 구성해 왔습니다. 이런 것들이 없다면 순수하게 기술적인 진보들은 중요하지도 흥미롭지도 않은 양적인 것으로 남을 수밖에 없을 것입니다.

에이즈와 세계적인 전략

의학에는 매우 중요한 문제가 있습니다. 질병의 진화가 그것이지요. 물론, 새로운 외부적인 요인들, 새로운 세균 혹은 바이러스의 형태들, 새로운 사회적 여건들이 있습니다. 그러나 또한 증후학, 증상들의 그루핑les groupements이 있지요. 매우 짧은 시간 동안에는 증상들이 같은 방식으로 분류되지 않으며, 질병들은 분리isoler됩니다. 이 질병들은 이전에는 다른 맥락에서 분배되었습니다. 파킨슨병, 로제병[선천심장기형, 심실중격결손증] 등…은 증상들의 분류에 커다란 변화를 보여줍니다(이는 의학의 통사론이라고 할 수 있지요). 의학의 역사는 증상들의 그루핑과 질병의 분리 그리고 재그루핑으로 이루어집니다. 기술적인 수단은 여기에서도 또 한 번 이러한 것들을 가능하게 하지만 규정하는 것은 아닙니다. 이 점에 대하여 전쟁 이후에 무슨 일이 일어났을까요? '스트레스'로 인한 질병들이 발견되었습니다. 이 질병에서 고통은 공격자로부터 생기는 것이 아니고, 격렬히 흥분하거나 고갈되는 불특정한 방어 반응에 의해서 생깁니다. 전쟁 후, 의학 저널들은 현대 사회의 스트레스와 이로부터 끌어낼 수 있는 질병들의 새로운 분배에 대한 토론으로 가득 찼습니다. 좀 더 최근에는 자기-면역 질병, 자기 질병들을 발견했지요. 방어기제가 자기가 보호하기로 되어 있는 유기체의 세포들을 더 이상 인지하지 못하거나, 외부의 요인들이 이 세포들로 하여금 구분하는 것을 불가능하게 하는 겁니다. 에이즈는 이 두 극, 즉 스트레스와 자기-면역 사이에 개입합니다. 현대 의학에 대한 분석에서 다고녜^{Dagognet}가 말하듯이, 우리는 의사도 환자도 없는 질병을 향하여 가고 있는 것 같습니다. 즉, 증상보다 영상 이미지가 더 많고, 환자보다는 보균자가 더 많은 것입니다. 이것이 사회보장을 조정하지는 않겠지만 다른 점들에서는 역시 걱정스러운 일입니다. 이 새로운 스타일의 질병이 세계적인 정치 혹은 전략과 일치한다는 것이 눈길을 끕니다. 사람들은 전쟁의 위험이 특정한 외부 공격자라는 우발성뿐만 아니라, 우리의 방어적 반응의 흥분 혹은 몰락에 기인한다고 설명합니다(이로부터 잘 통제된 원자력의 중요성이 따라 나오지요). 바로 이처럼 우리의 질병들이 같은 도식에 대응하는 것입니다. 혹은 핵 정치가 우리의 질병들에 대응하는 것이죠. 소수자 혹은 난민이 어떤 적의 역할을 맡는 것과 마찬가지로, 동성애는 어떤 생물학적 공격자의 역할을 맡을 위험이 있습니다. 이것은 질병과 사회에 대한 이중적인 이미지를 거부하는 사회주의적 체제에 관심을 가져야 할 또 하나의 이유가 됩니다.

불가능성들 사이로 난 길을 따라가는 것과 같은 창조에 대해 말해야 합니다…. 카프카는 이렇게 설명했습니다. 유대인 작가가 독일어로 말하는 것의 불가능성, 체코어로 말하는 것의 불가능성, 말하지 않는 것의 불가능성. 피에르 페로는 문제를 재발견했지요. 말하지 않는 것의 불가능성, 영어로 말하는 것의 불가능성, 프랑스어로 말하는 것의 불가능성. 창조는 병목에서 이루어집니다. 주어진 언어 속에서도, 예를 들면 프랑스어로도, 새로운 통사론은 언어 속에 있는 외국어지요. 창조자가 불가능성에 의해 숨 막히지 않는다면, 그건 창조자가 아닙니다. 창조자는 자기 고유의 불가능성을 창조하고 동시에 가능한 것을 창조하는 자입니다. 매켄로처럼, 머리를 박으면서 [가능한 것을] 찾겠지요. 벽에 줄질을 해야 합니다. 왜냐하면 불가능성들의 집합이 없다면 도주선을 가질 수 없기 때문이지요. 도주선은 창조를 구성하는 출구이고, 진실을 구성하는 거짓의 역능입니다. 액체적이거나 기체적으로 글을 써야 합니다. 지각과 평범한 의견은 단단하고 기하학적이기 때문이지요. 이것이 바로 베르그손이 철학에 대해 한 일입니다. 버지니아 울프 혹은 제임스 조이스는 소설에 대하여, 르누아르는 영화에 대하여(그리고 물질의 상태에 대한 탐험에서 매우 멀리 간 실험영화에 대해서) 같은 일을 했지요. 땅을 떠나는 것과는 전혀 다릅니다. 오히려 땅이 의지하는 액체와 기체의 법칙들을 발명하는 만큼 더욱더 많이 땅에 발 딛게 되는 것이죠. 그러므로 스타일은 그 자리에서 소용돌이를 만들어내기 위해 많은 작업과 침묵을 필요로 합니다. 그러고 나서 배수로에서 어린아이들이 따라가는 성냥불처럼 분출하지요. 분명히 스타일은 단어들을 구성하면서, 구문을 조합하면서, 아이디어들을 사용하면서 이루어지는 것이 아닙니다. 땅의 것인 벡터들을 해방시키기 위해서는 단어들을 개방하고, 사물들을 부수어야 하지요. 모든 작가, 모든 창작자는 하나의 그림자입니다. 프루스트 혹은 카프카의 전기를 어떻게 써야 할까요? 그들의 전기를 쓰자마자, 몸보다 그림자가 우선이라는 것을 알게 될 거예요. 진실은 실존의 생산과 관련된 것입니다. 머릿속에 있는 것이 아니라 실존하는 무언가라는 것이죠. 작가는 구체적인 몸들을 보냅니다. 페소아Pessoa의 경우에 그것은 상상적인 인물들이지만, 그가 인물들에게 문자와 기능을 제공하기 때문에 그렇게 상상적이지는 않은 인물들이지요. 그러나 무엇보다도 인물들이 하는 것을 그가 하지는 않아요. '우리가 많이 본, 많이 여행한' 시스템을 가지고는 문학에서 멀리 갈 수가 없습니다. 이 시스템에서 저자는 우선 어떤 것을 하고 이어서 상세히 이야기하는 것이죠. 저자들의 나르시시즘에는 그림자의 나르시시즘이 있을 수 없기 때문에 가증스럽습니다. 그래서 인터뷰가 끝난 것이죠. 신가한 것은 사막을 건너는 나이가 들고 인내심을 가진 자에 대한 것이 아니라, 사막에서 태어난 젊은 작가들에 대한 것입니다. 그들은 그들이 계획을 세우기도 전에 취소되는 것을 목격할 위험에 처하기 때문이죠. 그러나 작업과 스타일에 있어서 이미 거기에 있는 새로운 작가군이 태어나지 않는 것은 불가능하지요.

철학에 대하여[1]

레이몽 벨루어 · 프랑수아 에발드 이번에 새로운 책을 내셨습니다. 『주름, 라이프니츠와 바로크』라는 책인데요. 흄에 대한 연구(『경험론과 주체성』, 1953)로부터 시작하여 오늘날 라이프니츠에 이르는 여정을 말씀해 주실 수 있습니까? 당신 책들의 연혁을 보면, 사람들은 당신의 첫 번째 여정이 철학사에 대한 작업에 바쳐졌고, 이 시기는 니체에 이르러(1962) 아마도 정점에 다다랐으며, 이후에는 『차이와 반복』(1969), 펠릭스 가타리와 함께 쓴 두 권의 『자본주의와 분열증』(1972, 1980)과 더불어 자신만의 철학을 공들여 만들었다고 말할 것입니다. 그 스타일은 전혀 학술적이지 않지요. 오늘날 당신은 영화와 회화(베이컨)에 대하여 쓴 후에 좀 더 고전적인 철학의 측면과 다시 관계를 맺는 것처럼 보입니다. [당신은 제가 요약한] 이런 흐름에 있다고 생각하십니까? 당신의 작품을 하나의 전체, 통일체로 간주해야

---

[1]. 레이몽 벨루어, 프랑수아 에발드와의 인터뷰 (*Magazine littéraire*, 257호, 1988년 9월).

하나요? 혹은 반대로 어떤 단절들, 변환들이 있다고 보십니까?

들뢰즈 세 가지 시기, 그건 괜찮아 보입니다. 내가 철학사의 책들로 시작한 것은 사실이지요. 그러나 내가 몰두한 모든 저자들은 어떤 공통점을 가지고 있었어요. 그리고 모두 스피노자-니체의 위대한 동일성을 향하고 있었습니다.

철학사는 특별히 반성적인 분야가 아닙니다. 그것은 오히려 회화에서 초상화 같은 것이죠. 정신적인 초상화, 개념적인 초상화입니다. 회화에서처럼, 철학사도 닮은 척해야 하죠. 하지만 비슷하지 않은 수단으로, 차이 나는 수단들로 해야 합니다. 닮음이 드러나야 하지만 복제하는 수단으로는 안 됩니다(사람들은 철학자가 했던 말을 다시 말하는 것으로 만족할 테니까요). 철학자들은 새로운 개념들을 가져옵니다. 그들은 이 개념들을 개진하면서도 이 개념들로 대답하고 있는 문제들이 무엇인지는 말하지 않아요, 아니 완전히 말하지는 않지요. 예를 들어, 흄은 믿음이라는 독창적인 개념을 개진합니다. 그러나 그는 왜 그리고 어떻게 인식의 문제가 제기되어 결과적으로 인식이 믿음의 결정적인 양태가 되는지 말하지 않아요. 철학사는 어떤 철학자가 말한 것을 다시 말하는 것은 아니지만, 그가 필연적으로 생략한 것, 그가 말하지 않은 것, 그러나 그가 말한 것 속에 현존하는 것을 말해야 합니다.

철학은 언제나 개념들을 발명하는 것으로 성립됩니다. 나는 형이상학의 극복이나 철학의 죽음과 관련된 고민이 전혀 없었어요. 철학은 완벽히 현재적인 기능을 가지고 있습니다. 개념들을 창조하는 것이지요. 아무도 이를 대신할 수 없습니다. 물론, 철학은 플라톤의 '경쟁자들'rivaux로부터 시작해서 짜라투스트라의 어릿광대에 이르기까지 항상 경쟁자들을 가지고 있었지요. 오늘날에는 컴퓨터과학, 통신, 상업적 판촉이 철학의 경쟁자입니다. 이들은 '개념'과 '창의적'이라는 단어를 자기 것으로 삼았지요. 그리고 이 '개념기획자들'은 [물건을] 파는 행위를 자본주의의 숭고한 사유, 상품의 코기토로 표현하는 몰염치한 종족을 형성합니다. 철학은 이러한 역능들 앞에서 작아지고 외롭습니다. 그러나 철학이 죽음에 이른다면, 적어도 웃으면서 죽을 것입니다.

철학은 관조도 반성도 아닌 만큼 소통이 아닙니다. 철학은 끊임없이 새로운 개념들을 창조하기 때문에 본성적으로 창조적이거나 심지어 혁명적이죠. 그 유일한 조건은 개념들이 필연적이고 낯설어야 한다는 것입니다. 그리고 개념들은 진정한 문제들에 대답하는 한 이 조건을 갖추게 되지요. 개념은 사유가 단순한 의견, 견해, 토론, 잡담으로 전락하지 않도록 하는 것입니다. 모든 개념은 어쩔 수 없이 역설입니다. 나와 펠릭스 가타리는 『안티-오이디푸스』와 『천 개의 고원』에서, 특히 많은 개념들을 제안한 두꺼운 책 『천 개의 고원』에서 어떤 하나의une 철학을 해 보려고 노력했습니다. 우리는 협업을 한 것이 아닙니다.

통일체unité의 의미로서가 아니라 부정관사un/a의 의미에서 어떤un/a 책을, 그리고 나서 또 다른 책을 썼습니다. 우리는 각자 과거와 이전 작업을 가지고 있었습니다. 그는 정신의학, 정치, 철학에서 이미 풍부한 개념들을 가지고 있었고, 나는 『차이와 반복』, 『의미의 논리』를 쓴 다음이었지요. 그러나 우리는 [독립된] 두 사람이 협업하듯 작업하지 않았어요. 우리는 오히려 '어떤 하나의'un/a 3자를 만들기 위해 만난 두 개의 시냇물 같았습니다. 그 3자는 우리였을 테죠. 어쨌든 '철학'의 질문들 중 하나는 언제나 다음과 같았습니다. 어떻게 'philo'를 해석할 것인가? 그러므로 어떤 철학une philosophie은 나에게 펠릭스 없이는 시작하지도 도달하지도 못했을 두 번째 시기와 같은 것입니다.

그리고 나서 나에게는 표면적으로는 회화와 영화, 이미지가 문제인 세 번째 시기를 가정해 볼 수 있습니다. 그러나 그것은 철학책들입니다. 나는 개념이 지각과 정서라는 두 개의 다른 차원을 포함한다고 생각합니다. 그리고 내가 관심을 가진 것은 이미지가 아니라 바로 다음과 같은 것이지요. 지각percepts은 지각작용perceptions이 아니고 감각sensations과 관계의 꾸러미들로, 그것을 느낀 사람보다 오래 살아남습니다. 또한 정서affects는 느낌sentiments이 아니고 되기들로서, 되기들을 지나쳐간 사람을 넘칩니다(그는 다르게 되지요). 영국 혹은 미국의 위대한 소설가들은 종종 지각을 통해 쓰고, 클라이스트, 카프카는 정서로 씁니다. 정서, 지각 그리고 개념은 분리불가능한 세 가지 역능으로서, 예술로부터 철학으로 혹은 반대 방향으로 진행합니다. 분명 가장 어려운 것은 음악입니다. 『천 개의 고원』에 음악에 대한 분석의 밑그림이 있습니다. 리토르넬로가 이 세 역능을 이끈다는 것입니다. 우리는 리토르넬로를 우리의 주요한 개념들 중 하나로 만들고자 노력했습니다. 지구 및 영토와 관련을 맺은 크고 작은 리토르넬로를요. 결국 이 모든 시기들은 서로 연장되고 뒤섞입니다. 나는 이것이 라이프니츠 혹은 주름에 관한 이 책에서 이제 더 잘 보입니다. 내가 이어서 하려는 것을 말하는 편이 더 나을 거예요.

벨루어·에발드 그건 급하지 않고요. 우선 당신의 삶에 대해서 말해볼 수 있지 않을까요? 당신의 출판도서목록과 생애 사이에 어떤 관계가 있지 않나요?

들뢰즈 교수들의 삶은 재미가 없지요. 물론 여행이 있어요. 하지만 교수들은 그들의 여행을 단어들, 경험들, 콜로퀴엄, 좌담회, 말하기, 항상 말하기로 지불합니다. 지식인들에게는 놀라운 소양이 있어요. 모든 것에 대한 의견을 가지고 있다는 것이지요. 나는 지식인이 아니에요. 왜냐하면 나는 그렇게 사용할 수 있는 소양이, 어떠한 비축분도 없기 때문입니다. 내가 아는 것은 단지 현재 작업의 필요 때문에 아는 것이고, 만약 내가 그 지점에 몇 년 후에 도달한다면 나는 모든 것을 다시 배워야 해요. 이런저런 점에 대한 의견이나 생각이 없다는 것은 매우 유쾌한 일입니다. 소통이 없기 때문에 힘든 것이 아니에요. 오히려 우리는 대단히 할 말이 없을 때도 뭐라도 표현하도록 강제하는 힘들 때문에 힘들지요. 여행한다는 것은 무언가 말하러 다른 곳에 갔다가 무언가 말하기 위해 이리로 다시 오는 거예요. 다시 돌아오지 않을 것이 아니라면, [여행이란] 거기 어딘가에 자신의 작은 침실을 만드는 것일 뿐입니다. 또한 나는 여행을 별로 좋아하지 않아요. 되기들을 위축시키지 않기 위해서는 너무 움직이지 말아야 해요. 나는 토인비의 표현에 매료된 적이 있어요. '유목민들은 움직이지 않는 자들이다. 그들은 떠나기를 거부하기 때문에 유목민이 된다.'

도서목록과 생애라는 기준을 나에게 적용하고자 한다면 이런 게 있습니다. 나는 첫 책을 상당히 일찍 썼고, 이후 8년 동안 거의 아무것도 출간하지 않았어요. 그렇지만 나는 이 몇 년간 내가 했던 작업이 무엇인지 내가 어디에서 그리고 어떻게 살았는지 알고 있지요. 물론 나는 그것을 마치 약간은 다른 누군가가 나에게 추억들을 말해 주어서 아는 것처럼 추상적으로 알고 있어요. 내가 진짜 가졌던 건 아니지만 그런 것 같다고 생각하는 추억들을요. 그건 마치 내 삶의 하나의 구멍 같아요. 8년이라는 구멍이죠. 내가 삶에서 흥미롭게 생각하는 것은 바로 이런 거예요. 삶이 포함하고 있는 구멍들, 틈들, 때로는 드라마틱하고 때로는 그렇지도 않은. 몇 년간의 강직증 혹은 일종의 몽

유병, 대부분의 삶이 이런 것들을 포함하고 있지요. 아마 이 구멍 속에서 운동이 만들어질 거예요. 왜냐하면 문제는 바로 머리 찧기를 멈추기 위해서 어떻게 운동을 만드는가, 어떻게 벽에 구멍을 뚫을 것인가 하는 것이기 때문입니다. 그것은 아마도 너무 움직이지 않으면서, 너무 말하지 않으면서, 거짓 운동을 피하는 것일 겁니다. 더 이상 기억이 없는 거기에 자리 잡는 것이죠. 피츠제럴드의 아름다운 중편소설이 하나 있습니다. 10년이라는 구멍을 가진 어떤 이가 마을에서 산책합니다. 그는 게다가 반대편에 도달하지요. 더 이상 구멍은 없고, 대신 어디에 두어야 할지 어디에 위치시킬지 더 이상 알 수 없는(그 일이 나에게 일어났어. 그러나 언제?) 과도하고 부유하는 여분의 추억들뿐인 거지요. 이런 지나친 추억들을 가지고는 추억을 만드는 것 외에는 아무것도 더 이상 할 수 없습니다. 그게 일곱 살 때였던가, 열네 살, 마흔 살? 삶에서 흥미로운 것은 이 두 가지입니다. 망각과 기억이상증진이죠.

벨루어·에발드 말에 대한 비판은 특히 텔레비전에 대해서 하셨죠. 세르주 다네의 책 『시네-주르날』 서문에서 이 주제에 대해 말하셨습니다. 그러나 철학자는 어떻게 소통합니까? 어떻게 소통해야 합니까? 플라톤 이래 철학자들은 책을 썼지요, 책을 통해 표현했어요. 그것은 오늘까지도 변하지 않았습니다. 그러나 철학자들은 두 유형으로 구분되는 것으로 보입니다. 사람들이 철학자라고 부르는 철학자와 스스로 철학자라 칭하는 철학자. 가르치는, 계속 가르치는, 대학에 자리 잡은, 그리고 이것을 중요하다고 생각하는 철학자들이 있고, 가르치지 않는, 아마도 심지어 가르치는 것을 거부하고 미디어를 점령하고자 하는 철학자들, 소위 '새로운 철학자들'이 있지요. 당신은 첫 번째 범주로 분류해야 할 것 같습니다. 당신은 심지어 '새로운 철학자들'에 반대하는 '유인물'을 만들기까지 했지요. 당신에게 강의한다는 것은 무엇인가요? 이 실행에서 대체불가능한 것이 있습니까?

들뢰즈 강의는 전적으로 내 삶의 일부였습니다. 열정적으로 강의했지요. 그건 콘퍼런스와는 전혀 달라요. 강의는 길게 진행되고, 상대적으로 항구적인 공중이 있으며, 어떤 경우에는 몇 년간 지속되기 때문이지요. 연구 실험실 같은 거죠. 알고 있는 것에 대해서가 아니라 찾고 있는 것에 대해서 강의하는 겁니다. 영감을 얻는 몇 분을 위해 오래 준비해야 하죠. 좀 더 고통스러운 영감을 얻기 위해 점점 더 많이 준비해야 한다는 것을 알게 될 때 멈추는 것에 만족했어요. 그리고 프랑스의 대학에서 연구하는 것이 점점 더 어려워지기 때문에 미래는 어둡지요.

강의는 연극보다는 음악에 더 가까운 일종의 슈프레히게장 Sprechgesang[빈의 12음 기법 작곡가들이 사용하는 창법]입니다. 또 강의는 원칙적으로 약간은 락 콘서트와 같습니다. 뱅센느는 예외적인 조건들을 통합했다고 말해야 합니다(그리고 우리가 폭력적으로 생드니로 이전하면서 그것이 지속되었죠). 철학에서 우리는 '지식의 전진'이라는 원칙을 거부했어요. 1학년과 n학년 학생들, 학생과 학생이 아닌 사람들, 철학자와 비-철학자들, 젊은이들과 나이 든 사람들, 그리고 많은 국적의 사람들이 같은 강의를 들었습니다. 사유에 대한 커다란 요구를 보여주는 젊은 화가들 혹은 음악가들, 영화인들, 건축가들은 항상 있었습니다. 강의 시간은 길었어요. 아무도 처음부터 끝까지 듣지 않았지만 각자 자기 분야에서 먼 내용이더라도 강의에서 자기가 필요하거나 원하는 것, 혹은 그것으로 뭔가 할 수 있는 것을 취해갔습니다. 종종 분열증적이었던 [청중의] 직접적인 발언 시간이 있었지요. 그리고 카세트 지기gardiens와 더불어 카세트의 시기가 왔습니다. 그러나 거기에서도 종종 익명의 작은 노트 형태로 한 주에서 다른 한 주로 이어지는 [청중의] 개입이 있었지요.

나는 이 청중에게 그가 나에게 어떤 존재였는지, 그가 나에게 무엇을 가져다주었는지 전혀 말한 적이 없습니다. 토론과 닮은 점은 전혀 없었습니다. 철학은 엄밀히 말해서 토론과 아무런 관계가 없는 것이지요. 사람들은 이미 어떤 이가 어떤 문제를 제기하는지 그가 그 문제를 어떻게 제기하는지 이해하기 위해 충분히 애썼습니다. 단지 그 문제를 풍부하게 만들고, 그 조건들을 다양하게 하고, 덧붙이고, 연결하기만 하면 됩니다. 토론할 필요는 전혀 없어요. 그것은 마치 에코가 있는 방, 하나의 고리 같았어요. 거기에서 하나의 생각은 마치 여러 개의 필터를 거치는 것처럼 되돌아왔죠. 바로 거기에서 나는 어떤 점에서 철학이 개념을 통한 철학적 이해뿐 아니라, 지각과 정서를 통해 작동하는 비철학적인 이해를 필요로 하는지 파악했습니다. 둘 다 필요해요. 철학은 비철학과 본질적이고 실증적인 관계 속에 있습니다. 철학은 비철학자들에게 직접적으로 말을 겁니다. 가장 놀라운 경우인 스피노자를 보세요. 그는 절대적인 철학자이고, 『에티카』는 개념에 대한 위대한 책이지요. 그러나 동시에 가장 순수한 철학자는 엄격히 모두에게 말을 거는 사람입니다. 『에티카』를 누가 읽는지는 중요하지 않습니다. 그가 스스로를 이 바람과 이 불에 충분히 맡기기만 한다면요. 또는 니체의 경우. 여기에는 반대로 철학에서 활기찬 것을 죽이는 지식의 과잉이 있습니다. 비철학적 이해는 부족하거나 임시적인 것이 아니에요. 그것은 두 반쪽 중 하나, 두 날개 중 하나죠.

벨루어 · 에발드 『차이와 반복』의 서문에서 당신은 '아주 오래전부터 써왔던 방식으로 철학책을 쓸 수 있는 가능성이 거의 없는 시간이 다가오고 있다'고 말했습니다. 그리고 당신은 니체가 시작한 이 새로운 철학적 표현 수단들에 대한 연구를 연극이나 영화와 같은 '몇몇 다른 예술들'의 발전과의 관계 속에서 이어 나가야 한다고 덧붙였지요. 당신은 철학사를 다루는 데 대한 유비적 모델로 보르헤스를 인용했습니다(『말과 사물』 서론에서 푸코가 자기 작업의 전개 과정과 관련하여 이미 했던 것처럼요). 12년 뒤에 당신은 『천 개의 고원』의 열다섯 개의 고원을 말했지요. 사람들은 이 고원들을 거의 독립적으로 읽을 수 있습니다. 결론만 마지막에 읽어야 하지요. 결론 내내 각 고원은 열광적인 원무곡의 번호들처럼 되새겨졌죠. 질서와 무질서 중 어떤 것도 양보하지 않으면서 동시에 수용해야 한다는 의지를 보여주는 것처럼요. 요즘은 철학책의 구성이라는 문제, 건축과 철학의 스타일이라는 문제에 대해서 어떻게 생각하십니까? 그리고 이 관점에서 둘이 쓴다는 것은 무엇을 의미하나요? 둘이 쓴다는 것은, 철학사에서 대화가 아니라는 점에서 더욱 예외적입니다. 어떻게, 그리고 왜 둘이 쓰셨습니까? 어떻게 진행하셨나요? 당신들에게 어떤 요구가 자리 잡고 있었나요? 그러니까 누가 이 책들의 저자인가요? 심지어 저자가 있기는 한 건가요?

들뢰즈 위대한 철학자들은 또한 위대한 스타일리스트입니다. 철학에서의 스타일은 개념의 운동이지요. 물론, 이 운동은 문장의 외부에는 존재하지 않으며, 문장들은 이 운동에 생명을, 독립적인 생명을 불어넣는 것 외에는 다른 목표가 없습니다. 스타일은 언어의 변이, 변조 그리고 모든 언어활동을 외부로 향하도록 하는 긴장입니다. 철학에서 그것은 소설에서와 같습니다. '어떤 일이 일어날까?', '어떤 일이 일어난 것인가?'를 생각해야 합니다. [소설에서는] 단지 인물이 개념이고, 환경과 풍경이

시-공간들이지요. 사람들은 항상 생기를 불어넣기 위해서, 생명을 그것이 감금된 곳에서 해방시키기 위해서, 도주선을 그리기 위해서 씁니다. 이를 위해서는 언어활동이 등질적인 체계가 아니라 항상 이질적인 비평형이 되어야 하지요. 스타일은 여기에서 잠재태의 차이들 différences de potentiels을 파헤칩니다. 이 차이들 사이에서 무언가가 지나가고, 일어나고, 번개가 치기도 합니다. 물론 번개는 언어활동 자체로부터 빠져나오게 됩니다. 그리고 우리로 하여금 단어들을 둘러싼 그림자 속에 머물러 있는 것을, 그것이 실존한다는 것을 사람들이 거의 의심하지 않는 그러한 실체들을 보고 또 생각하도록 만들지요. 두 가지가 스타일에 대립합니다. 등질적인 언어 혹은 반대로 이질성이 너무 커서 언어가 무차별적이고 무가치한 것이 될 때, 그리고 극들 사이에서 정확한 것은 아무것도 없을 때. 주된 것과 종속된 것 사이에서 심지어 그리고 무엇보다 문장이 완전히 반듯하다는 느낌을 줄 때, 어떤 긴장, 일종의 지그재그가 있을 수밖에 없습니다. 단어들이 매우 멀리 있는 단어들 사이를 오가는 섬광을 생산할 때, 스타일이 있는 것이죠.

그렇게 되면, 둘이 쓴다는 것은 오히려 특별한 문제를 제기하지 않습니다. 우리가 정확한 인격들이고, 각자 자기의 고유한 삶, 고유한 의견을 가지고 있으며 서로 협업하자고 제안하고 또 토론했다면 문제가 있었을 거예요. 나와 펠릭스는 오히려 두 개의 시냇물 같았다고 말했을 때 내가 하고 싶었던 말은 개체화라는 것이 필연적으로 인격적인 것은 아니라는 거였습니다. 우리는 우리 스스로 하나의 인격들이라는 데 대한 확신이 전혀 없어요. 어떤^{un} 공기의 흐름, 어떤 바람, 어떤 하루, 어떤 낮의 한 시간, 어떤 시냇물, 어떤 장소, 어떤 전투, 어떤 질병은 인격적이지 않은 개별성을 가지고 있습니다. 그것들은 고유명사를 가지고 있지요. 우리는 그것을 '이것'^{hecceités}이라고 부릅니다. 그것들은 두 개의 시냇물, 두 개의 강처럼 합성되지요. 언어활동에서 표현되는 것은 그것들입니다. 그리고 언어활동 안에서 차이들을 파헤치지요. 그러나 그것들에 고유하게 개별적인 생명을 주고 그것들 사이에서 무언가가 지나가도록 만드는 것은 언어활동입니다. 사람들은 의견의 수준에서 모든 사람처럼 말하면서도, 사람들이 '해가 뜬다'고 말하듯이 '나는'이라고 말하고 나는 하나의 인격이라고 말합니다. 그러나 우리는 그런 것에 대한 확신이 없습니다. 그것은 분명히 좋은 개념이 아니에요. 펠릭스와 나, 그리고 우리와 같은 많은 다른 사람들은 정확히 어떤 인격처럼 스스로를 느끼지 않습니다. 우리는 오히려 사건들의 개별성을 가지고 있지요. 이것들^{hecceités}이 보잘것없고 현미경적으로 작을 수 있는 만큼, 이는 전혀 야심 찬 표현이 아닙니다. 내 모든 책에서 나는 사건의 본질을 탐구했습니다. 사건은 철학적 개념으로, be동사와 속사를 해체할 수 있는 유일한 것이지요. 둘이 쓴다는 것은 이런 점에서 완벽히 정상적인 것이 됩니다. 어떤 것이 지나가는 것만으로 충분합니다. 고유명사를 가지는 유

철학에 대하여 **261**

일한 어떤 흐름으로 충분한 것이죠. 사람들이 혼자 쓴다고 믿을 때조차, 그것은 항상 어떤 다른 이와 함께 이루어집니다. 그 다른 이를 항상 지칭할 수 있는 것은 아니지만요.

『의미의 논리』에서 나는 일종의 계열적 구성composition을 시도했습니다. 그러나 『천 개의 고원』이 더 복잡하지요. 왜냐하면 '고원'은 은유가 아니고, 지속적인 변이 지대들이기 때문입니다. 혹은 그것은 망루들과 같은 것으로, 각각의 망루는 하나의 지대를 감시하거나 훑어보며, 망루들은 서로에게 보내는 신호들을 만들어냅니다. 이는 인디아 혹은 제노바의 구성composition indienne ou génoise입니다. 바로 거기에서 우리는 하나의 스타일, 다시 말해서 하나의 다조성多調性, polytonalité에 가장 가까이 있습니다.

벨루어·에발드 당신의 작업에는 어디에나 문학이 있습니다. 거의 철학에 평행할 정도로요. 『마조히즘』, (끝없이 점점 더 커지지만) 프루스트에 대한 작은 책, 『의미의 논리』의 상당 부분, (클로소프스키, 미셸 투르니에, 졸라에 대한 글과 같이) 부록에서만큼이나 (루이스 캐럴에 대한) 본문에서, 『안티-오이디푸스』의 연장으로 가타리와 함께 쓴 카프카에 대한 책, 끌레르 파르네와의 『디알로그』 첫 장(「영미문학의 우월성에 대하여」), 『천 개의 고원』의 상당한 부분들이 그 예들입니다. 목록은 깁니다. 그러나 이런 사례들은, 당신이 영화에 대한 책이나 단 하나의 화가의 작업으로부터 시작하는 『감각의 논리』에서 만들어 낸 것, 예술의 한 형태와 표현의 평면을 정돈하고 합리화하는 것에 필적하는 것을 생산하지 못했습니다. 이것은 당신이 표현하기도 했지만 문학이 철학에 지나치게 가깝고, 그래서 당신의 운동 전체에 접변에 의해 동반하는 것 외에는 할 수 있는 것이 없기 때문일까요? 혹은 다른 이유들이 있습니까?

들뢰즈 글쎄요, 그런 차이가 있다고는 생각하지 않아요. 나는 '비평과 진단'이라는 일반적인 제목으로 연구들 전체를 묶어 보고 싶은 꿈이 있었습니다. 이것은 위대한 저자들, 위대한 예술가들이 심지어 숭고하더라도 환자들이었다고 말하려는 것이 아니고요. 사람들이 그들에게서 작품 속 하나의 비밀로서 어떤 신경증이나 분열증의 흔적을 혹은 작품의 암호를 찾는다는 것도 아닙니다. 그들은 환자가 아닙니다. 오히려 정반대죠. 그들은 상당히 특별한 의사들이지요. 왜 마조흐는 자신의 이름을 세계만큼이나 오래된 도착증에 붙였을까요? 그것은 그가 그 병을 '앓았기' 때문이 아니라, 그가 그 증상들을 갱신했기 때문이에요. 마조흐는 계약을 주요 기호로 삼고, 또한 마조히즘적 행위들을 인류학적인 소수자들의 상황과 이 소수자들 속에서의 여성의 역할과 연결시키면서, 마조히즘에 대한 독창적인 그림을 그렸습니다. 마조히즘은 소수자들의 유머와 분리불가능한 저항의 행위가 되지요. 마조흐는 위대한 증후학자입니다. 프루스트에게서 탐험된 것은 기억이 아니라 모든 종류의 기호들입니다. 우리는 환경에 따라 이 기호들의 본질, 방출 양태, 질료, 체제를 발견해야 하지요. 『잃어버린 시간을 찾아서』는 세계들에 대한 일반기호학이고, 증후학입니다. 카프카의 작품은 우리를 기다리고 있는 모든 악마적인 역능들에 대한 진단이지요. 니체는 예술가 혹은 철학자는 문명의 의사들이라고 말했습니다. 그들이 정신분석에 많은 흥미를 갖지 않은 것은 어쩔 수 없는 일입니다. 정신분석에는 그렇게도 많은 비밀의 환원과 기호와 증후에 대한 오해가 있기 때문이지요. 정신분석은 모든 것을 로렌스가 '더럽고 작은 비밀'이라고 불렀던 것으로 몰아갑니다.

그것은 단순히 진단의 문제가 아닙니다. 기호들은 삶의 양태들, 실존의 가능성들과 관련되며, 솟구치거나 고갈된 생명의 증상들입니다. 그러나 예술가는 고갈된 생명에도, 인격적인 삶에도 만족할 수 없지요. 사람들은 자기의 자아, 자기의 기억 그리고 자기의 질병들과 함께 쓰는 것이 아닙니다. 쓴다는 행위에는 삶을 인격적인 것보다는 더한 무엇으로 만들려는, 그리고 삶을 그것을 가둔 것으로부터 해방시키려는 시도가 있지요. 예술가 혹은 철학자는 종종 허약하고, 몸이 약하며, 균형이 잘 잡혀 있지 않아요. 스피노자, 니체, 로렌스가 그랬습니다. 그러나 그들을 무너뜨린 것은 죽음이 아니고, 오히려 그들이 보고, 느끼고, 생각한 삶의 과잉이었습니다. 그들에게는 너무 큰 삶… 그러나 '기호에 가까워지는 것'은 그들을 통해서였습니다. 짜라투스트라의 결말, 『에티카』의 5부가 그렇습니다. 사람들은 아직 언어를 가지지 않은 도래하는 민중에 따라, 그와 관련하여 씁니다. 창조한다는 것은 소통하는 것이 아니라 저항하는 거예요. 기호들, 사건, 삶, 생기론 사이에는 깊은 연관이 있습니다. 그것은 유기적이지 않은 생명의 역능으로서, 그림, 글쓰기 혹은 음악의 선에 있을 수 있습니다. 죽는 것은 유기체이지 생명이 아닙니다. 삶에 출구를 지시하지 않는 작품은 없습니다. 도로들 사이로 길을 찾지 않는 작품은 없지요. 내가 쓴 모든 것은 생기주의적이었습니다. 적어도 나는 그러기를 바라요. 그리고 그것은 기호들과 사건의 이론을 구성했지요. 나는 문학과 다른 예술들에서 문제가 다르게 제기된다고는 생각하지 않습니다. 단지 내가 원하는 책을 문학에 대하여 쓸 기회가 없었던 것일 뿐입니다.

벨루어·에발드 정신분석은 특이한 방식일지라도 『차이와 반복』 그리고 『의미의 논리』를 여전히 가로지르고 그 기초를 이루고 있습니다. 『자본주의와 분열증』 1권, 『안티-오이디푸스』로부터 분명하게 무너뜨려야 하는 적이 되지요. 그러나 좀 더 깊게는 그 이후로 정신분석은 어떤 새로운 것을 사유하기 위해, 그리고 거의 새롭게 사유하기 위해 스스로 해체되어야 하는 탁월한 관점으로 남습니다. 어떻게 이런 일이 벌어진 걸까요? 그리고 왜 『안티-오이디푸스』가 1968년 5월 국면에 대한 최초의 위대한 철학책, 그리고 아마도 그 최초의 진정한 철학적 성명입니까? 이 책은 즉시, 미래가 프로이트-맑스주의의 어떤 종합에 있지 않다고 말했습니다. 그리고 그것은 '새로운 철학자들'이 곧 맑스로부터(그리고 **혁명**Révolution으로부터) 해방되리라고 생각할 수 있었던 것처럼, 프로이트로부터(라깡과 그 구조로부터) 해방됩니다. 특이한 유비처럼 나타난 이것을 당신은 어떻게 감지했습니까?

들뢰즈 이상한 일이에요. 내가 펠릭스를 정신분석에서 데리고 나온 것이 아니고, 그가 나를 정신분석으로부터 *끄*집어냈지요. 마조흐에 대한 연구, 그리고 나서『의미의 논리』에서 나는 사디즘-마조히즘의 잘못된 통일, 혹은 사건에 대한 연구 결과를 얻어냈다고 생각했습니다. 이 결과들은 정신분석에 부합하지 않았으나 정신분석과 화해할 수 있었지요. 반대로, 펠릭스는 라깡의 제자로서, 그리고 화해가 가능하지 않다는 것을 이미 알고 있는 '아들'의 방식으로, 정신분석가였고 정신분석가로서 남아있었죠.『안티-오이디푸스』는 다음 두 가지 주제로부터 시작하여 완전히 혼자 이루어진 단절입니다. 무의식은 극장이 아니라 공장, 생산하는 기계라는 주제. 무의식은 아빠-엄마에 대한 착란에 빠지는 것이 아니라, 인종들, 부족들, 대륙들, 역사와 지리학, 항상 어떤 사회적인 장에 대한 착란에 빠진다는 주제. 우리는 내재적인 개념, 무의식의 종합에 대한 내재적인 사용, 무의식에 대한 생산주의productivisme 혹은 구성주의를 찾았습니다. 그래서 우리는 정신분석이 부정관사(어떤 아이…), 되기(동물-되기, 동물과의 관계들), 욕망, 언표가 말하고자 하는 것을 전혀 이해하지 못했다는 것을 알아차렸지요. 정신분석에 대한 우리의 마지막 텍스트는 『천 개의 고원』에서 '늑대인간'에 관한 것입니다. 정신분석은 어떻게 해서 다수 혹은 복수를, 한 마리의 늑대가 아니라 늑대 무리를, **뼈** 하나가 아니라 **뼈**의 더미를 사유하는 데 무능한가?

정신분석은 욕망을 막다른 골목으로 이끌고 가는 환상적인 기획으로 보였어요. 사람들이 할 말이 있다고 말하지 못하게 하는 기획 말이에요. 그것은 삶에 반대하는 기획이고, 법과 거세, 죽음의 노래이며, 초월transcendance에의 목마름이자, 성직이고 심리학이었습니다(사제의 심리학밖에 없다는 의미에서). 이 책이 68 이후에 어떤 중요성을 가진다면, 그것은 사실상 프로이트-맑스주의의 시도들과 단절했기 때문입니다. 우리는 수준들을 배분하거나 화해시키려고 노력하지 않았습니다. 반대로 흐름들의 논리에 따라 사회적 생산이자 동시에 욕망하는 생산을 같은 평면에 두고자 노력했지요. 망상은 실재에서 작동했고, 우리는 실재 외에 다른 요소들은 알지 못했습니다. 상상적인 것과 상징적인 것은 우리에게 거짓 범주로 보였어요.

『안티-오이디푸스』, 그것은 실재의 일의성이었고, 일종의 무의식의 스피노자주의였습니다. 그런데 나는 68이 바로 이 발견 자체였다고 생각합니다. 68에 대한 증오를 가지고 있는 사람들,

번복을 정당화하는 사람들은 그것이 상징적이거나 상상적이었다고 생각하지요. 그러나 정확히 전혀 그것이 아니었어요. 그것은 순수한 실재의 침입이었습니다. 어쨌든 나는 프로이트와 관련된 『안티-오이디푸스』의 전개와 맑스와 관련된 '새로운 철학자들'의 전개 사이에는 조금의 유비도 없다고 봅니다. 그렇다면 정말 끔찍할 거예요. 만약 『안티-오이디푸스』가 정신분석을 비판하려 한다면, 그것은 좋든 나쁘든 이 책에 자세히 분석된 무의식의 개념과 관련됩니다. 새로운 철학자들이 맑스를 부인할 때 그들은 자본에 대한 새로운 분석을 전혀 하지 않았습니다. 자본은 신기하게도 그들에게서 모든 실존을 잃어버렸죠. 그러면서 그들은 그들이 맑스로부터 따라 나온 것으로 가정한 스탈린적인 정치-윤리적 결과들을 고발했습니다. 그들은 오히려 프로이트에게 부도덕한 결과들에 대한 책임을 떠넘겼던 자들과 가깝습니다. 이것은 철학과는 아무 상관이 없는 것이죠.

벨루어 · 에발드 당신은 지속적으로 내재성을 요구합니다. 당신의 사유에 가장 고유한 것으로 보이는 내재성은 결핍과 부정이 없는 사유로서, 그것이 어떤 것이든 간에 초월transcendance을 겨냥하는 모든 것을 체계적으로 비워냅니다. 이렇게 묻고 싶습니다. 그것은 정말 진실입니까, 그리고 어떻게 그것이 가능하죠? 일반화된 이 내재성에도 불구하고 당신의 개념들은 언제나 부분적이고 지역적이라서 더욱 그렇습니다. 『의미의 논리』에서부터, 당신은 새로운 책으로 한 벌의 개념들을 생산하는 것을 염두에 두었던 것처럼 보입니다. 물론 우리는 이주들migrations과 재분류들을 관찰하지요. 그러나 크게 볼 때, 영화에 관한 책들에서 제시된 용어가 『감각의 논리』의 용어와 같지 않고, 이는 또 『자본주의와 분열증』 등의 용어와 같지 않습니다. 이것은 마치, 당신의 개념들이 자기 자신과 관련하여 정확해지고, 정교해지고, 복잡해지기 위해서 다시 다루어지지는 않은 채, 이렇게 말할 수 있다면, 자기 몸과 특수한 발명의 수준을 매번 만들어 내야 하는 것 같습니다. 이는 당신의 개념들이 전체의 공식화 속에서 다시 다루어지는 데 적합하지 않다는 것을 가정하는 것인가요? 아니면 그 어떤 것에 대한 선판단 없이 단지 최대의 개방성을 생산하려는 것인가요? 그리고 어떻게 그것이 내재성과 화해할 수 있습니까?

들뢰즈 내재성의 평면을 설립하는 것, 내재성의 장을 그리는 것은, 내가 작업했던 모든 저자들이 했던 것입니다(심지어 칸트도 그가 종합의 초월적transcendant 사용을 고발할 때 그것을 했지요. 그러나 그는 실제 실험이 아니라 가능한 경험에 만족했습니다). 추상적인 것은 아무것도 설명하지 않습니다. 그 자신이 설명되어야 하죠. 또한 보편적인 것, 초월적인 것, 일자, 주체(대상), 이성은 없으며, 오직 과정들만이 있습니다. 과정들은 통일되거나 주체화, 합리화될 수 있으며 그 이상의 것은 아무

철학에 대하여 **269**

것도 없습니다. 이 과정들은 구체적인 '다양체' 속에서 작동합니다. 바로 이 다양체에서 어떤 것이 일어나며, 이것이 진정한 요소입니다. 내재성의 장을 가득 채우고 있는 것은 다양체들인데, 이것은 부족들이 사막을 채워도 사막은 계속 사막이라는 것과 약간은 같습니다. 그리고 내재성의 평면은 구축되어야 하며, 내재성은 구성주의입니다. 할당 가능한 각 다양체는 평면의 한 지대와 같습니다. 모든 과정이 내재성의 평면 위에서, 할당 가능한 다양체 안에서 생산됩니다. 통합, 주체화, 합리화, 중심화는 어떤 특권도 가지지 않으며, 이것들은 종종 다양체의 증가, 선들의 연장과 전개, 새로운 것의 생산을 방해하는 막다른 골목 혹은 담장들입니다.

실험하는 대신 해석하기 위해 초월을 내세울 때 운동은 멈춥니다. 벨루어Bellour가 영화에 대해서, 이미지들의 흐름에 대해 이를 잘 보여주었지요. 그리고 사실 해석은 항상 결핍된 것으로 가정된 어떤 것의 이름으로 이루어집니다. 통일성, 그것은 정확히 다양체가 결핍한 무엇입니다. 사건에 결핍된 것('비가 내린다'il pleut)이 주체인 것처럼요. 물론, 결핍 현상들이 있습니다. 그러나 그것은 그것이 자아Moi라는 초월이라 할지라도 초월의 관점에서, 추상적인 것과 관련하여 결핍된 것이지요. [이러한 초월의 개입으로] 매번 내재성의 평면을 구성하는 것이 방해받습니다. 과정들은 되기들이고, 되기들은 그것을 끝내는 결과로 판단되는 것이 아니라, 동물-되기 혹은 비주체적 개체화와 같은 그 흐름의 성질, 그 계속되는 역능으로 판된됩니다. 이런 의미에서 우리는 리좀을 나무에 대립시키지요. 나무 혹은 오히려 나무화하는 과정은 어느 순간 리좀과 그 변화를 중단시키는 임시적인 한계입니다. 보편적인 것은 없고 오직 특이성들만이 있습니다. 개념은 보편적인 것이 아니라 각기 다른 것의 부근에까지 연장되는 특이성들의 집합입니다.

리토르넬로 개념을 예로 들어봅시다 : 그것은 영토와 관계가 있습니다. 영토에는 리토르넬로들이 있으며, 이것들이 영토를 표시합니다 : 그러나 또한 영토에 합류하려고 할 때, 그리고 밤에 겁이 날 때, 그리고 다시 한번 영토를 떠날 때, '안녕 나는 떠나….' 그것은 이미 세 가지 미분적인 위치들position처럼 존재합니다. 그렇다면 그것은 리토르넬로가 어떤 더 심오한 것, 즉 지구와 더불어 영토의 긴장을 표현한다고 보아야 합니다. 그러나 지구, 그러므로 탈영토화된 것, 그것은 자기 자신의 불규칙한 운동인 탈영토화의 과정과 분리불가능합니다. 바로 이런 것이 서로 연장되는 특이성들의 집합이고, 하나의 사건에 그렇게 하나의 가곡을 되돌려보내는 것, 그것이 개념입니다. 노랫소리가 울리고, 가까워지거나 멀어지지요. 이것이 바로 내재성의 평면 위에서 일어나는 일입니다. 다양체들이 평면을 채우고, 특이싱들이 연결되며, 과정들이나 되기들이 전개되고, 강도들이 오르거나 내립니다.

나는 철학이 다양체들의 논리라고 생각합니다(나는 이 점에서 미셸 세르와 가깝다고 느껴요). 개념들을 창조하는 것은, 평면의 지대를 구성하는 것, 앞선 지대들에 또 하나의 지대를 덧붙이는 것, 새로운 지대를 탐험하는 것, 결핍을 메우는 것입니다. 개념은 선들과 곡선들의 복합체, 강화물입니다. 개념들이 지속적으로 갱신될 수밖에 없다면, 그것은 정확히 내재성의 평면이 지대에 의해 구성되기 때문입니다. 평면은 점점 더 가까이 지역적으로 구성됩니다. 그런 이유로 『천 개의 고원』에서 개념들이 돌풍에 의해 작동하는 것입니다. 각 고원은 그러한 돌풍이 되어야 하죠. 그러나 이는 개념들이 탈환이나 체계성의 대상이라고 말하는 것은 아닙니다. 반대로 개념의 역능인 반복이 있습니다. 그것은 하나의 지대를 다른 지대와 연결하는 것이죠. 그리고 이 연결은 지속적이고 불가피한 조작입니다. 세계는 패치워크와 같은 것이죠. 내재성의 단 하나의 평면과 항상 지역적인 개념들이라는 [내 철학에 대한] 당신의 이중적인 인상은 그러므로 정확합니다.

나에게 반성을 대체하는 것은 구성주의constructionnisme입니다. 그리고 소통을 대체하는 것은 일종의 표현주의지요. 철학에서 표현주의는 스피노자와 라이프니츠에게서 가장 높은 지점을 찾습니다. 나는 타인Autrui의 개념을 대상이나 주체(다른 주체)가 아니라 가능세계의 표현으로 정의하면서, [타인에 관한 가능한] 한 개념을 찾았다고 생각했습니다. 치통이 있는 어떤 사람도, 길을 걷는 한 일본인도 어떤 가능한 세계들을 표현하는 것이죠. 그런데 이 둘이 말을 합니다 : 누군가 나에게 일본에 대해서 말합니다. 심지어 나에게 일본에 관해 말하는 사람은 그 일본인이에요. 혹은 그는 일본말을 합니다 : 이런 의미에서 언어활동은 그러한 가능세계에 현실성을 부여합니다. 그것은 가능한 것으로서 가능한 것의 현실성입니다(만약 내가 일본에 간다면, 반대로 그것은 더 이상 가능한 것이 아니지요). 심지어 이렇게 매우 요약적인 방식에서도, 내재성의 평면 위에 가능한 세계들을 봉입inclusion하는 것은 표현주의를 구성주의의 보충물로 만드는 것입니다.

벨루어 · 에발드 그러나 새로운 개념들을 창조해야 할 필요성은 어디에서 오는 것입니까? 철학에서 어떤 '진보'가 있을까요? 오늘날 철학의 임무, 필요성, 심지어 '프로그램'을 어떻게 정의하십니까?

들뢰즈 나는 사유의 이미지가 있다고 가정하는데, 그것은 많이 변동하고 역사상 많이 변동해 왔습니다. 나는 사유의 이미지를 방법이라고 이해하는 것은 아닙니다. 그보다는 항상 전제되어 있는 좀 더 심오한 어떤 것, 좌표, 역동, 방향의 체계로 봅니다. 사유하다가 의미하는 것은 '사유 속에서 방향을 잡다'입니다. 어쨌든, 우리는 내재성의 평면 위에 있지만, 이것은 평면에서 수직들을 세우고, 스스로 다시 일어서기 위한 것일까요,

아니면 반대로 평면에서 펼쳐지고, 수평선을 따라 길게 뛰며, 평면을 언제나 더 멀리 밀고 나가기 위해서일까요? 그리고 우리에게 관조할 무엇을 제공하거나 혹은 반성하거나 소통하도록 하는 것은 어떤 수직성들입니까? 보지도 말고 반성하지 않고 소통도 없이, 모든 수직성을 초월이라 하여 제거하고 땅 위에 눕고 땅과 융합해야 하는 것이 아니라면요? 그리고 또한 우리에게는 친구가 있는 건가요, 아니면 혼자인가요, 나^{Moi}=나^{Moi}, 혹은 우리는 연인인가요, 아니면 다른 무엇인가요, 그리고 스스로를 배신하거나 배신당하거나 배신하는 것은 어떤 위험이 있나요? 친구마저도 의심해야 하는 시간이 있지 않습니까? 철학의 '필로스'^{philos}에 어떤 의미를 부여해야 하나요? 플라톤에게서처럼 블랑쇼의 책에서도, 여전히 사유가 문제인데도 그것은 우정이라는 같은 의미인가요? 엠페도클레스로부터 사유에 대한 모든 극작법이 있었습니다.

사유의 이미지는 철학의 전제와 같습니다. 그것은 철학에 앞서 있는 것으로서, 이번에는 비철학적 이해가 아니라 전前철학적 이해이지요. 사유하는 것을 '약간 토론하는 것'으로 여기는 사람들이 많습니다. 물론, 이것은 바보 같은 이미지이지만, 바보들조차 사유의 이미지를 만듭니다. 그리고 이 이미지들을 갱신함으로써만 우리는 철학의 조건들을 규정할 수 있습니다. 그런데 우리는 사유에 대해서 플라톤이나 심지어 데카르트 혹은 칸트와 같은 이미지를 만들고 있지 않은가요? 이미지는 지엄

한 강압들에 따라 변환되지 않습니까? 이 강압들은 틀림없이 외적인 결정론들을 표현하지만 그보다는 사유의 생성이지요. 그런데도 여전히 우리는 우리가 참을 찾는다고 주장할 수 있을까요? 무의미 속에서 발버둥 치는 우리가?

개념들의 창조를 안내하는 것은 사유의 이미지입니다. 개념들이 노래라면 사유의 이미지는 비명cri 같은 것이죠. 철학에 진보가 있느냐는 질문에 대해서는, 약간은 소설에 대해 [대답한] 로브-그리예처럼 답해야 하겠습니다. 철학을 플라톤이 한 것처럼 할 어떠한 이유도 없습니다. 그것은 우리가 플라톤을 넘어섰기 때문이 아니라, 반대로 플라톤이 넘어설 수 없기 때문입니다. 그가 변함없이 했던 것을 다시 시작하는 것이 가져다주는 어떤 이득도 없기 때문이지요. 우리에게는 하나의 양자택일밖에 없습니다. 철학사를 하든가, 더 이상 플라톤적이지 않은 문제들을 위해서 플라톤을 이식하든가.

사유의 이미지들에 대한 이 연구를, 우리는 정신학noologie이라 부를 수도 있습니다. 그것은 철학에 대한 프롤레고메나일 것입니다. 『차이와 반복』의 진정한 대상은 사유의 이미지에서 공준들postulats의 본성입니다. 그리고 나는 높이, 깊이 그리고 표면이 사유의 좌표들이었던 『의미의 논리』에서 이 질문에 사로잡혔어요. 그리고 그 질문을 『프루스트와 기호들』에서 다시 다루었습니다. 왜냐하면 프루스트는 기호들의 모든 역능을 그리스적 이미지에 대립시키기 때문이지요. 그러고 나서 펠릭스와 함께 우리는 이 질문을 『천 개의 고원』에서 다시 발견합니다. 리좀이란 나무들의 이미지 아래에서 뻗어나가는 사유의 이미지이기 때문입니다. 이 질문에서 우리는 모델도 아니고 심지어 안내자도 아닌, 끊임없이 작동하는 지시대상과 교차합니다. 그것은 뇌에 대한 지식들의 상태입니다.

철학은 신경학과 특권적인 관계를 가지고 있습니다. 우리는 그것을 연합주의자들, 쇼펜하우어 혹은 베르그손에게서 볼 수 있지요. 오늘날 우리에게 영감을 주는 것은 컴퓨터가 아니라 뇌의 미생물학입니다. 뇌는 개연적이고 반¥-랜덤aléatoire이며 양자적인 메커니즘과 함께 리좀처럼, 나무보다는 풀처럼, '불확실한 시스템'으로 제시됩니다. 우리가 뇌에 대하여 가지고 있는 지식에 따라 생각한다는 것이 아닙니다. 새로운 사유는 뇌 안에서 알려지지 않은 홈들을 예민하게 그립니다. 사유는 뇌를 비틀고 주름잡고 금가게 하지요. 미쇼의 기적이 이와 관련합니다. 새로운 연결들, 새로운 소통들frayages, 새로운 시냅스들, 이는 철학이 개념들을 창조하면서 동원한 것이지만, 그것은 정확히 하나의 이미지이기도 한데 뇌 생물학은 자신의 고유한 수단들을 통해 이 이미지에 대응하는 객관적인 물질적 유사성 혹은 힘의 재료를 발견합니다.

내가 영화에서 관심을 가진 것은 레네 혹은 지버베르크의 영화에서처럼 스크린이 영화에서 뇌일 수 있다는 점입니다. 영화는 유리수적인 절단에 의한 연쇄뿐만 아니라 무리수적인 절단에 의한 재연쇄와 더불어 진행하는데, 이 둘은 같은 사유의 이미지가 아닙니다. 초기 뮤직비디오에서 흥미로웠던 것은, 몇몇 영상이 불면이나 꿈 또는 악몽에서 보이는 연결과는 다른 연결들, 다른 이어짐들로 작동하는 인상을 주었다는 점입니다. 한순간, 그것은 사유를 살짝 건드렸지요. 이것이 내가 말하고 싶은 전부입니다. 사유의 비밀스러운 이미지는 그 전개, 분기, 변이에 의해서 항상 새로운 개념들을 창조해야 할 필요성을 불러일으킨다는 것입니다. 그것은 외적 결정론에 따르는 것이 아니며, 문제들 자체를 수반하는 되기에 따른 것입니다.

벨루어 · 에발드 당신의 앞선 책은 푸코에 대한 것이었습니다. 이것은 철학사였습니까? 왜 푸코입니까? 두 철학은 서로 어떤 관계를 유지하고 있습니까? 푸코에 관한 책에서 당신은 이미 주름의 개념을 도입합니다. 푸코-라이프니츠 사이에 어떤 관계가 있습니까?

들뢰즈 푸코는 위대한 철학자이고, 놀라운 스타일리스트이기도 합니다. 그는 지식과 권력을 다르게 절단했고, 이들 사이에서 특수한 관계들을 발견했습니다. 그와 더불어 철학은 새로운 이미를 갖게 됩니다. 그리고 나서 그는 '장치'의 세 번째 차원으로서, 지식을 재작동시키고 권력을 개편하는 세 번째 항으로서 주체화의 과정을 도입합니다. 그는 이렇게 실존 양태들에 관한 모든 이론과 역사들, 그리스의 주체화, 기독교도들의 주체화들…의 길을 내었고, 그의 방법은 보편적인 것을 버렸으며, 다양체들 안에서 생산되는 언제나 특이한 과정들을 발견했습니다. 나에게 가장 크게 영향을 준 것은 그의 언표이론입니다. 왜냐하면 이것은 언어활동을 불균형한 이질적인 전체로 개념화하는 것을 함축하기 때문입니다. 그리고 언표이론은 모든 영역에서 새로운 유형의 언표 형성을 사유할 수 있도록 해줍니다. 그의 '문학적인' 작품, 문학적이고 예술적인 비평의 중요성은 글들을 모두 모았을 때 비로소 나타날 것입니다. 『명예를 박탈당한 인간들의 삶』과 같은 텍스트는 희극적이고 아름다운 걸작이지요. 푸코에게는 체홉과 가까운 무언가가 있습니다.

내가 쓴 책은 철학사가 아니고, 내가 그와 함께, 내가 그로부터 갖게 된 아이디어와 함께 쓰고 싶었던 책이자 그에 대한 나의 찬미입니다. 만약 이 책이 어떤 시적인 가치를 가질 수 있었다면, 그것은 시인들이 '추모시'라고 부른 것이기 때문일 것입니다. 나의 차이들은 매우 부차적입니다. 그가 장치라고 불렀던 것과 펠릭스와 내가 배치라고 불렀던 것은 같은 좌표를 가지고 있지 않아요. 우리가 영토성과 탈영토화의 운동과 같이 지리학적 구성요소들에 더 많은 중요성을 부여했던 반면, 그는 원래적인 역사적 시퀀스들을 구성했기 때문입니다. 우리는 그가 진절머리를 냈던 보편사에 관한 취향을 항상 가지고 있었어요. 그러나 나에게 그가 했던 것을 따라갈 수 있다는 것은 불가피한 확인 같은 거예요. 그는 종종 잘못 이해됐어요. 그것 때문에 불편해하지는 않았지만 그는 혼란스러워했습니다. 그는 사람들을 겁먹게 했지요. 다시 말해서 그는 오로지 자신의 실존으로 파렴치한 얼간이들을 막아냈다는 말입니다. 푸코는 니체가 정의한 철학의 기능, '바보짓을 방해하는 것'을 완수했지요. 그에게 사유는 항상 어떤 것을 빛 아래로 다시 가져다 놓는 부감촬영 같은 것입니다. 이것은 주름을 잡는 사유로서, 갑자기 용수철처럼 풀립니다. 그러나 나는 라이프니츠가 그에게 특별한 영향을 주었다고는 생각하지 않아요. 그러나 라이프니츠의 문장은 그에게 특히 부합합니다 : 나는 항구에 도착했다고 생각했지만 바다 한가운데 내던져져 있었어요. 푸코와 같은 사상가는 위기와 동요에 의해 진행합니다. 그들에게는 지진과 같은 어떤 것이 있어요.

푸코에게 열린 마지막 길은 극도로 풍요로웠어요. 주체화의 과정들은 '사적인 삶'과는 아무런 관계가 없습니다. 그것은 개인들 혹은 공동체들이 주체로 구성되는 작용을 말하는 것이지요. 이 작용은 구성된 지식과 기존 권력의 가장자리에서 이루어지며 새로운 지식과 권력을 야기합니다. 그래서 주체화는 일종의 주름, 접기 혹은 주름잡기에 항상 '걸린 채' 세 번째로 옵니다. 푸코는 주체화의 첫 번째 운동을, 적어도 서양에서는, 그리스인들에게 할당합니다. 그들은 해방된 인간이 타자들에게 명령할 수 있으려면 '자기 자신의 주인'이어야 한다고 가정할 때

주체화됩니다. 그러나 주체화는 매우 다양합니다. 푸코는 그래서 기독교에 관심을 가지지요. 기독교는 이단과 개혁을 논하지 않는다고 해도 개인적이고(은둔자) 집합적인(명령들, 공동체들) 여러 과정들로 관통됩니다. 그리고 규칙은 더 이상 자기 관리가 아니지요. 아마도 심지어 이렇게 말해야 합니다. 많은 사회구성체들에서 주체화의 온상을 구성하는 것은 지배자들이 아니라 오히려 사회적으로 배제된 자들이라고요. 예를 들어 기존의 질서에서 모든 사회적 지위를 잃었다고 불평하는 해방된 노예는 새로운 권력의 기원이 됩니다. 불만은 주체화의 운동을 표현하기 때문에('불쌍한 나…') 시적인 중요성뿐 아니라 역사적, 사회적으로 커다란 중요성을 가집니다. 모든 이단적인 주체성이 있지요. 주체는 열광 속에서만큼이나 불만 속에서 탄생합니다. 푸코는 오늘날 우리 사회에서 그려지는 주체화의 운동들에 매료되었습니다. 주체성을 생산하는 중인 현대의 과정들은 무엇인가? 사람들이 푸코에게서 주체의 회귀를 말할 때, 그들은 푸코가 제기하는 모든 질문을 이해하지 못하는 것입니다. 이 지점에서도 마찬가지로 토론할 필요는 없는 것이죠.

벨루어 · 에발드 실제로 사람들은 『안티-오이디푸스』에서, 코드화된 사회들, 초코드화하는 국가들 그리고 흐름들을 탈코드화하는 자본주의를 구분하면서 보편사의 조각들을 발견합니다. 그리고 『천 개의 고원』에서 당신은 이 주제를 다시 취하고 유목적인 전쟁기계와 정착적인 국가를 대립시키고 '유목주의'를 제안합니다. 그런데 이로부터 정치적인 입장들이 흘러나옵니까? 당신은 푸코와 함께 〈감옥정보그룹〉에 속해 있었습니다. 당신은 콜루슈 후보를 지지했고, 팔레스타인을 지지하는 입장을 취했죠. 그러나 68 이후 당신은 가타리보다 훨씬 더 차라리 '침묵하는' 것 같았어요. 인권운동에 대해서, 권리의 국가 철학에 대해서는 이방인으로 남아있었어요. 이것은 선택입니까, 망설임, 아니면 실망 때문인가요? 국가에서 철학자의 역할이 있지 않습니까?

들뢰즈 만약 초월이나 보편을 재구성하는 문제라면, 권리를 담보하는 반성하는 주체를 재건하거나 소통의 상호주관성을 수립하는 것이 문제라면, 그것은 위대한 철학적 발명이 아닙니다. 사람들은 '합의'를 근거 짓고 싶어 하지만, 합의는 철학과는 아무런 관련도 없는 의견의 이상적인 규칙입니다. 종종 소련에 반대하는 것으로 계도되는 프로모션-철학이라고 해야 할까요. 에발드는 어떻게 인권이 이론적 주체로 만족하지 못하고, 다른 방식으로 흥미로운 법적인 문제들을 제기하는지를 보여주었습니다. 그리고 많은 경우에 인권을 짓밟는 국가들은 인권을 내세우는 국가들에 혹처럼 돋아나지만 독립되어 있습니다. 두 가지 보충적인 기능들이라 부를 법한 것들이지요.

사람들은 국가를 국가 너머의 유일한 세계적인 시장, 그리고 국가 아래의 것인 소수자들, 되기들, '사람들'gens과의 관계 속에서만 생각할 수 있습니다. 그 너머를 지배하는 것은 돈이며, 통용되는 것 그리고 우리에게 현재 부족한 것도 돈이지요. 이는 분명히 맑스주의에 대한 비판이 아닙니다. 그것은 맑스 이론만큼 좋으며 그것을 연장할 수 있을, 돈에 대한 현대 이론입니다(경제학자 베르나르 슈미트가 이 영역에서 앞서갔다고 하더라도, 은행가들이 경제학자들보다 이론의 요소들을 공급하는 데 더 적합할 것입니다). 그리고 그 아래, 그것은 통제를 벗어나는 되기들, 끊임없이 소생하고 대항하는 소수자들입니다. 되기들은 구조적 역사와도 전혀 같은 것이 아닙니다. 역사는 과거, 현재, 미래의 용어로 가장 자주 사유되지요. 사람들은 우리에게 혁명이 잘못되었다고, 혹은 그들의 미래가 괴물들을 낳았다고 말합니다. 이것은 오래된 생각이지요. 스탈린을 기다릴 필요도 없습니다. 그것은 이미 나폴레옹과 크롬웰에게서 사실이었지요. 혁명의 미래가 나쁘다고 말할 때, 사람들은 여전히 사람들의 혁명적 미래에 대해 전혀 아무것도 말하고 있지 않습니다. 유목민들이 우리에게 그토록 흥미로운 것은 그들이 하나의 되기이고 역사에 속하지 않기 때문입니다. 그들은 역사로부터 배제되었으나 사회적 장의 도주선들 속에서 예기치 않은 형태들로 다르게 다시 나타나기 위해 변신합니다. 그것은 또한 바로 푸코와 우리의 차이들 중 하나입니다. 푸코에게 사회적 장은 전략들이 관통하지만, 우리에게 그것은 모든 곳으로 도주합니다.

1968년 5월은 역사에 난입한 되기입니다. 그래서 역사는 68을 그렇게도 잘 이해하지 못하고 역사적 사회는 그것을 그렇게도 잘 소화하지 못한 겁니다.

사람들은 우리에게 유럽의 미래에 대해, 은행과 보험 그리고 내부 시장, 경찰의 필요성에 대해 말합니다. 합의, 합의, 그러나 사람들의 되기는요? 유럽은 우리에게 새로운 68로서 낯선 되기들을 준비한 것일까요? 사람들은 무엇이 되어 가고 있나요? 이것은 놀라움으로 가득 찬 질문이죠. 그것은 미래에 관한 질문이 아니라 현재적인 것, 반시대적intempestif인 것에 대한 질문입니다. 팔레스타인인들은 중동의 반시대적인 것으로, 영토의 문제를 가장 높은 지점까지 가져가지요. 비-권리 국가들Etats de non-droit에서 중요한 것은 필연적으로 유목적인 해방 과정의 본성입니다. 그리고 권리 국가에서 중요한 것은 획득되고 코드화된 권리들이 아니라, 현재 권리에 문제를 일으키는 모든 것 그리고 획득된 것들을 항상 다시 문제 삼는 모든 것입니다. 오늘날 우리는 그런 문제들로 가득 차 있습니다. 민법은 모든 곳에서 삐걱거리고, 형법은 감옥의 코드와 같은 위기에 처해 있습니다. 권리의 창조자는 법전이나 선언이 아니라 판례/법학입니다. 판례는 권리에 대한 철학이며 특이성, 특이성들의 연장에 의해 진행합니다. 물론 할 말이 있다면, 그 모두 것이 입장을 취할 기회를 제공합니다. 그러나 오늘날은 그것이 구체적이라 하더라도 '입장을 취하는 것'만으로는 충분하지 않습니다. 표현 수단들에 대한 최소한의 통제가 필요할 것입니다. 그렇지 않다면, 사람들은 바보 같은 질문들에 대답하고 있는, 혹은 얼굴이나 등을 맞대고 '약간의 토론을 하고 있는' 자신을 빠르게 발견할 것입니다. 그러면 프로그램의 생산에 참여한다? 그건 어려운 일입니다. 그것은 하나의 직업이고, 우리는 더 이상 텔레비전의 고객조차 아니기 때문입니다. 진정한 고객은 아나운서들, 유명한 프리랜서들입니다. 철학자들에게 스폰서가 생긴다면 그건 즐거운 일이 아닐 거예요. 그렇게 되면 철학자들은 후원자들의 이름으로 가득 채워진 옷을 입게 되겠죠. 하지만 그건 어쩌면 이미 이루어진 일일지도 모릅니다. 사람들은 지식인들의 방송에 대해 말합니다. 하지만 모든 사유에 대한 모욕에 불과한 보편적인 수단들밖에 없는 그들이 어떻게 스스로를 표현할 수 있겠습니까? 나는 철학에 청중이 없거나 전파가 없다고 생각하지 않습니다. 이것은 사유의 불법적인 상태, 유목적 상태 같은 것이죠. 현대 세계에 완벽히 적합한 것으로서, 우리가 바랄 수 있는 유일한 소통은 바다에 병을 던지는 아도르노의 모델, 혹은 한 사상가가 화살을 던지고 다른 이가 거두어들이는 니체의 모델입니다.

벨루어 · 에발드 라이프니츠에 대한 책 『주름』은(그의 이름이 하나의 주제와 함께 부제로 등장하긴 하지만) '라이프니츠와 바로크'로 칸트, 베르그손, 니체, 스피노자 등의 철학자들에 대한 일련의 책들과 다시 관계를 맺는 것처럼 보입니다. 그러나 이 책은 '~에 대한' 책이라기보다는 훨씬 더 '~의 책'이라는 것이 잘 느껴집니다. 또는 오히려 이 책은 한 가지 놀라운 지점에서 라이프니츠와 당신의 사유 전체, 그 어느 때보다도 더 현재하는 당신의 전체 사유에 대한 책이지요. 이 일치에 대하여 당신은 어떻게 느끼십니까? 이 책은 라이프니츠의 개념들과 공모하여 당신의 다른 책들로부터 온 여러 계열의 개념들을 통합한다고도 말할 수 있을 정도입니다. 좀 더 글로벌한 성격의 새로운 패를 제공하기 위해 매우 유연한 방식으로 모든 자료들을 약간은 다시 돌리면서요 rejouer.

들뢰즈 라이프니츠는 어떤 철학자도 아마 그보다 더 창조할 수는 없으리라는 점에서 매혹적입니다. 표면적으로 그의 개념들은 극도로 이상합니다. 거의 광적이죠. 개념들의 통일은, '모든 술어 prédicat는 주어 안에 있다'와 같은 종류로 추상적인 것처럼 보입니다. 단지 술어는 속사 attribut가 아니라 사건이며, 주어는 주체가 아니라 하나의 봉투입니다. 그럼에도 개념의 구체적인 통일, 이 평면 위에서 재생산되는 작동 혹은 구성이 있습니다. **주름**, 땅의 주름들, 유기체의 주름들, 영혼 안의 주름들. 라이프니츠에게서는 모든 것이 주름 잡히고, 펼쳐지고 다시 주름 잡힙니다. 사람들은 이 주름들 속에서 지각하고 세계는 공간과 시간의 질서(조화)에 따라 이러저러한 지역을 펼치는 각 영혼 안에서 주름 잡힙니다. 결과적으로 사람들은 라이프니츠가 우리를 비철학적 상황으로 돌려보낸다고 추정할 수 있습니다. 마치 모든 것이 내부인 '문도 없고 창문도 없는' 바로크의 예배당이나, 멜로디로부터 하모니를 이끌어내는 바로크 음악처럼요. 주름을 무한으로 끌어올리는 것은 바로크Baroque입니다. 우리는 그레코의 그림들, 베르냉의 조각들에서 이를 볼 수 있으며, 그것은 우리에게 지각과 정서에 의한 비철학적 이해를 열어줍니다.

이 책은 나에게 요약이자 계속이죠. 라이프니츠를 뒤따르고(그는 틀림없이 가장 많은 창조적인 계승자들을 가지고 있었던 철학자입니다) 또한 그를 모르더라도 그에게 공명하는 예술가들, 말라르메, 프루스트, 미쇼, 한타이Hantaï, 불레즈, 하나의 세계를 주름과 펼침으로 만들어내는 모든 사람을 따라야 합니다. 이 모든 것이 교차로이자 다수적인 연결입니다. 오늘날에도 주름의 모든 역능은 고갈되지 않았죠. 그것은 철학적으로 좋은 개념이지요. 나는 이 책을 이런 의미에서 썼습니다. 그 책은 내가 지금 원하는 것에 대해서 자유롭게 해 주지요. 나는 철학이란 무엇인가에 대한 책을 쓰고 싶었습니다. 짧게 쓴다는 조건에서요. 그리고 또한 가타리와 나는 자연과 인위의 모든 차이가 흐려지는 순간에, 일종의 자연철학을, 우리의 공동의 작업을 다시 시작하고 싶습니다. 이런 계획이라면 행복한 노년에 충분하지요.

라이프니츠에 대하여[1]

로베르 마지오리 당신은 항상, 철학을 한다는 것을 [목수가] 나무로 작업하듯이 개념으로 작업하고 개념으로부터 항상 새로운 것들을 생산하는 것이라고 말했습니다. 이 새로운 것들이 실재적인 문제들의 호출에 대답할 수 있다고 말이죠. 주름 개념은 특별히 효율적인 것 같습니다. 왜냐하면 그것은 라이프니츠의 철학으로부터 바로크를 성격 규정하고 또 미쇼, 보르헤스, 모리스 르블랑, 곰브로비치, 또는 조이스의 작품들, 혹은 예술적 영토들에 개방될 수 있도록 하기 때문입니다. 당신에게 이렇게 묻고 싶은 유혹이 큽니다. 사람들이 그렇게 잘 그리고 그렇게 멀리 쓸 수 있는 개념은 사용 과다에 의해서 그 가치를 잃어버리고 모든 것을-설명하는 시스템에게 퍼붓는 비난을 초래할 위험이 있지 않습니까?

들뢰즈 실제로 주름은 어디에나 있습니다. 암석들, 강들, 숲,

---

[1] 로베르 마지오리와의 인터뷰 (*Libération*, 1988년 9월 22일).

유기체, 머리 혹은 뇌, 영혼 혹은 사유, 조형적이라 불리는 작품들에…. 그러나 그렇다고 해서 주름이 보편자는 아닙니다. 내 생각에 다음 두 명제를 구분해야 함을 보여준 것은 레비-스트로스입니다 : 닮은 것들만이 차이 난다, 차이들만이 닮는다. 첫 번째 명제에서는 사물들 사이의 닮음이 우선이고, 두 번째 명제에서는 사물이 차이 나고, 무엇보다 스스로와 차이 난다는 것이 우선입니다. 직선들은 닮았지만, 주름들은 다양합니다. 각 주름은 다르게 갑니다. 비슷하게 주름 잡히는 두 사물, 두 암석은 없습니다. 같은 사물에 대한 규칙적인 주름도 없지요. 이런 의미에서 어디에나 주름이 있지만 주름은 보편자가 아닙니다. 그것은 '차이 나는 것', '미분적인 것'이죠. 개념에는 두 가지 종류가 있습니다. 보편적인 것과 특이성들이지요. 주름은 항상 특이한 것이고, 그것은 변이하고 분기하며 변신하면서만 영역을 획득할 수 있습니다. 산을 그 습곡들로부터 이해하면, 특히 보고 만지기만 해도 그 지속성을 잃으며, 수천 년은 본래의 자기로, 즉 영원이 아니라 순수한 상태의 시간 그리고 유연성으로 되돌아가지요. 움직이지 않는 것처럼 보이는 것의 끊임없는 운동보다 더 혼란스러운 것은 없습니다. 라이프니츠는 이렇게 말할 것입니다. 주름 잡혀 회전하는 입자들의 춤.

마지오리 당신의 책 전체는 어떻게 라이프니츠의 철학이 주름 개념에 대한 작업을 통하여 비철학적인 현실들에 접속하고,

그것들을 밝히는지를, 어떻게 모나드가 회화적이고 조각적이며 건축적인 혹은 문학적인 다른 작품들과 관련할 수 있는지를 보여줍니다. 그러나 그것은 또한 우리의 사회적이고 정치적인 세계를 밝힐 수 있습니까? 만약 사회적인 것이 사람들이 말하듯이 '검은 대륙'이 될 수 있다면, 그것은 우리가 사회적인 것을 주름, 드레이프, 텍스처라는 용어가 아니라 역학적이거나 해부학적인 용어들로(맑스) 사유했기 때문이 아닌가요?

들뢰즈 다음은 라이프니츠의 가장 잘 알려진 명제입니다: 각 영혼 혹은 주체(모나드)는 문도 창문도 없이 전적으로 닫혀 있으며, 세계의 작은 일부, 각각에게 다양한 일부를 비추면서, 그 가장 어두운 바닥fond에 세계 전체를 포함한다. 그러므로 세계는 각 영혼 안에 주름 잡혀 있지만 다르게 주름 잡힙니다. 왜냐하면 밝혀지는 것은 주름의 작은 면이기 때문입니다. 처음 볼 때 이 개념은 매우 이상합니다. 그러나 철학에서는 항상 그렇듯이, 이것은 구체적인 상황입니다. 나는 바로크의 건축, 바로크의 '인테리어', 그리고 바로크의 조명이 어떻게 이러한 경우가 되는지를 보이려고 했습니다. 그러나 사물들이 접히는 새로운 방식을 고려하면 현대인이라는 우리의 상황도 역시 그렇습니다. 미니멀 예술에서 토니 스미스Tony Smith는 다음과 같은 상황을 제안합니다. 어두운 고속도로 위를 달리는 자동차 한 대가 있다고 합시다. 차를 밝히는 것은 전조등뿐이고, 자동차 앞 유리 위로는 아스팔트가 그 모습을 드리우고 있습니다. 이것은 모나드의 현대적인 판본입니다. 앞 유리는 밝혀진 작은 지역의 역할을 하지요. 당신은 우리가 이것을 사회적으로 그리고 정치적으로 이해할 수 있는지를 물었습니다. 분명히 바로크는 이미 정치에, 정치의 새로운 개념과 연결되어 있었습니다. 우리의 사회적인 삶에서는 외부-창문의 체계가 닫힌방-정보테이블에 의해 대체되는 경향이 있습니다. 사람들은 세상을 보기보다는 읽습니다. 텍스처를 사용하는 사회적인 '형태학'이 있기도 하지만, 바로크는 도시계획과 영토에 대한 관리의 수준에서 움직입니다. 건축은 항상 정치였습니다. 그리고 모든 새로운 건축이 혁명적인 힘을 필요로 하지요. 그리고 건축이 그 자체로는 혁명적이지 않다고 하더라도, '우리는 민중이 필요하다'고 말할 수 있는 것은 건축입니다. 볼셰비키 혁명과의 관계 속에서, 구성주의는 바로크와 관련합니다. 민중은 항상 사회적인 조직에서 새로운 물결이고 새로운 주름입니다. 작품은 항상 새로운 재료에 고유한 주름잡기이죠.

마지오리 라이프니츠로부터 강제된 것이지만, 주름 개념은 당연히 질료와 생명체의 개념으로 인도됩니다. 또한 질료와 생명, 유기체와의 친화성을 확인하는 것으로 이어졌지요. 그러나 당신의 책을 읽으면서 나는 당신이 질료 혹은 살아있는 유기체에 대해 — 예를 들어 지각 혹은 고통에 대해서도 — 말한 것을 어떻게 오늘날의 물리학자, 생물학자, 생리학자 등에게 이해시킬 수 있을까를 여러 차례 궁금해했습니다. '질료의 과학은 "오리가미"⋯ 혹은 종이접기의 예술이라는 모델을 가지고 있다.' '생명체가 영혼을 함축한다면, 그것은 단백질들이 이미 지각, 구별 그리고 구분의 행위를 보여주기 때문이다⋯.' '질료는 텍스처이다⋯.' — 이런 유의 명제들의 지위는 무엇인가요?

들뢰즈 변곡 inflexion 은 수학 혹은 함수이론에서 특권적인 대상으로 남아있습니다. 질료가 알맹이들로 구성되는 것이 아니라 라이프니츠가 말한 것처럼 점점 더 작아지는 주름으로 구성된다는 것: 입자와 힘의 물리학이 이런 유의 가설에 하나의 의미를 부여할 수 있습니다. 유기체가 내생적 주름잡기의 극장이자 행위자 agent 라는 것: 발생학이 자기의 수준에서 이 현상을 만났던 것처럼 분자생물학도 자신의 수준에서 이 현상을 만납니다. 형태학은 톰에게서 볼 수 있듯이 항상 주름의 문제입니다. 텍스처라는 복잡한 개념은 어디에서나 결정적인 중요성을 가지게 되었습니다. 분자적 지각을 갖는다는 생각은 오래전부터 부과된 것이지요. 동물행동학자들이 동물의 세계들을 정의할 때 그들은 어떤 동물이 몇 가지 자극에 반응하는지를 보여주는데 종종 그 수기 아주 적으며, 이는 거대한 자연의 어두운 바탕에서 자신의 작은 섬광들을 번득입니다. 그들이 라이프니츠가 이미 말했던 것을 반복한다고 말하는 것은 분명히 아닙니다. 17세기 '전성설'로부터 오늘날의 유전학에 이르기까지, 주름에는 본성과 기능 그리고 의미의 변화가 있었습니다. 그러나 보십시오 : 라이프니츠 자신은 우리가 이전에는 과학과 예술에서 알고 있었던 주름의 개념과 작동을 발명하지 않았습니다. 그러나 그는 주름을 무한으로 이끌고 가서 주름을 '해방시킨' 최초의 사상가입니다. 마찬가지로 바로크는 주름이 무한으로 가서 모든 한계를 넘어간 최초의 시대입니다 : 그레코와 베르냉. 그래서 라이프니츠의 위대한 바로크적 주제들이 그러한 특수한 현실성을 지키고 있는 것입니다. 주름이 자신의 변신 역능에 부합하는 새로운 규정들을 수용하는 순간조차도요. 예술도 마찬가지입니다. 물론, 회화에서 한타이Hantaï의 주름은 그레코의 주름이 아니죠. 그러나 그들은 고딕이든 고전이든, 소설 속에 가지고 있었던 억압과 한계로부터 주름을 해방시킨 위대한 바로크 화가들입니다. 그런 점에서 그들은 그들이 예견하지 못했지만 열어젖힌 모든 종류의 새로운 모험을 가능하게 했습니다. 말라르메, 미쇼, 그들은 주름에 강박적으로 사로잡혔어요. 그들이 라이프니츠주의자라는 말은 아니지만, 라이프니츠로 할 일이 있었죠. 앵포르멜art informel은 두 가지로 되어 있습니다. 주름 잡힌 텍스처와 형태들이죠. 이는 클레 혹은 뒤뷔페가 바로크적이라고 말하려는 것은 아닙니다. 그러나 '로고로직 캐비넷'cabinet logologique은 라이프니츠의 모나드 내부와 닮았습니다. 바로크와 라이프니츠가 없었다면, 주름은 이후 그렇게 많은 새로운 길들을 창조할 수 있게 해준 자율성을 획득하지 못했을 거예요. 간단히 말해서, 바로크 양식에서 주름의 고양 혹은 독립은 다른 리듬들 위에서 고갈되지 않는 예술적, 과학적 그리고 철학적 결과들을 낳습니다. 그리고 우리는 이 결과들 속에서 매번 라이프니츠적인 '주제들'을 다시 발견하지요.

마지오리 사건의 이론을 구성하는 것은 당신에게 새로운 임무가 아닙니다. 그러나 이 이론이 특히 라이프니츠와 화이트헤드 사이의 대립으로 가장 완성된 형태를 취하는 것은 『주름』에서입니다. 여기에서 당신이 사건에 부여한 조건들 혹은 구성 요소들을 요약하는 것은 어려운 일입니다. 그러나 당신이 말하는 사건이 기자들과 미디어가 좇는 사건이 아니라는 것을 이해하기 위해서는 당신이 사건을 연장, 강도, 개체, 포착 등의 용어로 말한다는 것을 지적하는 것으로 충분합니다. 그렇다면 미디어가 '사건을 고정'할 때 포착하는 것은 무엇인가요? 혹은 어떤 조건에서 미디어는 당신이 '사건'이라고 이름 붙인 것을 포착할 수 있을까요?

들뢰즈 나는 미디어가 사건을 포착하기 위한 자료들 혹은 자질을 많이 가지고 있지 않다고 생각합니다. 우선 미디어는 시작 혹은 끝을 자주 보여줍니다. 사건은 그것이 아주 간단하거나 순간적이라 하더라도 계속되고 있는데 말이죠. 다음으로, 사건은 죽은 시간과 분리불가능한데 미디어는 스펙타클을 원합니다. 사건 이전과 이후에 죽은 시간이 있는 것도 아닙니다. 죽은 시간은 사건 안에 있지요. 예를 들면, 가장 난폭한 사건이 일어나는 순간과 아주 긴 중단 속에서 아직 오지 않은 것을 목격하는 시간, 즉 사건이 도래하는 것을 보고 있는 그 비어 있는 시간의 광대함이 뒤섞입니다. 미디어는 우리를 단순하고 수동적인 구경꾼, 가장 나쁜 경우에는 훔쳐보는 자로 변환시키는 반면, 가장 평범한 사건조차 우리를 투시하는 자^{voyant}로 만듭니다. 그뢰투이젠^{Groethuysen}은 모든 사건이, 말하자면 아무것도 일어나지 않았던 시간에 있었다고 말했습니다. 사람들은 사건 속에 가장 예기치 않았던 것이 있다는 것을, 그 미친 기다림을 모릅니다. 사건을 포착할 수 있는 것은 예술이지 미디어가 아닙니다. 예를 들어, 오즈, 안토니오니의 영화는 사건을 포착합니다. 그러나 그들에게서 죽은 시간은 정확히 두 사건 사이에 있지 않아요. 그 시간은 사건 자체 안에서 사건의 두께를 만듭니다. 내가 이런 사건 개념에 대해 쓰느라 시간을 보낸 건 사실이에요. 그것은 내가 사물을 믿지 않는다는 것을 뜻합니다. 『주름』은 이 질문을 다른 관점들에서 다시 취한 것입니다. 내가 이 책에서 선호하는 문장은 '오늘 저녁 콘서트가 있다'는 것입니다. 라이프니츠와 화이트헤드에게서는, 모든 것이 사건이에요. 라이프니츠가 술어라고 부른 것은 무엇보다 속사가 아니며, 그것은 '루비콘강을 건너다'라는 사건입니다. 그 결과 이들은 주어의 개념을 완전히 다시 손질해야 했습니다. 만약 그 술어들이 사건들이라면 주어는 무엇이어야 하는가? 그것은 마치 바로크의 수수께끼 같은 것이죠.

마지오리 나는 『주름』이 당신의 작품을 '전개시킨다'기보다는 그것을 '에워싸고 있다'고, 즉 당신의 작품을 설명하기보다는 함축한다는 인상을 받았습니다. 달리 말하자면, 이 책은 '들뢰즈가 말하기를-의 철학'이 될 법한 것(주해자들의 꿈)을 향해 전진한다기보다는, 그 주위를 돌거나 '고리를 걸게' 하는 거죠. 주름의 개념은 당신의 최근작, 『푸코』를 가리키고 — 주체화의 과정에서 사유가 취하는 주름 —, 라이프니츠는 당신이 흄, 스피노자, 칸트, 니체, 베르그손에게 헌정한 철학사와 관련지을 수 있는 연구의 '계통'을 가리킵니다. 간단히 말해서, 『주름』은 당신의 작품 어느 부분에도 알맞게 끼워 넣어지는 것 같다는 것이죠. 결국, 비교하는 것이 미안합니다만, 당신의 작품은 말하자면 자명종과 비슷하다고 할 수 있을 것 같습니다. 그것이 말하려는 것(시간이 다 됐어!)을 사람들은 알 수 없지만, 그것의 관심사는 자신이 제공하는 해체와 조립의 무한한 가능성들인 것이죠. 내가 완전히 잘못 생각한 것일까요?

들뢰즈 당신의 말이 맞을 거예요. 당신 말이 맞다고 생각합니다. 각자 사유하는 습관들이 있고, 나는 사물들을 풀고 다시 잘라야 하는 선들의 집합들처럼 생각하는 경향이 있습니다. 나는 점들을 좋아하지 않고 점으로 뭔가 한다는 것은 바보 같다고 느껴요. 선이 두 점 사이에 있는 것이 아니고 점이 여러 선의 교차 지점에 있는 것이죠. 선은 결코 규칙적이지 않고 점은 단지 선의 변곡일 뿐입니다. 또한 중요한 것은 시작이나 끝이 아니고 한가운데입니다. 사물들과 사유들은 가운데서 싹트거나 자랍니다. 바로 거기에 정착해야 하며, 그것은 항상 거기에서 주름 잡힙니다. 그래서 다수의 선으로 이루어진 전체는 철학, 철학사, 간단하게 역사, 과학, 예술을 소통하게 하는 접기, 교차, 변곡을 포함할 수 있는 것입니다. 그것은 어떤 지점에서도 떠오를 가능성을 가지고 있으며 공간을 소용돌이처럼 점유하는 운동의 우회들과 같은 것입니다.

마지오리 그러나 여기에서 점은 그저 그런 것이 아닌데요. 여기에서 그것은 라이프니츠입니다. 모든 사람이 그것을 알고 있어요. 물론 『캉디드』의 매개를 통해서, 그리고 볼테르가 '가능한 세계들 중 가장 좋은 세계'라는 표현을 비웃는 방식으로죠. 장난삼아 다음 질문을 드려보겠습니다. 이렇게 희화화되는 것이 한 철학자를 기억하는 데 해가 되나요?

들뢰즈 그런데 볼테르 역시 철학자였고, 『캉디드』는 위대한 텍스트죠. 라이프니츠에게서 볼테르에 이르기까지 사유의 역사에 근본적인 순간이 공연되고 있는 것입니다. 비록 신학적 이성이 무너지고, 순수하고 단순하게 인간적인 것이 되는 새로운 시대를 라이프니츠가 준비하고 있었다고 하더라도, 볼테르는 계몽주의 즉 빛의 체제로서, 바로크적 체제와는 완전히 다른, 정확히 질료와 생명, 이성의 체제입니다. 그러나 바로크는 이미 신학적 이성의 위기였어요. 무너져 가고 있는 세계를 재구축하기 위한 궁극적인 시도였지요. 이것은 다소 분열증을 정의하는 것과 같습니다. 사람들은 종종 소위 바로크적인 춤과 분열증적인 자세를 근접시킵니다. 그런데 라이프니츠가 우리의 세계를 가능한 세계들 중에서 가장 좋은 세계라고 말할 때, '가장 좋은 세계'le meilleur는 여기에서 고전적인 선le Bien을 대체한다는 것과, 그가 정확히 선의 실패를 가정했다는 것을 보아야 합니다. 라이프니츠의 생각은 우리의 세계가 선에 의해 지배되기 때문이 아니라, 새로운 것을 생산하고 수용하는 데 적합하기 때문에 가장 좋다는 것이지요. 이것은 아주 흥미로운 생각으로, 볼테르도 거부하지 않았을 거예요. 우리는 라이프니츠의 것으로 간주되는 낙관주의와는 매우 멀리 있는 것입니다. 더욱이, 라이프니츠에게 진보의 모든 가능성은 그가 저주로부터 만들어 낸 바로크적 개념에 근거합니다: 가능한 세계들 중에 가장 좋은 세계는 저주받은 자들의 등 뒤에서 나타나지요. 왜냐하면 저주받은 자들은 자신들을 위한 진보를 포기하고, 이런 식으로 무한한 양의 '점진성'progressivité을 해방시키기 때문입니다. 이런 점에서 『철학자의 신앙고백』은 멋진 텍스트이고, 블라발Belaval은 이 텍스트를 아주 아름답게 번역했습니다. 이 책에는 틀림없이 악에 관한 가장 아름다운 텍스트인 벨제부스Belzébuth의 노래가 들어 있습니다. 오늘날 위기에 처해 무너지고 있는 것은 더 이상 신학적 이성이 아니라 인간의 이성, 계몽의 이성이지요. 결과적으로 인간의 이성에서 어떤 것을 구하기 위한, 혹은 그것을 재건하기 위한 우리의 시도들 속에서, 우리는 아마도 볼테르가 아니라 라이프니츠에게 더 가까운 네오-바로크에 참여하고 있는 것입니다.

마지오리 당신은 『주름』과 동시에 프랑수아 샤틀레의 철학에 관한 짧고 빛나는 텍스트, 『페리클레스와 베르디』를 출판했습니다. 철학에 관한 중요한 책을 내기 전과 후에 사라진 친구들, 미셸 푸코와 프랑수아 샤틀레에 대한 두 텍스트를 발행하면서, 당신이 뭔가 의미하고자 한 (특히 철학에서 사랑하다 philein의 의미를 건드리는) 것이 있었다고 이해해야 할까요? 철학 그리고/또는 철학적 글쓰기에 샤틀레가 '청각적 질료 안에 인간적인 관계들을 창립'하는 것으로 정의했고 당신이 상기시켰던, 그 '음악'이 있기를 바란 것인가요?

들뢰즈 당신은 우선 '우정'에 대해서 말했습니다. 나는 푸코에 대한 책을 쓰고 나서 샤틀레에 대한 작은 텍스트를 썼지요.

그러나 나에게 그것은 단지 친구들에 대한 오마주만은 아니었습니다. 푸코에 대한 책은 전적으로 철학책이어야 했고, 그가 역사가가 아니라 위대한 철학자이기를 멈춘 적이 없었다는 것을 보여주기 위해 푸코라 이름 붙였지요. 프랑수아 샤틀레는 스스로를 오히려 철학의 '제작자'로 생각했어요. 마치 영화 제작자를 말하듯이요. 그러나 정확히 영화에서는 많은 감독들이 새로운 '제작', 관리 양태들을 창설하기를 바라지요. 너무 빠르게 보여주었지만, 내가 보여주고 싶었던 것은 샤틀레의 바람이 그에게 철학의 역할을 하지 못하고 반대로 하나의 매우 독창적이고 정확한 철학을 함축한다는 것입니다. 우정의 문제가 남네요. 철학자는 현자가 아니라 '친구'이기 때문에 우정은 철학 내부에 있지요. 누구의, 무엇의 '친구'인가요? 코제브, 블랑쇼, 마스콜로는 사유의 핵심에서 친구에 대한 이 질문을 다시 던졌습니다. 그것이 어렵다고 해도 이 어두운 질문을 살아보고 대답해 보지 않고서는 철학이 무엇인지 알 수 없습니다. 당신은 또한 음악에 대해 질문했어요. 샤틀레가 음악 속에서 살았기 때문이지요. 음악 역시 철학의 친구인 걸까요? 철학이 목소리의 노래가 아닌 진정한 노래라는 것은 분명해 보입니다. 철학이 운동에 대하여 음악과 같은 의미를 가지고 있는 것도요. 바로크 음악과 같은 순간에, 하모니를 근본적인 개념으로 만든 라이프니츠에게 그것은 이미 유효합니다. 그는 철학으로 일치들의 생산을 만들어 냈지요. 친구, 일치는 불협화음으로까지 가는 것인가요? 이것은 철학을 음악 위에 두는 문제가 아닌 것처럼, 그 역의 문제도 아닙니다. 오히려 여기에서 다시 한번 접기의 작용인 것이죠. 불레즈가 말라르메와 함께한 것처럼, '주름에 따른 주름.'

스피노자에 대하여, 레다 벤스마이아에게 보내는 편지[1]

나는 『랑드멩』에 실린 나에 대한 글들의 수준에 감동했고 그 기획에 대해 매우 영광스럽게 생각합니다. 나는 『랑드멩』의 모든 기획을 스피노자의 가호 아래 두면서, 그리고 허락된다면 이 점에 대하여 내가 어떤 문제에 몰두했는지 말하면서, 이 글들에 대답하고자 합니다. 이것이 기획에 '참여하는' 한 방식이 되기를 바랍니다.

나는 위대한 철학자란 위대한 스타일리스트이기도 하다고 생각합니다. 그리고 철학의 어휘가 어떤 경우에는 새로운 단어들을 소환하고 어떤 경우에는 평범한 단어들을 엉뚱하게 평가하기 때문에 스타일에 속한다고 해도, 스타일은 언제나 통사의 문제입니다. 그러나 통사는 통사론적이지 않고 언어적이지도 않은 어떤 것(언어활동의 바깥)을 향한 긴장 상태입니다. 철학에

---

1. *Lendemains*, 53호, 1989.

서 통사론은 개념의 운동을 향해 당겨져 있습니다. 그런데 개념은 그 스스로 운동할 뿐만 아니라(철학적 이해), 사물들과 우리 안에서도 역시 운동합니다. 개념은 우리에게 새로운 지각과 새로운 정서에 대한 영감을 주고, 철학 자체의 비철학적 이해를 구성합니다. 그리고 철학은 철학적 이해만큼이나 비철학적 이해가 필요하지요. 그래서 철학은 비-철학자들과 본질적인 관계를 가지고 그들에게 말을 건넵니다. 심지어 그들은 철학적 이해를 거치지 않고 철학에 대한 직접적 이해를 가지게 될 수도 있습니다. 철학에서 스타일은 이 세 가지 극, 개념 혹은 사유하는 새로운 방식, 지각 혹은 보거나 듣는 새로운 방식, 정서 혹은 느끼는 새로운 방식을 향해 당겨집니다. 이것이 철학의 삼위일체, 오페라로서의 철학입니다. 운동하기 위해서는 이 세 가지가 필요하지요.

왜 스피노자가 이 문제에 들어와 있을까요? 스피노자에게는 차라리 스타일이 없는 것 같습니다. 그는 『에티카』에서 매우 학술적인 라틴어를 사용했으니까요. 그러나 사람들이 '그들에게는 스타일이 없다'고 말하는 자들을 조심해야 합니다. 프루스트는 이것을 이미 인지했지요. 그들은 종종 가장 위대한 스타일리스트입니다. 『에티카』는 정의, 명제, 증명, 정리의 계속된 물결과도 같이 제시되지요. 여기에서 사람들은 개념에 대한 특별한 전개를 확인합니다. 이것은 거대한 고요 속에 흐르는 거부할 수 없고 중단되지 않는 강입니다. 그러나 동시에 '사소한 것들'incidentes이 스콜리라는 이름으로 서로를 참조하고 거칠게 작동하며 부서진 화산 같은 연쇄를 구성하면서, 불연속적으로, 독립적으로 떠오릅니다. 모든 정념들이 슬픔에 대항하는 즐거움의 전쟁 속에서 으르렁거립니다. 스콜리들은 개념의 일반적인 흐름 속에 삽입되지만, 사실은 그것이 아닙니다. 그것은 오히려 첫 번째 『에티카』와 공존하면서 완전히 다른 리듬으로, 완전히 다른 어조로 쓴 두 번째 『에티카』로서, 정서의 모든 힘들과 함께 개념의 운동을 이중화하지요.

그리고 다섯 번째 책이 나왔을 때, 다시 한번 세 번째 『에티카』가 도입됩니다. 사실 스피노자는 우리에게 지금까지 개념의 관점에서 말했으나, 이제 스타일을 바꿀 것이며 우리에게 순수하고 직관적이며 직접적인 지각으로 말하겠다는 것을 알려줍니다. 여기에서 다시 한번 사람들은 증명이 계속 이어지리라고 생각할 수 있습니다만, 그것은 물론 같은 방식이 아니지요. 증명의 길은 이제 번쩍거리는 지름길을 취하며, 생략과 암시 그리고 모순으로 작동하고, 꿰뚫고 찢는 번개에 의해 진행됩니다. 그것은 더 이상 강이나 지하가 아니라 불이지요. 그것이 세 번째 『에티카』입니다. 이것은 마지막에 나타났지만 처음부터 거기에 있었고 다른 두 에티카와 함께 공존합니다.

바로 이것이 표면적으로 고요한 그의 라틴어 아래에 있는 스피노자의 스타일입니다. 그는 겉으로는 잠들어 있는 언어 안에서 세 언어를 진동시킵니다. 삼중의 긴장이지요. 『에티카』는 개념의 책(2종 인식)이지만 정서(1종 인식)와 지각(3종 인식)의 책이기도 합니다. 결국 스피노자의 역설은 철학자들 중의 철학자, 어떤 의미에서 가장 순수한 철학자, 그러나 동시에 비철학자들에게 가장 많이 말을 걸고 비철학적인 강렬한 이해에 가장 많이 호소하는 철학자라는 것이지요. 그래서 엄밀하게도 모든 사람들이, 설사 스피노자의 개념들을 잘못 이해한다고 해도 스피노자를 읽을 수 있고, 스피노자로부터 커다란 감동을 끌어낼 수 있으며, 혹은 그의 지각을 완전히 갱신시킬 수 있는 것입니다. 역으로, 스피노자의 개념들만을 이해하는 철학사가는 충분한 이해에 이르지 못합니다. 야스퍼스가 말했듯이 우리에게는 두 개의 날개가 필요합니다. 철학자와 비철학자를 공통의 한계로 몰고 가지는 않더라도요. 스타일을, 불새를 만들기 위해서는 적어도 이 세 개의 날개가 필요하지요.

5부

— 통제와 되기
— 통제사회에 대한 후기

정치

통제와 되기[1]

토니 네그리 지적인 차원에서 당신의 삶에는 정치의 문제가 항상 현재적이었던 것 같습니다. 한편으로 (감옥, 동성애, 이탈리아 자율주의, 팔레스타인 등) 운동에 참여하고, 다른 한편으로는 제도에 대한 지속적인 문제제기가 이어져 왔습니다. 그리고 그 문제제기는 흄에 대한 책으로부터 푸코에 대한 책에 이르기까지 당신의 저작들에 뒤섞여 왔지요. 정치라는 문제에 대한 끊임없는 접근은 어떻게 탄생한 것이며, 이 문제가 어떻게 항상 당신의 저작들에 보존될 수 있었던 것일까요?

들뢰즈 나의 흥미를 끈 것은 사실 대의가 아니라 집단적인 창조였습니다. '제도'에는 법과도 다르고 계약과도 다른 어떤 운동이 있어요. 흄에게서 내가 발견했던 것이 바로 제도와 권리에 대한 아주 창조적인 개념화였습니다. 처음에는 정치보다도 권리에 더 관심이 있었지요. 마조흐와 사드에게서조차 내가 마음에

---

[1] 토니 네그리와의 대담 (*Futur antérieur*, 1호, 1990년 봄).

들어 했던 것은 성욕과 관련된 계약과 제도에 대한 마조흐와 사드의 완전히 뒤틀린 개념이었습니다. 오늘날에도 다시 한번, 권리의 철학을 복구하려는 프랑수아 에발드François Ewald의 작업이 나에게는 본질적인 것으로 보입니다. 내가 관심이 있는 것은 법학, 판례jurisprudence이지 법loi이나 법률들lois도 아니고(법은 공허한 개념이고, 법률들은 영합적인 개념들이죠), 심지어 권리droit나 권리들droits도 아닙니다. 권리에 대해 진정으로 창조적인 것은 판례입니다. 그러나 그것을 판사들에게 맡겨 두어서는 안 될 것입니다. 작가들이 읽어야 할 것은 민법이 아니라 판례들이에요. 우리는 이미 현대 생물학과 관련된 법을 제정해야 한다고 생각하고 있어요. 그러나 현대 생물학과 그것이 만들어내는 새로운 상황들 속에서 모든 것은 판례의 문제입니다. 우리가 필요한 것은 도덕적이면서 권한이 있는 것처럼 보이는 현자들의 위원회가 아니라 사용자 집단이며, 우리는 바로 거기에서 권리로부터 정치로 이행하는 것입니다. 내가 이러한 일종의 정치로의 이행을 겪은 것은 1968년 5월과 더불어, 가타리, 푸코, 엘리 상바 덕분에 정확한 문제들과 접촉하면서입니다. 『안티-오이디푸스』는 전적으로 정치철학에 관한 책일 것입니다.

네그리 당신은 68을 반시대적인 것l'intempestif의 승리, 역-실행contre-effectuation의 실현으로 느끼고 있습니다. 68 전에 이미 니체에 대한 작업에서, 그리고 뒤이어 자허 마조흐에서도 마찬가지로, 당신은 정치적인 것 le politique 을 가능성, 사건, 특이성으로 재전유하였죠. 미래를 향해 현재를 여는, 그래서 제도들 자체를 변경하는 단락들 courts-circuits 이 있습니다. 그러나 68 이후에 당신의 평가는 뉘앙스가 좀 변한 것처럼 보이는데요. 물론 시간 차원에서 유목적 사유는 순간적인 역-실행의 형태로 언제나 존재합니다만, 공간에서는 단지 '소수적으로 되기가 보편적이다'라는 형태로만 존재합니다. 그렇다면 이 반시대적인 것의 보편성이라는 것은 과연 무엇인가요?

들뢰즈 그건 내가 생성(되기)과 역사의 구분에 민감했기 때문입니다. 중요한 일은 '비역사적인 밀운密雲' 없이 일어나지 않는다고 말한 것이 니체입니다. 그것은 영원과 역사적인 것의 대조를 말하는 것도 아니고, 관조와 행위의 대조를 말하는 것도 아닙니다. 니체는 일어나는 것, 사건 그 자체 혹은 생성에 대해 말한 것입니다. 역사가 사건으로부터 포착하는 것은 사물들의 상태 안에서 실행되는 것입니다. 그러나 생성 속에서 사건은 역사의 손아귀를 빠져나가죠. 역사는 실험이 아니고, 역사를 빠져나가는 어떤 것의 실험을 가능하게 하는 거의 부정적인 조건들의 집합일 뿐입니다. 역사가 없다면 실험은 결정되지 않고 조건 지어지지 않은 채로 남아있겠죠. 그러나 실험은 역사적인 것이 아닙니다. 페기 Péguy 는 그의 위대한 철학책인 『클리오』에서 사건을 다루는 두 가지 방법을 설명했습니다. 하나는 역사를 따라

가면서 그 안에서 사건의 실행과 조건 그리고 그 퇴색을 끌어모으는 방법이고, 다른 하나는 사건으로 거슬러 올라가서, 마치 생성 안에 자리 잡듯이 사건 안에 자리 잡고, 그 안에서 젊어지고 또 동시에 늙어가면서, 사건의 모든 구성요소들 혹은 특이성들을 거치는 것입니다. 생성은 역사가 아닙니다. 역사는 '생성하기' 위해서, 다시 말해서 뭔가 새로운 것을 창조하기 위해서 우리가 에둘러가는 조건들의 집합일 뿐이죠. 그 조건들이 아무리 시간적으로 가까운 것이라고 해도요. 이것이 바로 니체가 반시대적인 것이라고 부른 것입니다. 1968년 5월은 순수한 상태의 생성의 돌발이고 현현입니다. 요즘은 혁명의 공포를 고발하는 것이 유행이지요. 그것은 새롭지도 않은 것입니다. 영국의 모든 소설은 오늘날 스탈린에 대한 숙고와 매우 유사하게 크롬웰에 대한 숙고로 가득 차 있거든요. 사람들은 혁명이 나쁜 미래를 가져온다고 말합니다. 그러나 이때 우리는 끊임없이 두 가지를 뒤섞고 있는 거예요. 역사 속에서 혁명의 미래와 사람들의 혁명적으로 되기[혁명적인 생성]를 말이에요. 이 두 경우에 사람들은 심지어 같은 사람들도 아닙니다. 인간들의 유일한 기회는 혁명적으로 되기 안에 있으며, 그것만이 수치를 몰아낼 수 있거나 견딜 수 없는 것에 응답할 수 있습니다.

　네그리 『천 개의 고원』이라는 위대한 철학서는 특히 정치 철학 영역에서 해결되지 않은 문제들의 목록처럼 보입니다. 과정-기투, 특이성-주체, 구성-조직, 도주선-장치와 전략, 미시적-거시적 등의 갈등을 일으키는 모든 짝들은 여전히 개방되어 있을 뿐 아니라 완전히 새로운 이론적 의지와 이단의 어조를 상기시키는 어떤 폭력과 더불어 끊임없이 재개방되고 있습니다. 나는 이러한 전복에 아무런 반대가 없을 뿐 아니라 오히려 정반대인데요…. 그런데 '전쟁기계'가 우리를 데려갈 곳, 우리가 모르는 그곳에서 종종 비극적인 어조를 듣는 듯합니다.

들뢰즈 잘 들었습니다. 내 생각에 펠릭스 가타리와 나는 아마 두 가지 다른 방식으로 맑스주의자라고 생각합니다. 둘 다 말이죠. 왜냐하면 우리는 자본주의와 그 전개에 대한 분석을 중심으로 하지 않는 정치철학이란 있을 수 없다고 생각하기 때문입니다. 맑스에게서 우리가 가장 흥미로워한 것은 자본주의를 끊임없이 자기 고유의 한계를 밀어붙이고 항상 더 큰 차원에서 자신의 한계를 다시 마주하는 내재적 체계로 분석했다는 점입니다. 자본주의의 한계는 자본 그 자신이기 때문이죠. 『천 개의 고원』은 많은 방향을 지시하고 있지만 주요한 세 가지 방향은 다음과 같은 것입니다. 우선 사회는 모순에 의해서보다도 도주선들에 의해 정의되는 것처럼 보입니다. 사회는 사방으로 도주하며, 이런저런 계기에 도주선들이 그려내는 선들을 따라가 보는 것은 매우 흥미롭습니다. 오늘날 유럽의 예를 들어보죠. 서양의 정치인들은 사회를 운영하는 데 무척 어려움을 겪고 있습니다. 관료들은 체제와 규범들을 통일하는 것이 어렵고요. 그런데 한편으로는 어떤 한계들의 단순한 확장으로 인해 젊은 이들, 여성들은 언제나 폭발의 위험을 안고 있고(이것은 '관료화'될 수 있는 것이 아니에요), 다른 한편으로는 이런 유럽이 시작하기도 전에 이미 완전히 한물갔다고, 동양으로부터 온 운동에 의해 추월되었다고 말들을 한다는 것이 참 재미있는 일이죠. 그것은 진지한 도주선들입니다. 『천 개의 고원』에는 다른 방향이 있는데 그것은 모순보다는 도주선들을 다룰 뿐만 아니라 계급이 아닌 소수자들을 다룹니다. 마지막으로 세 번째 방향은 '전쟁기계'의 지위를 탐색하는 것인데요. 이 기계는 전쟁에 의해 정의되는 것은 전혀 아니고 시공간을 점유하거나 채우는 어떤 방식, 혹은 새로운 시공간을 만들어내는 방식에 의해 정의되는 그런 것입니다. 혁명적인 운동(우리는 예를 들어 〈팔레스타인 해방기구〉가 아랍 세계에서 어떻게 하나의 시공간을 발명해야 했는지에 대해서 충분히 생각하지 않지요)뿐 아니라 예술의 운동이 그런 전쟁기계입니다.

당신은 이 모든 것이 어떤 비극적인 혹은 우울한 어조를 지니고 있다고 말했습니다. 왜 그렇게 느끼는지 알 것 같습니다. 나는 프리모 레비Primo Levi가 나찌의 수용소가 우리에게 도입한 '인간이라는 수치'를 설명하는 부분이 무척 인상적이었어요. 그가 말하고 싶었던 것은 사람들이 으레 그렇게 생각하듯이 우리 모두가 나찌즘에 대한 책임을 져야 한다는 것이 아니라, 우리가 나찌즘에 의해 [이를테면 우리의 존엄이] 훼손되었다는 것이 었습니다. 수용소의 생존자들조차도 타협을 했어야 했습니다. 살아남기 위해서가 아니라 하더라도 말이죠. 나찌가 된 자들이 있었다는 수치, 나찌를 멈출 수도 없었고 어떻게 해야 할지도 몰랐다는 수치, 타협을 했어야 했다는 수치, 이 모든 것이 프리모 레비가 '회색지대'라고 부른 것이죠. 인간으로서의 수치는 아주 하찮은 단순한 정황들에서도 느껴집니다. 지나치게 천박한 생각 앞에서도, 텔레비전 예능을 보면서도, 장관의 담화를 들으면서도, '미식가들'의 말들 앞에서도 말이죠. 이런 것이야말로 가장 강력한 철학의 동기들입니다. 그리고 그것은 필연적으로 정치철학이 되지요. 자본주의에서 보편적인 것은 단 하나밖에 없습니다. 바로 시장이지요. 보편적인 국가는 없어요. 왜냐하면 국가들은 정확히 보편적인 시장의 진원, 거래소이기 때문이죠. 그런데 시장은 보편화하고 등질화하는 것이 아니라 부와 비참을 환상적으로 제작합니다. 인간의 권리들이 자유주의적 자본주의에 능동적으로 참여하고 있지만 우리는 그것이 만들어내는 '즐거움'을 찬양할 수는 없을 겁니다. 인류의 비참을 만들어내는 일에 깊이 연루되지 않은 민주 국가는 없습니다. 수치, 그것은 우리가 생성을 보존할 그 어떤 확실한 수단이 없다는 것을 말하는 것이죠. 우리를 포함해 그것을 싹 틔울 수단이 없다는 것은 말할 필요도 없고요. 어떤 집단이 역사로 회귀하고 역사의 궁지에 빠져버리는 일은 영원한 '근심거리'죠. 우리는 이제 더 이상 의식화하기만 하면 충분한 프롤레타리아의 이미지를 가지고 있지 않아요.

네그리 어떻게 해서 소수적 생성은 강력한가? 어떻게 저항이 봉기가 될 수 있는가? 당신의 책을 읽으면서 나는 항상 이와 같은 질문들에 주어질 대답에 대한 의구심을 가져왔습니다. 당신의 저작들을 보면 항상 이러한 질문들을 이론적으로 그리고 실천적으로 재구성해야 한다는 충동을 느끼지만 말이죠. 그러나 상상력이나 스피노자의 공통개념notions communes에 대한 당신의 글을 읽을 때, 또는 『시간-이미지』에서 제3세계에서 혁명에 관한 영화를 구성하는 것에 대한 당신의 서술을 읽노라면, 그리고 당신과 더불어 이미지로부터 이야기 꾸며내기로, 정치적인 실천으로 이행하는 것을 포착할 때면, 나는 그 대답을 거의 찾아낸 것 같은 느낌을 가지곤 합니다…. 내가 착각하고 있는 것일까요? 그러니까 억압당하는 자들의 저항이 효과적일 수 있을 어떤 방식이 있는 건가요? 특이성 그리고 원자들의 덩어리인 우리들 모두가 구성적 역능으로 존재할 방법이 있나요? 혹은 그 반대로 구성적 역능은 구성된 역능으로 정의될 수밖에 없다는 법적인 역설을 받아들여야 하나요?

들뢰즈 소수minorités와 다수는 수로 구분되는 것이 아닙니다. 소수가 다수보다 수적으로 더 많을 수도 있습니다. 다수를 정의하는 것은 어떤 모범이죠. 이를테면 도시에 거주하는 유럽의 평균적인 남자 어른 같은…. 반면 소수는 모범이 되는 유형이 없어요. 그것은 생성이고 과정이죠. 우리는 다수를 아무도 아니라고 말할 수 있습니다. 모든 사람이 그 길을 따라가기로 마음먹는다면 그를 알려지지 않은 길로 이끌고 갈 소수적 생성에 사로잡혀 있죠. 소수가 범형을 만들어 낸다면 그것은 다수가 되고 싶기 때문입니다. 그것은 생존이나 안녕을 위해 불가피한 일이죠(예를 들어 국가를 갖는다거나 인지된다거나 권리를 부여받는다든가 하는 것 말입니다). 그러나 소수의 역능은 그가 창조할 수 있는 것으로부터 나오고 범형을 통해 지나가는 것이지 그 범형에 의존하는 것이 아닙니다. 민중^{people}은 항상 창조적인 소수이고, 소수가 다수를 정복하는 때조차도 소수로 남아있습니다. 소수와 다수는 같은 평면에 사는 것이 아니기 때문에 공존할 수 있습니다. 가장 위대한 예술가들은 (절대 대중영합적 예술가들을 말하는 것이 아닙니다) 민중에 호소하지요. 그리고 '민중이 부재한다'는 사실을 확인시킵니다. 말라르메, 랭보, 클레, 버그^{Berg}가 그랬습니다. 영화에서는 스트로브가 그랬죠. 예술가는 민중에 호소할 수밖에 없어요. 그는 그의 기획 가장 깊이 민중을 필요로 하죠. 민중을 창조해서도 안 되고 그럴 수도 없습니다. 민중은 저항하는 자로서, 죽음, 예속, 기아, 수치에 저항합니다. 그러나 민중은 예술에 몰두할 수 없어요. 민중은 어떻게, 어떤 역겨운 고통 속에서 창조되는가? 민중은 어떤 예술적인 것과 조우하거나(가렐은 루브르 박물관 역시 어느 정도의 역겨운 고통을 담고 있다고 말했다), 혹은 예술이 민중에게 결핍되어 있었던 것과 만나는 방식으로, 자기 고유의 수단을 통해 창조됩니다. 유토피아는 좋은 개념이 아닙니다. 오히려 민중과 예술에 공통되는 '허구만들기'fabulation가 있다고 하는 편이 낫겠습니다. 여기에 정치적인 의미를 부여하기 위해 베르그손의 창작 개념을 다시 도입해야 할 것 같네요.

네그리 푸코에 대한 책에서 그리고 I.N.A.[국립 시청각 자료원]에서 진행한 대담에서 당신은 권력의 세 가지 실천에 대한 연구를 심화하겠다는 제안을 했습니다. 주권, 규율, 그리고 특히 오늘날 주도적인 것이 되어 가고 있는 '의사소통'에 대한 통제가 그것입니다. 한편, 이 마지막 시나리오는 말과 상상력에까지도 영향을 미치는 지배를 높은 수준으로 완성시키고 있으며, 다른 한편, 그 어느 때보다도 오늘날 모든 사람, 모든 소수자, 모든 특이성이 잠재적으로 말을 되찾고 그와 더불어 더 높은 수준의 자유를 구가하고 있습니다. 『그룬트리세』에 나타난 맑스의 유토피아에서 꼬뮤니즘은 정확히 자유로운 개인들의 횡단적 조직과 결합되며, 그 조건을 보장하는 기술적 토대에 근거합니다. 꼬뮤니즘을 다시 한번 생각해볼 수 있을까요? 의사소통의 사회에서 꼬뮤니즘은 어제보다는 덜 유토피아적이지 않을까요?

들뢰즈 우리가 정확히 규율적이라고 할 수 없는, '통제'의 사회에 접어든 것은 확실합니다. 푸코는 종종 규율사회에 대한 사상가로, 그리고 그 사회의 주요한 기술인 감금(병원과 감옥뿐 아니라 학교, 공장, 병영까지)에 대한 사상가로 간주되죠. 그러나 사실 그는 우리가 규율사회를 떠나는 중이고 더 이상 규율사회에 있지 않다고 말한 사상가들 중 하나이기도 합니다. 우리는 통제사회에 진입했어요. 통제사회는 더 이상 감금에 의해 기능하지 않고 지속적인 통제 그리고 순간적인 소통으로 기능합니다. 버로스가 그 분석을 시작했지요. 물론 우리는 끊임없이 감옥과 학교 그리고 병원에 대해 말을 합니다. 이 제도들은 위기에 처해 있어요. 그러나 위기에 처해 있다고 하더라도 그것은 정확히 후위부대의 전투입니다. 지금 자리 잡고 있는 것은 아마도 새로운 종류의 제재sanctions, 교육, 처치soin입니다. 개방형 병원, 재택 치료팀 등이 이미 오래전부터 등장했죠. 우리는 교육이 또 다른 폐쇄환경인 직업 환경과 구분되면서도 점점 덜 폐쇄적이 되겠지만 결국 두 환경 모두 고등학생-노동자, 대학생-중역에게 실행될 끔찍한 평생교육과 지속적인 통제 덕에 사라지리라고 예측해볼 수 있습니다. 학교에 대한 개혁을 한다고 믿겠지만 사실 그것은 청산입니다. 통제 체제에서 우리는 그 무엇과도 끝을 낼 수 없습니다. 당신도 마찬가지죠. 당신은 이미 오래전에 이탈리아에서 볼 수 있는 재택근무와 같은 임시노동의 형태들(그리고 생산물의 유통과 분배의 새로운 형태들)과 함께 노동의 변화를 분석했습니다. 우리는 물론 각각의 사회 유형에 하나의 기계 유형을 대응시킬 수 있습니다. 주권사회에 대해서는 단순하거나 역학적인 기계를, 규율사회에는 물리에너지적 기계를, 통제사회에는 인공두뇌와 컴퓨터를 대응시키듯이 말이죠. 그러나 기계는 아무것도 설명하지 못합니다. 기계가 그 일부일 뿐인 집단적인 배치를 분석해야 하죠. 개방적인 환경에서의 끊임없는 통제라는 임박한 형태와 마주하여 아마도 가장 힘겨운 감금은 달콤하고 행복한 과거에 속한 것처럼 보일 것입니다. '소통의 보편자'를 탐구하는 문제에는 우리를 공포스럽게 하는 무언가가 있습니다. 통제사회가 실제로 조직되기도 전에 범죄 혹은 저항의 형태(두 경우는 구분됩니다) 역시 나타나리라는 것도 사실이죠. 예를 들어, 컴퓨터 해킹이나 바이러스는 파업과 19세기에 우리가 '사보타주'(기계 안의 나막신 sabot)라고 불렀던 것을 대체할 것입니다. 당신은 통제 혹은 소통의 사회가 '자유로운 개인들의 횡단적 조직'으로 고안된 꼬뮤니즘에 새로운 기회가 될 저항의 형태를 불러일으킬 수 있지 않겠냐고 물었습니다. 잘 모르겠습니다. 그럴 수도 있겠지요. 그러나 그럴 수 있다고 하더라도, 그것이 소수가 말을 되찾을 수 있는 만큼 더 가능해지는 것은 아닙니다. 말 la parole 과 소통은 썩어 있어요. 그것은 완전히 돈으로 물들어 있죠. 우연히 그런 것이 아니라 본성이 그래요. 말의 우회가 필요합니다. 창조한다는 것은 언제나 소통하는 것과는 다른 것입니다. 중요한 것은 아마도 통제를 벗어나기 위해 비-소통의 기공vacuoles, 차단기를 창조하는 것일 겁니다.

네그리 『푸코』와 『주름』에서는 주체화의 과정이 당신의 다른 저작들에서보다도 더 주의 깊게 관찰되고 있습니다. 주체는 내부와 외부 사이에서 일어나는 지속적인 운동의 경계죠. 주체를 이렇게 개념화하는 것은 어떤 정치적인 결과를 낳습니까? 주체가 시민권의 외면성으로는 문제를 해결하지 못한다면 그것을 역능과 생명 안에 정립할 수 있을까요? 주체가 새로운 전투적 실천을 가능하게 할까요? 세계에 대한 피에타pietàs인 동시에 아주 철저한 구축인 그런 실천을 말이죠. 사건과 주체성의 광채를 역사로 연장하는 정치는 어떤 것일까요? 근거fondement는 없지만 강력하고, 전체성은 없지만 스피노자에게서처럼 절대적인 공동체는 어떻게 생각해볼 수 있을까요?

들뢰즈 개인들 혹은 집단들이 스스로를 주체로 구성하는 여러 가지 방식들을 다루면서 주체화의 과정에 대해 말해볼 수 있습니다. 이러한 과정들은 구성된 지식들과 지배적인 권력들을 동시에 회피하는 한에서만 가치가 있습니다. 그 결과 새로운 권력을 낳거나 새로운 지식들을 재경유한다고 하더라도 말이죠. 그러나 순간적으로 그 과정들은 반항적 자발성을 가집니다. 거기에 의무, 권력, 지식이 부과된 계기로서의 '주체'로의 회귀라는 것은 없는 것이죠. 주체화의 과정보다도 새로운 유형의 사건들에 대해 말해볼 수 있을 겁니다. 사건을 촉발하는 사물들의 상태로 되돌아가거나 그것들로 설명되지 않는 그런 사건들의 유형을 말하는 것이죠. 사건들이 어느 순간 일어나는데, 중요한 것은 그 순간입니다. 우리가 포착해야 하는 기회^{chance}인 것이죠. 또는 단순히 뇌에 대해 말해볼 수도 있습니다. 뇌야말로 정확히 내부와 외부 사이에서 지속적으로 일어나는 가역적인 운동의 경계입니다. 새로운 뇌수적 소통, 생각하는 새로운 방식, 이런 것들은 현미경적 외과수술에 의해 설명되는 것이 아닙니다. 우리가 이런저런 방식으로 생각하기 시작할 때 뇌에서는 어떤 일이 일어나는지 발견하려고 노력해야 하는 것은 반대로 과학입니다. 주체화, 사건 혹은 뇌는 나에게 거의 같은 것처럼 보여요. 우리에게 가장 부족한 것은 세계에 대한 믿음입니다. 우리는 세계를 완전히 잃어버렸어요. 완전히 박탈당했죠. 세계를 믿는다는 것, 그것은 아무리 작더라도 통제를 피하는 사건을 촉발하는 것이기도 합니다. 그것은 또한 아무리 축소된 표현 혹은 부피의 것이라 하더라도 새로운 시-공간을 탄생시키는 것이기도 하지요. 이것이 바로 우리가 피에타라고 부른 것입니다. 저항의 능력 혹은 반대로 통제에의 예속은 이러한 시도들 각각의 차원에서 판단됩니다.

통제사회에 대한 후기[1]

I. 연대기

 푸코는 18세기와 19세기를 규율사회라고 보았다. 그리고 그 사회는 20세기에 정점에 달했다. 규율사회는 감금이라는 커다란 환경들을 조작하면서 작동한다. 개인은 하나의 폐쇄환경에서 다른 폐쇄환경으로 끝없이 이행하고, 각 환경은 자기만의 법칙들을 가지고 있다. 개인이 처하는 최초의 폐쇄환경은 가정이고 그다음은 학교('너는 더 이상 집에 있는 게 아니야'), 그러고 나서는 병영('여기는 학교가 아니야'), 다음은 공장, 때로는 병원, 간혹 전형적인 감금의 환경인 감옥이 있다. 유비적인 모형으로 기능하는 것은 감옥이다. 〈유로파 51〉의 여주인공은 노동자들을 보면서 "수감자들을 보는 것 같았다…"고 말했다. 푸코는 감금이라는 환경의 이상적인 기획을, 특히 공장에서 가시적인 기획을 매우 잘 분석하였다. 집중시키기, 공간 분배하기, 시간의

---

1. *L'autre journal*, 1호, 1990년 5월.

질서 짓기, 기본적인 힘들의 합보다 그 효과가 크도록 하기 위한 시공간적 생산력 구성하기가 그 기획이다. 그러나 푸코는 이 모델의 간결성 또한 알고 있었다. 그것은 주권사회를 계승한 것으로, 이 사회의 목적과 기능들은 매우 달랐다(생산을 조직하기보다는 세금 징수하기, 삶을 관리하기보다는 죽음을 결정하기) : 그 이전은 점진적으로 이루어졌으며, 나폴레옹은 한 사회에서 다른 사회로의 거대한 전환을 이룬 것처럼 보였다. 그러나 그들의 규율은 천천히 자리 잡을 새로운 힘 때문에 위기에 처하고, 이 새로운 힘은 2차 세계대전 이후에 급하게 돌진하게 된다. 우리는 더 이상 규율사회에 살지 않으며, 그 사회에 살기를 멈췄다.

감옥, 병원, 공장, 학교, 가정 등 감금의 모든 환경들이 위기에 처했다. 가족은 어떤 '내부'로서, 모든 다른 사회적, 직업적 내부 등과 마찬가지로 위기에 처한다. 유능한 장관들은 필요하다고 간주되는 개혁들을 끊임없이 발표한다. 학교를 개혁하라, 공장을 개혁하라, 병원을 개혁하라, 군대를 개혁하고 감옥을 개혁하라. 그러나 이 제도들은 머지않아 끝이 날 것이다. 단지 문을 두드리고 있는 새로운 힘이 정착할 때까지 사람들의 고통을 관리하는 것만이 문제인 것이다. 규율사회를 대체하는 중인 것은 통제사회이다. '통제', 그것은 버로스가 새로운 괴물을 지칭하기 위해 붙인 이름으로, 푸코 역시 우리의 가까운 미래라 인정했던 바다. 폴 비릴리오 역시 [폐쇄가 아닌] 통제라는 자유분방하고 극도로 빠른 형태들을 계속 분석하고 있는데, 이 형태들은 폐쇄적인 시스템 속에서 작동하는 오래된 규율들을 대체한다. 이 힘들이 새로운 과정에 개입하려 한다고 하더라도 특별한 약품 생산이나 핵무기 생산, 유전적 조작을 떠올릴 필요는 없다. 어떤 체제가 가장 가혹한지 또는 가장 견딜 만한지를 물을 필요가 없다. 왜냐하면 각각의 체제는 그 체제의 노예화와 해방의 문제에 직면하기 때문이다. 폐쇄환경인 병원의 위기의 예로는 다음과 같은 것들이 있다: 부문화, 주간병원, 재택 치료가 우선 새로운 자유를 가져다주는 것으로 보일 수 있지만 이것은 가장 가혹한 감금과 경쟁하는 통제 메커니즘의 일환일 수 있다. 두려워하거나 희망을 가질 필요도 없으며, 다만 새로운 무기를 찾아야 한다.

II. 논리

각기 다른 수용소 혹은 감금의 환경들은 독립변수이다. 우리는 매번 처음부터 다시 시작해야 하며, 모든 환경의 공통언어가 있지만 그것은 유비적이다. 반면 각기 다른 통제들은 분리가 불가능한 변주들로서 다양한 기하학적 체계를 형성하며, 그 언어는 (반드시 이진법적이라고 할 수는 없지만) 디지털적이다. 감금은 각기 구별되는 주형들인 반면 통제는 변조인데, 변조라는 것은 순간마다 끊임없이 변화하느라 스스로를 해체하는 틀, 혹은 그물코가 여기저기로 끊임없이 바뀌는 그물망과 같은 것이다. 이것은 임금의 문제에서 잘 드러난다. 공장은 그 내적인 힘을 생산에 있어서는 가능한 한 가장 높은 균형점에 가져가고 임금에 있어서는 가능한 한 가장 낮은 균형점으로 가져가는 신체였다. 그러나 통제사회에서는 기업이 공장을 대체하는데, 기업은 하나의 영혼 혹은 가스와 같다. 공장 역시 이미 성과급 체계를 알고 있었지만, 기업은 극도로 우스꽝스러운 도전과 경쟁과 학술대회를 거쳐 영구적인 준안정적 상태에서 각각의 임금을 변조하기 위하여 더욱 심오하게 노력한다. 가장 바보 같은 텔레비전 예능이 큰 성공을 거두는 것은 그것이 기업적 상황을 정확하게 표현하기 때문이다. 공장은 개인들을 신체로 구성함으로써 대중의 각 요소들을 감시하는 고용주와 대중의 저항을 동원하는 조합에게 이중적으로 유리하다. 그러나 기업은 용서할 수 없는 경쟁을 건강한 경쟁인 양, 탁월한 동기부여인 양 끝없이 도입하고, 이 경쟁은 개인들 서로를 대립시킬 뿐만 아니라 각자를 내적으로 분리시킨다. '성과급'의 변조 원리가 국가 교육마저 집어삼키고 있다. 실제로, 기업이 공장을 대체한 것처럼, 지속적인 **교육**formation permanente이 학교를 대체하려 하고, 지속적인 통제가 시험을 대체한다. 이는 학교를 기업에 넘겨주는 가장 확실한 방법이다.

규율사회에서 사람들은 끊임없이 다시 시작하는 반면(학교에서 병영으로, 병영에서 공장으로), 통제사회에서는 아무것도 절대로 끝낼 수가 없다. 기업, 교육, 복무 등은 보편적인 변형자 déformateur 같은 동일한 변조의 준안정적이고 공존하는 상태들에 있다. 이미 두 사회의 전환점에서 정착했던 카프카는 『심판』에서 가장 끔찍한 사법 형태들을 묘사했다 : 규율사회의 표면적인 석방(두 감금 사이), 통제사회의 무기한 지연(지속적으로 변이하는)은 매우 다른 법적 삶의 두 양태들이다. 우리의 권리가 멈칫거리고 그 스스로 위기에 처한 이유는 우리가 하나의 양태를 떠나 다른 양태로 접어들기 때문이다. 규율사회에는 두 극이 있다. 개인을 지시하는 서명과 대중 속에서 자기의 위치를 지시하는 숫자 혹은 등록번호가 그것이다. 이는 규율이 두 극을 양립 불가능하다고 간주하지 않는다는 뜻이며, 동시에 권력이란 대중화하고 개별화한다는 것을, 즉 권력이 실행되는 대상들을 한 무리로 구성하고 각 구성원의 개별성을 주조한다는 것을 뜻한다(푸코는 사제의 사목권력에서 이 이중적인 고뇌의 기원을 보았으나 – 동물의 무리와 한 마리의 동물 – 시민의 권력은 다른 수단들을 통해 비종교적 '목자'가 되어갔다). 통제사회에서는 반대로 서명이나 숫자가 더 이상 본질적이지 않다. 본질적인 것은 암호 chiffre이다 : 규율사회가 구호로 규제되는 데 반해(저항만큼이나 통합의 관점에서 볼 때도), 통제사회에서 암호는 비밀번호이다. 통제의 디지털 언어는 암호로 되어 있으며, 이는 정보에 대한 접근 혹은 거부를 표시한다. 우리는 더 이상 대중–개인의 쌍을 대면하지 않는다. 개인은 '분할개체'dividuels가 되고, 대중은 샘

플, 자료, 시장 혹은 '은행'이 된다. 두 사회의 구분을 가장 잘 표현하는 것은 아마 돈일 것이다. 규율은 항상 금을 본위로 하는 주조된 동전들과 관련이 있는 반면, 통제는 떠다니는 교환échanges flottants, 변조와 관련이 있기 때문이다. 변조는 암호로서 서로 다른 동전 샘플들의 백분율을 개입시킨다. 화폐 역할을 했던 오래된 두더지가 폐쇄환경의 동물이라면, 뱀은 통제사회의 동물이다. 우리는 우리가 사는 체제 속에서뿐만 아니라, 우리가 사는 방식과 다른 사람들과의 관계에서도 한 동물에서 다른 동물로, 두더지에서 뱀으로 넘어간 것이다. 규율적 인간은 에너지의 불연속적인 생산자였으나, 통제의 인간은 차라리 계속되는 빔의 궤도에 올라 있는 파동이다. 어디에서나 서핑이 이미 오래된 스포츠들을 대체한 것이다.

각 사회에 기계의 유형들을 대응시키는 것은 쉬운 일이다. 이는 기계들이 결정적이라서가 아니라, 기계들을 탄생시키고 이를 이용할 수 있는 사회적 형태들을 기계들이 표현하기 때문이다. 오래된 주권사회는 지레, 도르래, 시계와 같은 단순한 기계들을 다루었는데, 최근 규율사회는 엔트로피라는 소극적 위험과 사보타주라는 적극적 위험을 감수하는 에너지 기계들을 갖추었다. 통제사회는 제3종espèce의 기계들로 작동하는데, 이는 정보기계, 컴퓨터이다. 이 기계들의 소극적 위험은 혼선, 적극적 위험은 바이러스의 도입 그리고 해킹이다. 이것은 기술적 진보라기보다는 좀 더 심오하게는 자본주의의 변이이다. 이는 이미 잘 알려진 변이로서 다음과 같이 요약할 수 있다 : 19세기 자본주의는 생산을 위한 소유권의 집중에 달려 있었다. 그러므로 생산수단들의 소유자로서, 간혹 유비에 의해 고안된 다른 환경들(노동자 가족의 집, 학교)의 소유자로서 자본주의는 폐쇄된 환경에 공장을 세운다. 시장에 관한 한 자본주의는 때로는 전문화, 때로는 식민화, 또 때로는 생산비용의 절감에 의해 매료된다. 그러나 현재 상황에서 자본주의는 종종 섬유, 야금술 혹은 석유의 복잡한 형태로 제3세계의 주변에 떠넘겨 버린 생산이 더 이상 아니다. 이것은 초생산surproduction의 자본주의이다. 그것은 더 이상 1차 원료를 구매하지 않으며 완전히 만들어진 상품들을 판매하지 않는다. 그것은 완전히 만들어진 상품을 구매하거나 풀려 있는 부품들을 조립한다. 그것이 판매하려는 것은 서비스이고 구매하려는 것은 행위이다. 이는 더 이상 생산을 위한 자본주의가 아니라, 상품을 위한, 즉 판매 혹은 시장을 위한 자본주의이다. 그래서 이 자본주의는 본질적으로 분산적이며, 공장은 기업에 자리를 양보하게 되었다. 가족, 학교, 군대, 공장은 더 이상 국가 혹은 사적인 힘이라는 하나의 소유주로 수렴되는, 서로 구분된 유비적인 환경이 아니라, 관리 프로그램들 외에는 더 이상 아무것도 없는 하나의 동일한 기업이 가지는 암호화되고 변질가능하며 변형가능한 형상들이다. 심지어 기술은 은행의 개방된 회로에 들어가기 위해 폐쇄환경을 떠났다. 시장의 정복은 더 이상 규율 형성이 아니라 통제권에 의해서, 비용 절감보다는 통화의 통제fixations des cours에 의해서, 생산의 전문화보다는 상품의 변형에 의해서 이루어진다. 부패는 여기에서 새로운 힘을 획득한다. 판매 서비스는 기업의 중심 혹은 '영혼'이 된다. 우리는 기업이 영혼을 가진다는 것을 배우는데, 이는 세상에서 가장 끔찍한 소식일 것이다. 마케팅은 이제 사회통제의 도구이고, 우리를 지배하는 파렴치한 종족을 만들어 낸다. 규율이 길게 지속하며 무한하고 불연속적인 데 반해, 통제는 짧은 기간에 빠르게 회전하며 연속적이고 무제한하다. 인간은 더 이상 감금된 존재가 아니라 빚진 존재가 되었다. 자본주의가 인류의 4분의 3을 영구적으로 극단적인 불행에 처하도록 한다는 것은 사실이다. 그들은 빚을 갚기에는 너무 가난하며, 갇혀있기에는 너무 많다. 통제는 국경의 흐트러짐뿐만 아니라, 판자촌과 게토의 폭발적 증가와 대면해야 할 것이다.

III. 프로그램

매 순간 동물을 한 구역에, 인간을 기업에(전자 목걸이), 즉 개방된 환경에서 어떤 요소의 자리를 배정하는 통제 메커니즘을 구상하기 위해서 SF소설이 필요한 것은 아니다. 펠릭스 가타리는 각자가 이런저런 장벽을 치워버리는(분할개체적 dividuelle[현실적 자기와 전자적 자기라는 둘로 나뉘는]) 전자 카드를 통해 자신의 아파트, 자신의 거리, 자신의 동네를 떠날 수 있는 마을을 상상했다. 물론 그 카드는 어느 날 혹은 어느 시간 사이에 내뱉어질 수 있다. 중요한 것은 장벽이 아니라, 합법적이든 불법적이든 각자의 위치를 표시하는 컴퓨터가 보편적인 변조를 하고 있다는 것이다.

초기 통제 메커니즘에 대한 사회-기술적 연구는 범주적이어야 하고, 모두가 위기라고 말하는 규율적 폐쇄환경을 대신해 이미 자리 잡고 있는 것이 무엇인지를 기술해야 할 것이다. 오래된 주권사회로부터 낡은 방식들을 현대에 맞게 변형하여 가져올 수도 있는 일이다. 중요한 것은 우리가 그 무언가의 초창기에 있다는 것이다. 감옥 체제에서는, 적어도 경범죄에 관해서는 '대체' 처벌, 수형자에게 특정 시간에 집에 머무르도록 하는 전자 목걸이의 사용. 학교 체제에서라면, 지속적인 통제의 형태들, 학교를 대체하는 평생 교육, 이에 대응하는 대학에서의 모든 연구의 포기, 교육과정의 모든 수준에 대한 '기업'의 개입. 병원 체제에서는, '의사도 환자도 없는' 새로운 의학, 즉 잠재적 환자와 위험 요소가 있는 대상들을 골라내는 의학, 개인에 맞춘 의학으로의 진보가 아니라 개별적이거나 디지털적인 몸을 통제할 수 있는 '분할개체적' 질료의 숫자들로 대체하는 그러한 의학. 기업 체제에서는, 더 이상 공장이라는 낡은 형태를 거치지 않는 제품과 사람들 그리고 돈을 다루는 새로운 방법. 이것은 별것 아닌 예들에 불과하지만 우리가 제도의 위기, 다시 말해서 새로운 지배 체제의 점진적·산발적 정착이 무엇인지를 이해하는 데 도움을 줄 것이다. 가장 중요한 질문들 중 하나는 규율에 대항한 투쟁에 있어서 혹은 폐쇄환경에서, 조합이 부적격하다는 것과 관련이 있을 것이다. 조합들은 통제사회에 대항하는 저항의 새로운 형식들에 적응할 수 있을 것인가 아니면 그 형식들에 자리를 내줄 것인가? 사람들은 도래할 이 형태들의 밑그림을 이미 포착할 수 있는 것일까? 우리는 마케팅의 쾌락에 맞설 수 있을까? 많은 젊은이들이 이상하게도 '인센티브'를 요구하고, 인턴제도와 지속적인 교육을 다시금 요구하고 있다. 그들의 선배 세대가 규율의 목적이 무엇인지를 고통스럽게 발견했던 것처럼, 통제가 그들을 무엇에 봉사하도록 하는지 발견해야 하는 것은 바로 그들 자신이다. 뱀의 원환은 두더지 굴보다 훨씬 더 복잡한 것이다.

:: 인명 찾아보기

ㄱ, ㄴ, ㄷ

강스, 아벨(Gance, Abel) 137
고다르, 장-뤽(Godard, Jean-Luc) 8, 57, 74~81, 83, 84, 86~91, 104, 119, 123, 136, 138, 145, 149, 154, 229
구로자와 아키라(黑澤明) 114, 151
그레코(El Greco) 286, 292
그뢰투이젠, 베르나르(Groethuysen, Bernard) 294
꼭또, 장(Cocteau, Jean) 208
꽁트, 오귀스트(Comte, Auguste) 188
나르보니, 장(Narboni, Jean) 92, 93, 96, 98, 100, 105, 107, 109, 137
나폴레옹(Bonaparte, Napoléon) 282, 321
네르발, 제라르 드(Nerval, Gérard de) 98
니체, 프리드리히 빌헬름(Nietzsche, Friedrich Wilhelm) 21, 22, 130, 162, 168~171, 177, 178, 182, 183, 185, 186, 204, 210, 211, 216~220, 249, 250, 258, 264, 279, 284, 295, 307~309
다고네, 프랑수아(Dagognet, François) 245
다네, 세르주(Daney, Serge) 132, 255
데리다, 자크(Derrida, Jacques) 59, 142
데카르트, 르네(Descartes, René) 188, 274
도브첸코, 알렉산드르(Довженко, Олександр) 153
뒤라스, 마그리트(Duras, Marguerite) 124, 138, 149, 236
뒤크로, 오스왈드(Ducrot, Oswald) 61
드레이어, 칼 테오도르(Dreyer, Carl Theodor) 95, 96, 101, 111, 115, 142
드페르, 다니엘(Defert, Daniel) 156, 165, 196
들로네, 로베르(Delaunay, Robert) 97, 98

ㄹ, ㅁ, ㅂ

라보프, 윌리엄(Labov, William) 60, 61
라이프니츠, 고트프리트(Leibniz, Gottfried Wilhelm) 9, 175, 193, 203, 249, 253, 272, 277, 279, 284~299
라이히, 빌헬름(Reich, Wilhelm) 43
라푸자드, 다비드(Lapoujade, David) 104
랑글루아, 앙리(Langlois, Henri) 142
랭, 로널드(Laing, Ronald) 52
랭보, 아르튀르(Rimbaud, Arthur) 186, 314
레네, 알랭(Resnais, Alain) 100, 118, 119, 123, 125, 128, 134, 135, 138, 149, 228, 229, 276
레비, 프리모(Levi, Primo) 311, 312
레이, 니콜라(Ray, Nicholas) 116
로렌스, D.H.(Lawrence, D.H.) 51, 264
로브-그리예, 알랭(Robbe-Grillet, Alain) 102, 128, 275
로샤, 글라우버(Rocha, Glauber) 107
로셀리니, 로베르토(Rossellini, Roberto) 116, 136, 138, 139, 237
로시, 조셉(Losey, Joseph) 99~101
루셀, 레이몽(Roussel, Raymond) 181, 198, 199, 207~209, 217
루크레티우스(Lucretius) 21
르낭, 에르네스트(Renan, Ernest) 212
르누아르, 오귀스트(Renoir, Auguste) 8, 100, 103, 128, 246
리베트, 자크(Rivette, Jacques) 98
리오따르, 장-프랑수아(Lyotard, Jean-François) 48, 59, 161

ㅁ, ㅂ, ㅅ

마그리뜨, 르네(Magritte, René) 181
마스콜로, 디오니스(Mascolo, Dionys) 299
만델브로, 브누아(Mandelbrot, Benoit B.) 70
말라르메, 스테판느(Mallarmé, Stéphane) 286, 292, 300, 314

말브랑슈, 니콜라(Malebranche, Nicolas) 188
맑스, 칼(Marx, Karl) 22, 40, 51, 266, 268, 282, 289, 310, 315
맥켄로, 존(McEnroe, John) 243, 246
메츠, 크리스티앙(Metz, Christian) 105
멘드비랑, 피에르(Maine de Biran, Pierre) 188
멜리에스, 조르주(Méliès, Georges) 138
미쇼, 앙리(Michaux, Henri) 204, 206~209, 276, 286, 287, 292
미조구치 겐지(溝口 健二) 96, 114, 152
밀러, 헨리(Miller, Henry) 51, 204
바그너, 리하르트(Wagner, Richard) 220
바넷, 보리스(Barnet, Boris) 153
바따이유, 조르주(Bataille, Georges) 200
바레즈, 에드가르(Varese, Edgard) 107, 220
바르베-도르비, 쥘(Barbey d'Aurevilly, Jules) 55
바르트, 롤랑(Barthes, Roland) 61, 168
바쟁, 앙드레(Bazin, André) 105, 113, 137, 142
발자크, 오노레 드(Balzac, Honoré de) 188, 236
버로스, 윌리엄(Burroughs, William S.) 51, 53, 139, 146, 148, 316, 321
버치, 노엘(Burch, Noel) 225
베르그송, 앙리(Bergson, Henri) 22, 63, 87, 94~96, 108~110, 120, 127, 188, 223, 224, 231, 233, 246, 276, 284, 295, 315
베르토프, 지가(Вертов, Дзига) 95
베베른, 안톤(Webern, Anton) 220
베이컨, 프란시스(Bacon, Francis) 92, 249
베인, 폴(Veyne, Paul) 177, 191
베케트, 사무엘(Beckett, Samuel) 51, 52, 106, 150, 235, 236
벤다, 쥘리앙(Benda, Julien) 223
벤베니스트, 에밀(Benveniste, Émile) 60
벤야민, 발터(Benjamin, Walter) 133, 134
벨루어, 레이몽(Bellour, Raymond) 249, 253, 255, 258, 262, 265, 268, 270, 273, 277, 280, 284
벨퐁, 피에르(Belfond, Pierre) 84
보니체르, 파스칼(Bonitzer, Pascal) 92, 93, 96, 98, 100, 105, 107, 109, 137
보리, 비에른(Borg, Björn) 243
볼테르(Voltaire) 296~298
부르디외, 피에르(Bourdieu, Pierre) 59
불레즈, 피에르(Boulez, Pierre) 286, 300
브뉴엘, 루이스(Buñuel, Luis) 100, 101
브레송, 로베르(Bresson, Robert) 101, 111, 115, 124, 228
브로델, 페르낭(Braudel, Fernand) 64
브로미치, 존(Bromwich, John) 243
브로이어, 오이겐(Bleuler, Eugen) 38
브리세, 장-피에르(Brisset, Jean-Pierre) 198, 217
블라발, 이본(Belaval, Yvon) 298
블랑쇼, 모리스(Blanchot, Maurice) 67, 135, 180, 181, 200, 205, 274, 299
비릴리오, 폴(Virilio, Paul) 71, 134, 321
비샤, 자비에르(Bichat, Xavier) 171, 205
비스콘티, 루키노(Visconti, Luchino) 114, 116, 128
사로트, 나탈리(Sarraute, Nathalie) 61
상바, 엘리(Sambar, Elie) 307
샤틀레, 프랑수아(Châtelet, François) 7, 59, 161, 162, 298, 299
세르, 미셸(Serres, Michel) 59, 272
셀린느, 루이-페르디낭(Céline, Louis-Ferdinand) 236
쉐퍼, 장-루이(Schefer, Jean-Louis) 137
슈레버, 다니엘 파울(Schreber, Daniel Paul) 38, 47
슈뢰터, 베르너(Schroeter, Werner) 211, 214
스노우, 마이클(Snow, Michael) 107, 149
스미스, 애덤(Smith, Adam) 40

스미스, 토니(Smith, Tony) 289
스타인버그, 레오(Steinberg, Leo) 106
스탈린, 이오시프(Сталин, Иосиф) 268, 282, 309
스탕달(Stendhal) 236
스탕제, 이사벨(Stengers, Isabelle) 63, 228
스트로브, 장–마리(Straub, Jean-Marie) 119, 124, 136, 138, 142, 149
스트로하임, 에리히 폰(Stroheim, Erich von) 100, 101
스피노자, 바뤼흐(Spinoza, Baruch) 9, 21, 49, 92, 187, 250, 258, 264, 267, 272, 284, 295, 301~304, 313, 318

ㅇ, ㅈ, ㅊ

아르또, 앙토넹(Artaud, Antonin) 31, 51, 55
아시시의 프란치스코(François d'Assise) 212
아커만, 샹탈(Akerman, Chantal) 136
안토니오니, 미켈란젤로(Antonioni, Michelangelo) 136, 294
알튀세, 루이(Althusser, Louis) 59
에이젠슈타인, 세르게이(Эйзенштейн, Сергей Михайлович) 122, 123, 126, 133, 137, 153
에피쿠로스(Epicurus) 168
옐름슬레우, 루이(Hjelmslev, Louis) 49, 60
오즈야스지로(小津 安二郎) 116, 117, 143, 294
오퓔스, 막스(Ophüls, Max) 103, 128
올리베이라, 마노엘 드(Oliveira, Manoel de) 138
우리, 장(Oury, Jean) 36
울프, 버지니아(Woolf, Virginia) 246
웰스, 오슨(Welles, Orson) 8, 100, 116, 117, 128, 135, 144
융, 칼(Jung, Carl Gustav) 38
자누시, 크쥐시토프(Zanussi, Krzysztof) 128
자리, 알프레드(Jarry, Alfred) 199
자허마조흐, 레오폴트 폰(Sacher-Masoch, Leopold von) 263, 266, 306, 307
조이스, 제임스(Joyce, James) 246, 287
주네, 장(Genet, Jean) 191
지버베르크, 한스–위르겐(Syberberg, Hans-Jürgen) 124, 133, 138
지스까르 데스땡, 발레리(Giscard d'Estaing, Valéry) 90, 141
칭기즈칸 55
체홉, 안톤(Чехов, Антон Павлович) 200, 278

ㅋ, ㅌ, ㅍ

카스타네다, 카를로스(Castaneda, Carlos) 230
카프카, 프란츠(Kafka, Franz) 65, 92, 200, 235, 246, 247, 252, 262, 264, 324
케루악, 잭(Kerouac, Jack) 51
코제브, 알렉상드르(Kojève, Alexandre) 299
코폴라, 프랜시스 포드(Coppola, Francis Ford) 146, 148, 154
크롬웰, 올리버(Cromwell, Oliver) 282, 309
클라이스트, 하인리히 폰(Kleist, Heinrich von) 252
클라인, 멜라니(Klein, Melanie) 38
클레, 파울(Klee, Paul) 231, 292, 314
키르케고르, 쇠렌(Kierkegaard, Søren) 115
타르콥스키, 안드레이(Тарко́вский, Андре́й) 128, 153
타우스크, 빅터(Tausk, Victor) 38
토스켈, 프랑수아(Tosquelles, François) 36
토인비, 아놀드(Toynbee, Arnold J.) 150, 254
톰, 르네(Thom, René) 229, 291
파라자노프, 세르게이(Параджа́нов, Серге́й Ио́сифович) 153
파이으, 장–피에르(Faye, Jean-Pierre) 59
파졸리니, 피에르 파올로(Pasolini, Pier Paolo) 105
퍼스, 찰스 샌더스(Peirce, Charles Sanders) 93, 121, 125

페기, 샤를(Péguy, Charles) 308
페로, 피에르(Perrault, Pierre) 230, 231, 246
페소아, 페르난도(Pessoa, Fernando) 247
펠리니, 페데리코(Fellini, Federico) 95, 104, 128
푸코, 미셸(Foucault, Michel) 7, 18, 28, 42, 48, 51, 59, 156~220, 259, 277~282, 298, 299, 306, 307, 315, 316, 320, 321, 324
프로이트, 지그문트(Freud, Sigmund) 22, 38~40, 51, 266~268
프리고진, 일리야(Prigogine, Ilya Romanovich) 63, 228, 229
플라톤(Plato) 121, 251, 255, 274, 275
피보, 베르나르(Pivot, Bernard) 236
피사니(Pisani) 232
피츠제럴드, 스콧(Fitzgerald, F. Scott) 31, 150, 255

ㅎ

하이데거, 마르틴(Heidegger, Martin) 66, 177, 181, 198, 199, 207~210
한타이, 시몽(Hantaï, Simon) 286, 292
화이트헤드, 알프레드 노스(Whitehead, Alfred North) 293, 294
횔덜린, 프리드리히(Hölderlin, Friedrich) 209
흄, 데이비드(Hume, David) 21, 249, 250, 295, 306
히치콕, 알프레드(Hitchcock, Alfred) 107~109
히틀러, 아돌프(Hitler, Adolf) 85, 133

:: 용어 찾아보기

ㄱ, ㄴ, ㄷ

가시성(visibilité) 106, 108, 178, 179, 198, 207
가시적인 것(le visible) 172, 180, 181, 188, 198~200, 214
가족적 투자(investissement familial) 41, 46
가책(mauvaise conscience) 17, 19, 31, 216
간접화법(discours indirect) 62
감각-운동적 연결(lien sensori-moteur) 102
강도(intensité) 22, 23, 32, 50, 51, 136, 161, 174, 214, 215, 271, 293
개체화(individuation) 56, 57, 174, 184, 213~217, 260, 270
거세(castration) 19, 26, 42, 49, 50, 114, 267
거짓의 역량(puissance du faux) 129
결정체(cristal) 104
경계(frontière) 89, 90, 318, 319
고원(plateau) 55, 56, 60, 64, 65, 71, 259, 262, 272
고유명사(nom propre) 23, 71, 72, 261
공명(résonance) 36, 59, 124, 161, 227
관조(contemplation) 23, 251, 308
광기(folie) 180, 192, 193, 196~198, 204, 206, 210, 212
구성주의(constructivisme) 266, 270, 272, 273, 290
구조(structure) 35, 47, 50, 51, 167, 266
권력(pouvoir) 12, 19, 21, 45, 47, 82, 83, 86, 134, 138~141, 145, 149, 158, 162, 171~175, 182~186, 193~197, 200, 202~204, 206, 208, 210~212, 216~218, 234, 241, 277, 279, 280, 315, 318, 324
규율(discipline) 9, 139, 217, 315~317, 320~327, 329
기계(machine) 24~26, 28, 35, 38, 39, 41, 42, 44~51, 53, 64, 69, 70, 191, 219, 266, 281, 310, 311, 317, 325
기관 없는 신체(corps sans organe) 24, 25, 37, 55, 68
기의(signifié) 24, 48
기표(signifiant) 24, 35, 37, 48, 49, 53, 60, 126, 128

기호(signe) 49, 65, 92, 93, 97, 98, 103, 104, 121, 125, 131, 161, 263~265, 275
내재성의 평면(plan d'immanence) 269~273
네오-리얼리즘(neo-réalism) 99~102, 116, 226
노동(travail) 8, 40, 78~80, 83, 84, 316
노동력(force de travail) 8, 78, 80, 81, 83
누벨바그(nouvelle vague) 99~101, 226
늑대인간(homme aux loups) 55, 72, 267
다양체(multiplicité) 23, 37, 50, 66, 88, 89, 270, 271, 278
다이아그램(diagramme) 69, 70, 106, 171, 172
담론(discours) 32, 37, 38, 130, 150, 193, 217, 231, 232, 234
대리보충(supplément) 142~147, 151, 152
대의(représentation) 164, 306
대중철학(pop'philosophie) 24
도주선(ligne de fuite) 45, 51, 69~71, 76, 82, 89, 153, 173, 246, 260, 282, 310, 311
되기(devenir) 32, 77, 252, 254, 267, 270, 271, 277, 282, 283, 308, 309

ㄹ, ㅁ, ㅂ

랑그(langue) 61, 88
리듬(rythme) 124, 188, 227, 233, 293, 303
리비도(libido) 40, 41, 44, 46, 47
리좀(rhizome) 67, 271, 276
리토르넬로(ritournelle) 56, 57, 65, 253, 271
말더듬(bégaiement) 75, 82, 88
망상(délusion) 47, 206, 267
매끈한 공간(espace lisse) 68~71
모나드(monade) 289, 290, 292
무리수적 절단(coupure irrationnel) 123, 124, 126, 129
미분적인 것(différentiel) 288
미시-분석(micro-analysis) 50
미시정치(micropolitique) 90, 162
민중(peuple) 231, 265, 290, 314, 315

바깥, 외부(dehors) 25~27, 60, 65, 85, 86, 113, 120, 122, 146, 180, 181, 191, 198, 204~209, 211, 216, 245, 259, 290, 301, 318, 319
바로크(baroque) 284, 286, 287, 289, 290, 292, 293, 295, 297~299
반시대적인 것(intempestif) 177, 283, 307~309
배아(germe) 127, 128
배치(agencement) 49, 60, 65, 70, 72, 118, 162, 168, 232, 278, 317
변조(modulation) 105, 232, 259, 322~325, 328
부분대상(objet partiel) 50, 114
분열분석(schizo-analyse) 34, 38, 44, 47, 50, 52, 53, 71
분열증(schizophrénie) 37, 38, 43, 46, 48, 52, 53, 263, 297
분자적(moléculaire) 50, 291
분할개체(dividuel) 324, 327, 328
쁠랑(plan) 93, 122, 135, 141, 147

ㅅ, ㅇ, ㅈ

사건(événement) 23, 27, 38, 55, 56, 58, 61, 69~72, 97, 124, 172, 184, 213~215, 261, 265, 266, 270, 271, 285, 293~295, 308, 309, 318, 319
사랑(amour) 8, 23, 27, 30, 37, 79, 80, 160, 212, 214, 215
사목권력(pouvoir pastoral) 217, 324
사유의 이미지(image de la pensée) 125, 177, 273~277
상대성이론(théorie de la relativité) 95, 96, 227
상상력(imagination) 94, 218, 313, 315
상징적인 것(symbolique) 35, 157, 267
생기론(vitalisme) 170, 171, 265
서명(signature) 28, 97, 157, 324
소수, 소수적(minorité, mineur) 168, 231, 233, 308, 313, 314, 317
수정체적 체제(régime crystallin) 129, 130

수직성(verticalité) 106, 107, 274
스타일(style) 10, 130, 160, 171, 183, 187, 188, 191, 195, 197, 207, 213, 214, 235, 242, 243, 245, 247~249, 259, 260, 262, 301~304
실천(praxis) 39~41, 46, 77, 118, 121, 123, 197, 206, 209, 313, 315, 318
실험(expérimentation) 8, 22, 27, 31, 160, 196, 269, 308
아카이브(archives) 171, 172, 178~180, 182
앎(savoir) 180, 182~185, 193, 194
암호(mot de passe) 62, 82, 83, 85, 86, 263, 324, 325
언표(énoncé) 49, 60, 81, 115, 125, 126, 158, 163, 168, 175, 178~181, 188, 194, 198, 199, 202, 267, 278
언표가능한 것(énonçable) 172, 179~181, 198, 199
언표작용(énonciation) 49, 60, 72
언표 주체(sujet d'énoncé) 49
얼굴(visage) 56, 62, 119, 152, 284
역능(puissance) 31, 53, 68, 128~130, 143, 165, 181, 217, 232, 241, 246, 251~253, 264, 265, 271, 272, 275, 286, 292, 313, 314, 318
열림(ouvert) 109, 110
영토(térritoire) 65, 69, 231, 233, 253, 271, 283, 287, 290
영화 만들기(faire le cinéma) 147
오이디푸스(Edipe) 19, 21, 26, 30, 36, 40~42, 46, 47, 50, 51, 239
욕망(désire) 28, 39~46, 133, 162, 237, 267
욕망하는 생산(production désirante) 40, 41, 267
원환(anneu) 55, 56, 329
위상학적 공간(espace topologique) 125
유기적인 체제(régime organique) 129
유리수적 절단(coupure rationnel) 123, 126
유목민(nomade) 150, 254, 282

유물론(matérialisme) 40, 95
유물론적 정신의학(psychiatrie matérialiste) 42
유심론(spiritualisme) 95, 101
유충(larve) 36
은유(métaphore) 62, 63, 120, 262
이중적인 것(double) 159, 189, 205
이중화(doublage) 183, 303
이해관계의 전의식적 투자(investissement préconscient de l'intérêt) 44, 46
인간의 죽음(mort de l'homme) 7, 158, 169, 170, 174, 185, 213, 218
일리아(il y a) 214
자기분석(autoanalyse) 26, 30
자동-시간화(auto-temporalisation) 113, 126
자아(Moi) 22, 39, 197, 264, 270
잠재적인(virtuel) 100, 103, 127, 128, 140, 142
장(champ) 42, 44, 45, 47, 55, 60, 96, 97, 113, 117, 118, 121, 135, 138, 174, 214, 215, 262, 266, 269, 270, 282
장치(dispositif) 23~25, 38, 39, 41, 42, 45, 46, 52, 65, 107, 162, 168, 202, 277, 278, 310
전쟁기계(machine de guerre) 64, 69, 70, 191, 281, 310, 311
전체(tout) 35, 36, 39, 45, 50, 85, 89, 100, 101, 109~111, 114, 118, 122, 123, 127, 129, 135, 151, 158, 161~163, 166, 184, 188, 192, 194, 203, 207, 214, 228, 249, 263, 269, 278, 285, 288, 289, 296
절단(coupure) 122~124, 126, 129, 135, 224, 276
절차(procédé) 198, 199, 205, 217, 220
접힘(repli) 181, 183, 207, 208
정념(passion) 160, 174, 190, 191, 205, 214~216, 303
정보(information) 8, 81~84, 106, 119, 143, 145, 147, 152, 165, 196, 234, 290, 324, 325
정신분석(psychanalyse) 24~26, 28, 34~36,

38~43, 46~48, 50, 53, 55, 59, 114, 115, 117, 165, 167, 264~268
제도(institution) 306~308, 316, 321, 328, 329
제도요법(psycothérapie institutionnelle) 36
주름(pli) 19, 163, 206~209, 253, 276, 277, 279, 285~293, 295, 296, 300
주체로의 회귀(retours au sujet) 174, 178, 183, 195
주체화(subjectivation) 158, 162, 171, 173, 174, 178, 181, 182, 184~186, 195~197, 207, 209~213, 216, 217, 219, 269, 270, 277~280, 295, 318, 319
주체화의 과정(processus de la subjectivation) 178, 181, 184, 185, 209, 212, 219, 277, 279, 295, 318, 319
주체화의 양상(mode de la subjectivation) 158, 171, 195
주형(moule) 105, 322
죽음충동(pulsion de mort) 39, 50
중재자(intercesseur) 222, 230~232, 235, 240, 243
지속(durée) 95
지향성(intentionalité) 199
집합(ensemble) 23, 55, 67, 69, 84, 86, 89, 90, 109~111, 120, 123, 187, 214, 246, 271, 296, 308, 309

ㅊ, ㅋ, ㅌ

착란(délire) 42, 47, 53, 65, 266
초자아(superego) 39
초코드화(surcodage) 49, 280
코드(code) 23, 45, 51, 161, 212, 283
탈코드화(décodage) 51~53, 280
통일성(unité) 39, 43, 46, 47, 64, 153, 270
통제(contrôle) 139, 141, 144~149, 151, 152, 154, 282, 284, 306, 315~317, 319, 321~325, 327~329

투자(investissement) 41~44, 46, 47
특이성(singularité) 23, 68, 126, 271, 283, 288, 308~310, 313, 315
파타피지크(pataphysique) 199
판례(jurisprudence) 283, 307
편집(montage) 79, 90, 93, 104, 111, 122, 133, 135
편집증(paranoïa) 16, 17, 42
펼침(dépli) 181, 207, 208, 286
폭력(violence) 80, 118, 168, 178, 191, 217, 310
표면(surface) 135, 163, 192, 275
표현주의(expressionisme) 97, 130, 272, 273
프랙털 대상(objet fractal) 70
프레이밍(cadrage) 108, 110, 114
피로(fatigue) 23

ㅎ

해석(interprétation) 18~20, 40, 163, 270
행위(acte) 61, 68, 74, 80, 84, 86, 99, 108, 177, 178, 181, 191, 251, 263, 264, 291, 308, 326
허구만들기(fabulation) 231, 315
현실적인(actuel) 63, 100, 103, 106, 119, 127, 128, 158, 162
홈패인공간(espace strié) 69, 71
화용론(pragmatique) 60, 61, 168
환경(milieu) 127, 128, 162, 259, 264, 316, 317, 320~322, 326, 327
횡단, 횡단성(transversal, transversalité) 37, 65, 165
흐름(flux) 23, 25, 26, 36, 45, 49~52, 60, 68, 80, 85, 86, 89, 90, 97, 124, 188, 249, 261, 262, 267, 270, 271, 280, 303
힘(force) 21, 39, 41, 43, 44, 59, 67, 68, 71, 72, 75, 78, 80, 83, 85, 89, 136, 138, 141, 168~173, 178, 182~186, 194, 202, 209, 210, 217~219, 236, 238, 254, 276, 290, 291, 303, 321~323, 326, 327